एसिड वाली लड़की

इस पुस्तक में एसिड हमले के पीड़ितों का दर्द बहुत संजीदगी से उठाया गया है। मुझे लगता है कि ये पुस्तक इस गंभीर विषय को समाज की मुख्यधारा में लाने में मददगार होगी। हालाँकि देश की संसद् और विधानसभाओं ने महिलाओं की सुरक्षा के लिए बहुत से कानून बनाए हैं, लेकिन इसके बावजूद हम देखते हैं कि रोजाना मासूम लड़कियों व महिलाओं पर अत्याचार और बलात्कार जैसे अपराध हो रहे हैं। मेरा मानना है कि सिफ कानून से ही ऐसे अपराध नहीं रुकेंगे बल्कि समाज जब तक इस तरह के घिनौने अपराध के खिलाफ आवाज नहीं उठाएगा, ये तब तक नहीं रुकेंगे। इसलिए ऐसे विषय के खिलाफ समाज में जागरूकता अभियान चलाने की जरूरत है जिससे समाज के अंदर ऐसे अपराध करने वालों को जगह न मिले।

—**डॉ. नजमा हेपतुल्ला**, राज्यपाल, मणिपुर

~•~

एसिड से होने वाला हमला एक महिला की जिंदगी मिनटों में तबाह कर देता है। ऐसे अपराध पर पूरी तरह रोक लगाने के लिए समाज और सिस्टम को संवेदनशील बनाना जरूरी है। यह पुस्तक इसी दिशा में किया गया एक सराहनीय प्रयास है।

—**श्रीमती मेनका संजय गांधी**
केंद्रीय महिला एवं बाल विकास मंत्री

~•~

किसी पर भी एसिड से हमला करना एक अत्यंत घृणित अपराध है। इससे जीते-जागते इंसान की जिंदगी तबाह कर दी जाती है। यह पुस्तक एसिड हमले से जुड़े सभी पहलुओं पर प्रकाश डालने के साथ ही जनजागरूकता के प्रसार में सफल होगी, ऐसी आशा है।

—**श्री हरीश रावत**, मुख्यमंत्री, उत्तराखंड

एसिड वाली लड़की

प्रतिभा ज्योति

www.prabhatbooks.com

प्रकाशक

प्रभात पेपरबैक्स

4/19 आसफ अली रोड, नई दिल्ली–110002

फोन : 23289555 • 23289666 • 23289777 ❖ फैक्स : 23253233

इ–मेल : prabhatbooks@gmail.com ❖ वेब ठिकाना : www.prabhatbooks.com

संस्करण

प्रथम, 2016

मूल्य

एक सौ पचहत्तर रुपए

अ.मा.पु.स. 978-93-86231-92-5

मुद्रक

आर–टेक ऑफसेट प्रिंटर्स, दिल्ली

———— ★ ————

ACID WALI LADKI
by Smt. Pratibha Jyoti

Published by **PRABHAT PAPERBACKS**
4/19 Asaf Ali Road, New Delhi-110002

ISBN 978-93-86231-92-5

₹ 175.00

उस माँ को समर्पित जिनसे
संवेदना और संस्कार मिले

मेरी बात

एसिड वाली लड़की ही क्यों? इस विषय को मैंने क्यों चुना? क्या इसलिए कि मैं खुद एक स्त्री हूँ और महिलाओं पर होनेवाले इस तरह के अपराध की वजह टटोलना चाहती थी या इस पर ज्यादा हाथ नहीं झुलसाए गए, इसलिए यह चुनौती स्वीकार की थी या फिर इसलिए कि महिला पत्रकार हूँ तो महिलाओं से जुड़े मुद्दे पर लिखने की छटपटाहट थी। ईमानदारी से कहूँ तो जब तक एसिड हमले में आहत एक लड़की से नहीं मिली थी तब तक जेहन में कोई बात नहीं थी। पर उससे हुई एक मुलाकात ने मुझे ऐसी कहानियों पर लिखने के लिए बेचैन किया।

वो महज एक मुलाकात नहीं, एक इंसान की नियति से सीधा साक्षात्कार था, जो मेरे भीतर कई अहसास छोड़ गई। एक हँसती-खेलती जिंदगी कैसे पल भर में असीम पीड़ा का अध्याय बनकर रह जाती है, उस मुलाकात में मैंने जाना। मनोविज्ञान जिसे इंसानी अहं मानती है, उसकी भयानक परिणति को साक्षात् अपने सामने मैंने देखा। ये भी देखा कि इंसानी जिंदगी, उसकी पहचान, उसकी अभिलाषाएँ, उसकी आकांक्षाएँ, उसका अस्तित्व, ये सब कितना क्षणभंगुर है। अगर एक जिंदगी इतने दुःखों को अपने भीतर समेटे हुए है तो ऐसी हजारों जिंदगियों का दर्द कितना विशाल और भीषण होगा, ये सोचकर ही मैंने अपनी पहली किताब लिखने का दुस्साहस किया।

मेरी वो मुलाकात थी झारखंड की सोनाली मुखर्जी के साथ। दक्षिणी दिल्ली में उसका घर तलाशने के दौरान मेरा परिचय एक हैरान कर देनेवाले संबोधन से हुआ। जिस मोहल्ले में सोनाली का घर था, वहाँ उसे लोग उसके असली नाम से नहीं बल्कि 'एसिड वाली लड़की' के नाम से पुकारते थे। पहली बार मैंने ये संबोधन सुना और सुनते ही ये तय कर लिया कि किताब का शीर्षक होगा—एसिड

वाली लड़की। सच पूछिए तो यह शीर्षक ही अपने आप में एक कहानी बन गई, मैं किताब लिखने की दिशा में आगे बढ़ती चली गई।

शीर्षक जब बिन बुलाए मेहमान की तरह पहले ही आ गया तो अगला सवाल ये खड़ा हुआ कि किताब का मिजाज कैसा रखा जाए? एक रिपोर्टर होने के नाते मैं खुद एसिड हमले की कई स्टोरीज कवर कर चुकी थी। ये जानती थी कि अखबारों और पत्रिकाओं में ऐसी स्टोरीज की भरमार है, गूगल पर तमाम जानकारियों का भंडार पड़ा है। इसलिए चुनौती कुछ अलग हटकर करने की थी और यही सोचकर मैंने एसिड पीड़ितों की जिंदगी में गहरे उतरने का इरादा किया। कोशिश की उनकी जिंदगी के तमाम रंगों को पकड़ने की। उन रंगों में पीड़ा के स्याह रंग थे, भविष्य की चिंताओं के गहरे रंग थे, तो उम्मीद के कुछ सुनहरे रंग भी थे। मैं पटना, लखनऊ, मुंबई, बैंगलोर, हल्द्वानी व दिल्ली के उन घरों में दाखिल हुई, जहाँ का एक कोना सालों से गम और उदासी में डूबा था।

किताब में आठ किरदार हैं। हर किरदार की अपनी कहानी है, अपनी व्यथा है, और उस व्यथा की अपनी सामाजिक और पारिवारिक वजहें भी हैं। कहीं एकतरफा प्यार में इंकार कर देने पर बदले की पैशाचिक प्रवृत्ति है, कहीं पेशेवर दुश्मनी का दंश है, कहीं जिंदगी की दौड़ में एक लड़की के आगे बढ़ जाने पर नफरत का बहता सैलाब है, तो कहीं एक पिता की अमानवीयता भी है, जो अपनी बेटी के संघर्ष में साथ देने की बजाय उसे समझौता कर लेने पर मजबूर कर देती है।

सोनाली, अनु, प्रीति, कविता, चंचल या फिर प्रज्ञा···हर किरदार की कहानी में आप एक स्त्री की बेबसी पाएँगे, लेकिन साथ ही उसके हौसले को देखकर आप दंग हुए बिना भी रह नहीं सकेंगे। ऐसे हमलों में परिस्थितियाँ या परिवेश कितना बेईमान हो जाता है, ये साबित करने के लिए ही अलग शहर और अलग सामाजिक पृष्ठभूमि का चयन किया गया।

पहले योजना थी आठ से दस केस स्टडीज पर किताब को केंद्रित करने की, लेकिन फिर सुझाव आया विश्लेषणात्मक लेखों को भी शामिल करने का, जिससे एसिड हमले के दूसरे पहलुओं को भी चर्चा के दायरे में लाया जा सके। इसलिए कानून, इलाज, मुआवजा पर अलग से अध्याय दिए गए हैं। एक अलग अध्याय में पाकिस्तान, बांग्लादेश और अफगानिस्तान में एसिड हमले की विवेचना भी की गई है, ताकि ये समझने में आसानी हो कि ऐसे हमले सीमाओं के मोहताज नहीं होते।

किताब लेखन एक जटिल और सामूहिक प्रक्रिया है। मेरी ये पहली कोशिश आपकी उम्मीदों पर जरा भी खरी उतरती है तो ये उन तमाम सहयोगों के बगैर

मुमकिन नहीं था। सुप्रीम कोर्ट के जज जस्टिस कूरियन जोसेफ, मशहूर वकील उज्ज्वल निकम, गृह राज्यमंत्री किरेन रीजीजू और राष्ट्रीय महिला आयोग की अध्यक्षा ललिता कुमार मंगलम का विशेष आभार, जिन्होंने अपने साक्षात्कार से इस किताब को स्तरीय बनाया। जाने-माने प्लास्टिक सर्जन अशोक गुप्ता का खास शुक्रिया, जिन्होंने इलाज की बारीकियाँ बताईं।

ये बताना मैं अपनी जिम्मेदारी समझती हूँ कि एसिड पीड़ितों की कहानी उनसे साक्षात्कार पर आधारित है। सारे घटनाक्रम, सारे तथ्य हू-ब-हू वैसे ही हैं, जैसा उन्होंने बताया। इस किताब को लिखने के दौरान घर से बाहर भी मेरा एक परिवार बना। एक आत्मीय नाता उन तमाम पीड़ितों से जुड़ा, जिनसे लेखन के दौरान मैं मिलती रही। संभव है, उनमें से कुछ के साथ आपका भी नाता जुड़े, जब आप उनकी कहानियाँ पढ़ें। ऐसा हुआ तो यह किताब की कामयाबी होगी।

लेखन के क्रम में कई डॉक्टरों, मनोचिकित्सकों, वकीलों, एसिड सर्वाइवर्स फाउंडेशन के भारत, पाकिस्तान और बांग्लादेश के अधिकारियों ने सामग्री जुटाने में मदद की। पाकिस्तान, बांग्लादेश और अफगानिस्तान से इनपुट जुटाने में वहाँ के सामाजिक कार्यकर्ताओं, पत्रकारों ने काफी योगदान दिया। कई दौर की बातचीत हुई और मेरी जिज्ञासाओं को उन्होंने बड़े धैर्य से शांत किया।

सुप्रीम कोर्ट की वकील कमलेश जैन, मंगला वर्मा और उत्तर प्रदेश के प्रथम श्रेणी के ज्यूडिशियल मजिस्ट्रेट राजर्षि शुक्ला ने कानूनी पहलुओं की समझ बनाने में मेरी काफी मदद की, इन सबका आभार। कई किताबों के लेखक और शुभचिंतक विनोद मिश्र ने इस किताब की परिकल्पना को साकार करने में अहम योगदान दिया। वरिष्ठ पत्रकार वीरेंद्र सेंगर ने शीर्षक चयन में मदद की। हमेशा की तरह उनसे मुझे इस काम में आगे बढ़ने की प्रेरणा मिली। वरिष्ठ पत्रकार रवींद्र त्रिपाठी ने पहली कॉपी देखी। उनकी प्रतिक्रिया से आत्मविश्वास मिला। पत्रकार और मेरे परिवार के सदस्य की तरह हर मोड़ पर साथ देनेवाले पशुपति शर्मा, विश्वदीपक, नीरज कुमार और भाई गौरव ने इस इम्तिहान में भी साथ दिया। उन सबका धन्यवाद।

परिवार की मदद के बगैर किताब पूरी करने के लक्ष्य पर विजय पाना संभव नहीं था। 'एसिड वाली लड़की' ने परिवार में मेरी आस्था और गहरी कर दी है। एक साल तक लगातार काम में डूबी रही, घर को वक्त नहीं दे पाई, लेकिन किसी ने कोई शिकायत नहीं की। प्यारी बेटी प्रदिप्ता को ढेर सारा प्यार, जिसने छोटी सी उम्र में बड़ी समझदारी दिखाई और मुझे हिम्मत देती रही, मुझे सहज रखा।

पति ने हर तरह से मेरा संबल बनाए रखा, किताब के संपादन में उनकी अहम भूमिका है। माँ-पापा और सासू माँ के आशीर्वाद के बिना यह काम मुमकिन नहीं होता।

जिनकी कहानी शामिल की और जिनकी नहीं, उन सब एसिड पीड़ितों की पीड़ा का कोई अंत नहीं। कागज काले करने का मेरा मकसद सिर्फ इतना है कि कम-से-कम समाज का उनके प्रति नजरिया बदले। संवेदना के धरातल पर कुछ तो हलचल हो, सत्ता तंत्र में कुछ तो सुगबुगाहट हो। अगर ऐसा हुआ तो ये लेखन की नहीं, इंसानियत की जीत होगी। उम्मीद है, कुछ तो ऐसा होगा जिससे मेरी कोशिश सार्थक होगी।

धन्यवाद

—प्रतिभा ज्योति

अनुक्रम

मेरी बात 7

1. एसिड वाली लड़की : सोनाली मुखर्जी 13
2. जिंदगी इम्तिहान लेती है : कविता 33
3. याद रखना, याद आऊँगी मैं··· : प्रीति राठी 46
4. आईना मेरी पहली सी सूरत माँगे : प्रज्ञा सिंह 64
5. बदकिस्मती की वो कविता : कविता बिष्ट 76
6. डरना मुझे आता नहीं : रेशम फातिमा 92
7. वो बार-बार मरती रही··· : अनु मुखर्जी 104
8. दलित बेटी की दमन कथा··· : चंचल पासवान 115
9. एसिड पर अटैक कब? : कानून के नजरिए से 127
10. कैसे बुझेगी ये जलन? 144
11. मुआवजे का मरहम 159
12. दक्षिण एशिया-एसिड से जंग जारी 169
13. सोच बदलो, सूरत बदलेगी : जस्टिस कुरियन जोसेफ 185
14. एसिड पर रोक तो हिंसा पर रोक : किरेन रीजीजू 189
15. कानून का कवच जरूरी है : उज्ज्वल निकम 192
16. पैरों पर खड़े होने की बुनियाद दो : ललिता कुमारमंगलम 194
17. वीभत्स अपराध की गहरी पीड़ा : डॉ. अशोक गुप्ता 197
18. लक्ष्मी की कलम से··· 200
19. एक पैगाम पीड़ितों के नाम 204

संदर्भ सूची 208

1

एसिड वाली लड़की

सोनाली मुखर्जी

दिल्ली के उस बंद, अँधेरे और अजीब किस्म की गंध से भरे कमरे में जिंदगी भयावह शक्ल में मेरे सामने खड़ी थी। जिस तरह दबे पाँव, चुपचाप त्रासदी ने उसकी जिंदगी में कदम रखे थे, उसी खामोशी से वो उस कमरे में दाखिल हुई थी।

उसने मुझे 'नमस्ते' कहा तो मेरी तंद्रा टूटी।

वो सोनाली मुखर्जी, जिसके बारे में मैं पूरे रास्ते सोचती चली आ रही थी—वो तमाम रेखाचित्र, वो तमाम तस्वीरें, जो कई पत्र-पत्रिकाओं व टी.वी. पर देख चुकी थी और जो कोलाज बनकर मेरे जेहन में घूम रहे थे। वे सब अब हकीकत बनकर मेरे सामने खड़े थे। क्या बताऊँ जब पहली बार मेरा सामना उस एसिड वाली लड़की से हुआ तो मुझ पर क्या बीती?

एसिड वाली लड़की!

जी हाँ, ऐतिहासिक कुतुबमीनार से चंद किलोमीटर दूर छतरपुर इलाके की उस तंग गली के दुकानदार की जुबाँ से बेसाख्ता यही निकला था जब मैंने उससे सोनाली के घर का पता पूछा। मोहल्ले में उसकी यही पहचान थी।

एसिड वाली लड़की की…उसके ही मोहल्ले में, उसकी ही तलाश में, उसकी ही चौखट से मैं कई बार लौटी, लेकिन उसका पता बतानेवाला कोई ना मिला। जिससे भी सोनाली का जिक्र करती, वो इस नाम की किसी लड़की को पहचानने से इंकार कर देता, लेकिन…उस दुकानदार ने घर का पता बताया और उसकी पहचान भी बताई, जो उसे हालात से मिली।

पहले कुछ यूँ दिखती थी सोनाली

शिष्टाचार के तकाजे के तहत सोनाली का सवाल था, ''घर तलाशने में तकलीफ तो नहीं हुई?'' शिष्टाचारवश मेरा भी जवाब आया, ''नहीं, कोई दिक्कत नहीं हुई। बड़ी आसानी से आ गई।''

उसे कैसे बताती कि इंसानों की जिस जमात के बीच वो रह रही है, वहाँ सोनाली को कोई नहीं जानता, एसिड वाली लड़की को सब जानते हैं।

थोड़ी ही देर पहले कमरे की दीवार पर लटकी तस्वीर में मैंने जिस सोनाली को देखा था, उसकी तुलना में सामने खड़ी सोनाली को देखना सन्न करने देनेवाला था। झारखंड के तत्कालीन मुख्यमंत्री बाबू लाल मरांडी से अवार्ड लेती उस सोनाली को पहचानना मुश्किल नहीं था, फिर भी मैंने पूछ लिया, ''ये तस्वीर किसकी है?'' बगल में खड़े सोनाली के पिता ने उँगली अपनी बेटी की तरफ घुमा दी और मुझे इस अहसास से भर दिया कि सोनाली के साथ कितनी बड़ी ज्यादती हो चुकी है।

छोटे और मझोले शहरों में जिंदगी की अपनी रफ्तार होती है और अपना दर्शन होता है। छोटे शहरों में रहनेवालों की खुशियाँ भी छोटी-छोटी होती हैं। अपनी छोटी सी गृहस्थी में मुखर्जी परिवार भी जिंदगी की मुश्किलों के बीच खुशियाँ तलाश रहा था।

धनबाद के धैया भेलाटांड में पिता चंडीदास मुखर्जी एक दाल मिल में मुलाजिम थे। तनख्वाह छोटी थी, लेकिन सोच बड़ी थी। इसलिए जब महीने के खर्च का

हिसाब लगाने बैठते तो दोनों बेटियों की पढ़ाई का बजट जरूर रखते।

...क्योंकि सपने सोने नहीं देते !

थोड़ी अलग किस्म की लड़की थी सोनाली। कॉलेज के दिनों में पिता के अलावा उसे एन.सी.सी. से बेहद लगाव था। धनबाद के 'भारत समाज सेवक महाविद्यालय' के एन.सी.सी. डिपार्टमेंट से उसे ना सिर्फ एक जोड़ी यूनिफॉर्म मिली थी, बल्कि आगे बढ़ने की महत्त्वाकांक्षा भी मिली थी। वह अपने कॉलेज की एन.सी.सी. कैप्टन थी।

जिंदगी की चुनौतियों से कदम-ताल करने का कुछ हुनर उसने एन.सी.सी. से भी सीखा था। जहाँ तक पढ़ाई का सवाल था, वो औसत से बेहतर थी, लेकिन पढ़ाई में तेज-तर्रार होना एक निम्नवर्गीय हिंदुस्तानी परिवार की बेटियों के लिए घर के रोजमर्रा के कामों से आजादी की गारंटी नहीं होती। सोनाली के साथ भी ऐसा ही था।

वो रोज सुबह उठती, घर के कामों में माँ का हाथ बँटाती, तैयार होती और निकल पड़ती कॉलेज के लिए। एन.सी.सी. की खाकी ड्रेस पहनकर घर से कॉलेज निकलना उसके रोज के रूटीन का सबसे शानदार और मजेदार हिस्सा होता।

18 साल की किशोर उम्र का अपना मिजाज होता है। इस उम्र में दिमाग और दिल के बीच संतुलन अक्सर एकपक्षीय हो जाता है। यह एक ऐसी अवस्था है जब इंसान दिमाग से नहीं, दिल से सोचना शुरू कर देता है। सोनाली की शख्सियत भी दिल से नियंत्रित हो रही थी, लेकिन इस नियंत्रण में भविष्य सँवारने और अपने परिवार का संबल बनने की चाहत थी। इसी चाहत से उसने एक अखबार में एडवरटाइजिंग की एक छोटी नौकरी भी पकड़ ली थी।

सोनाली उन खुशनुमा दिनों को याद करती है—सुबह-सुबह जब मैं अपने जूते के फीते बाँधती तो जैसे उन फीतों के साथ मेरी उम्मीदें भी बँध जातीं। पता नहीं अपने जूते के फीते को पूरी ताकत से बाँधना मुझे इतना पसंद क्यों था?

एक निम्नवर्गीय परिवार की लड़की आगे बढ़ना चाह रही थी, संघर्ष के सीधे रास्तों से। लेकिन धनबाद के उस समाज की सोच इतनी समृद्ध नहीं थी कि उसमें सोनाली के सपनों की जगह बन पाती। एक लड़की का हौसले के साथ आगे बढ़ना पुरुषवादी सोचवाले चंद दिमागों को शोले की तरह दहकाने लगा था।

ख्वाब के दरिया में डूबकर जाना !

कॉलेज जाते हुए जब सोनाली अपने मोहल्ले से गुजर रही होती तो तीन जोड़ी नजरों को उसके कदमों की आहट का इंतजार होता। मोहल्ले के तीन लड़के—तापस मित्र, संजय पासवान और ब्रह्मदेव हाजरा उसकी राह में खड़े हो जाते। ये बातें तब पिता से बताने में सोनाली हिचक गई थी, लेकिन अब उस वाकये को वह बेहिचक बता देती है—वो तीनों मुझे रास्ते में रोक लेते, मुझसे जबरन बात करने की कोशिश करते। मैं बात नहीं करती तो मुझ पर फब्तियाँ कसते और पीठ पीछे ठहाका लगाकर मजाक उड़ाते।

एक-दो दिन नहीं, यह रोज-रोज का सिलसिला बन गया। कई बार उसे ख्याल आया कि सारी बात घरवालों को बता दे, लेकिन इस डर से चुप रही कि कहीं पिता बेटी की सुरक्षा की चिंता में घर से निकलना ना बंद कर दें। पढ़ाई के साथ एडवरटाइजिंग की अस्थायी नौकरी से हाथ धोने का खतरा भी था। घर में थोड़ी बहुत खुशहाली उसी मामूली नौकरी की वजह से थी, जिसे गँवाना उस वक्त उसे गवारा नहीं हुआ।

कई सालों की असहनीय यातना के बाद वक्त के इस मोड़ पर खड़ी होकर सोनाली सोचती है—काश, हमारे सामाजिक और कानूनी ताने-बाने में इतनी ताकत होती कि कोई लड़का किसी लड़की का पीछा कर उसके पैरों में जंजीर डालने की कोशिश नहीं करता। काश, कोई होता, जो उन तीनों को उसी वक्त रोक लेता, जब वे खा जानेवाली नजरों से देखा करते थे!

सोनाली के साथ तब जो कुछ भी हो रहा था, उसे कानून की शब्दावली में अब 'स्टॉकिंग' कहा जाता है। हाल तक इसे कानूनन अपराध नहीं माना जाता था, जबकि महिलाओं के साथ अपराध की शुरूआत यहीं से होती है।

16 दिसंबर, 2012 को दिल्ली में हुए 'निर्भया कांड' के बाद 'जस्टिस वर्मा कमिटी' की सिफारिशों को मानते हुए सरकार ने कानून में तब्दीली की। 'स्टॉकिंग' को अपराध माना गया। पहली बार 1 से 3 साल की सजा और दूसरी बार दोष साबित होने पर 5 साल की सजा का प्रावधान किया गया।

सोनाली को न्याय दिलाने की कोशिश में जुटे वकील राजीव कुमार भी कहते हैं—''यदि उस समय 'स्टॉकिंग' को लेकर हमारे देश में कोई कानून होता तो शायद सोनाली के पिता उसी समय पुलिस में शिकायत करते और वो नहीं होता, जो सोनाली के साथ हुआ।''

डर के आगे जीत है !

वक्त के साथ-साथ पीछा करने, जबरन रोकने की मानसिक प्रताड़ना बढ़ती जा रही थी। सोनाली जितना नजरअंदाज करती रही, उन तीन लड़कों का दुस्साहस उतना ही बढ़ता रहा।

सोनाली को अब भी वो धमकी याद है—''उस दिन मैं हमेशा की तरह अपने कॉलेज की तरफ तेज कदमों से भाग रही थी। तभी लगा, मेरा नाम लेकर कोई चिल्ला रहा है। आवाज सुनकर रुक गई। नाकामी और गुस्सा तापस की आँखों से बरस रहा था। उन तीनों ने मुझे घेर लिया था।

यह तापस की आवाज थी—बहुत अकड़ती हो, बहुत घमंड है अपनी खूबसूरती पर, यह घमंड ऐसा तोड़ेंगे कि किसी को मुँह दिखाने के लायक नहीं रहोगी।''

सोनाली जानती थी ये धमकी यूँ ही नहीं है। जिन चेहरों से उसका सामना हुआ था, उनकी आपराधिक पृष्ठभूमि के बारे में वो मोहल्ले के लोगों से कई बार सुन चुकी थी। सामने खड़े लड़कों के दिमागी दिवालिएपन को महसूस कर पा रही थी। उसे इस धमकी की गंभीरता का भी अहसास था, लेकिन फिर भी उसने हिम्मत से कहा, ''जो करना है, कर लो, मुझे तुम्हारी परवाह नहीं।''

सोनाली के सामने 'क्या करें, क्या न करें' का सनातन प्रश्न मुँह बाए खड़ा था। एक तरफ रोज की मानसिक प्रताड़ना से निजात पाने की छटपटाहट थी तो दूसरी तरफ पिता से सच बताने के अंजाम का डर उसे चुप रहने पर मजबूर कर रहा था।

एक बेटी अपनी सामाजिक असुरक्षा और भविष्य के अंतर्द्वंद्व से जूझ रही थी। आखिरकार सोनाली की समझ ने उसे हौसला दिया और एक दिन वो अपने पापा के सामने खड़ी हो गई।

कुछ हिचक, कुछ हिम्मत के साथ उसने पिता को सारा वाकया बता दिया। एक पिता अपनी बेटी के साथ कुछ ऐसा-वैसा होने के ख्याल से ही काँप गए। कुछ पल खामोश रहने के बाद अचानक भागे-भागे पड़ोसियों के घर पहुँच गए। पड़ोसियों से मदद की गुहार लगाई।

एक-दो लोग साथ आए। तय हुआ कि तापस, उसके दोस्तों और परिवारवालों से बात की जाए। मोहल्ले के तमाम लोगों ने अपने तरीकों से लड़कों को समझाया। ये अहसास दिलाना चाहा कि जो कुछ वे कर रहे हैं, गलत है।

चंडीदास इस उम्मीद से घर लौटे कि शायद अब उनकी बेटी को लड़कों के मनचलेपन का सामना नहीं करना पड़ेगा। लेकिन वो गलत थे। एक पिता के

विवेक को उन लड़कों ने उनकी बेचारगी समझी। उस दिन के समझाने-बुझाने का बस इतना असर हुआ कि उन लड़कों ने सोनाली का पीछा करना छोड़ दिया।

घरवालों ने राहत की साँस ली, इस आशंका से परे कि ये तूफान से पहले का सन्नाटा है। सोनाली भी अब अपने सुकून को समेटने की कोशिश करने लगी। एक भयावह बवंडर की आहट से बेखबर।

कयामत की वो शैतानी रात

वो 22 अप्रैल, 2003 की रात थी। गरमी चढ़ने लगी थी। छोटे शहरों में बिजली के शाशवत् संकट से धनबाद का वह छोटा मोहल्ला भी जूझ रहा था। सोनाली अपनी छोटी बहन के साथ छत पर निढाल सोई थी। गरमी के चलते पिता भी छत पर ही सो रहे थे।

बदकिस्मती देखिए, उसी दिन अपनी ममेरी बहन की शादी के बाद पापा से जिद कर सोनाली अपने घर लौटी थी। यह सोचकर कि कॉलेज की क्लास और ऑफिस छोड़ने की नौबत ना आए। सोने से पहले दोनों बहनों के बीच दूल्हा-दुल्हन, गहने-जेवरात और बारातियों के बारे में चुहल भरी गप्पबाजी का लंबा सिलसिला चला था।

बातें करते-करते कब दोनों गहरी नींद में आ गईं, इसका पता ही नहीं चला। आधी रात ढ़लने के बाद एक-एक कर तीन साए छत पर कूदे। एक लड़की ने बात करने से इंकार कर दिया, प्रेम निवेदन ठुकरा दिया तो पुरुषवादी अहं को ऐसी ठोकर पड़ी कि तीनों आधी रात के उस भयानक कथानक के शैतानी पात्र बन गए। उनमें से एक के हाथ में सोनाली की तबाही का सामान था।

एसिड···

जी हाँ, वो लड़के एसिड लेकर आए थे और ये ठानकर भी आए थे कि आज सोनाली के स्वाभिमान को जलाकर राख कर देना है। प्लानिंग के मुताबिक उन तीनों लड़कों ने जग में रखी एसिड की आखिरी बूँद तक गहरी नींद में सो रही एक लड़की के चेहरे पर उड़ेल दी और इसे अपनी जीत मानते हुए अँधेरे में गायब हो गए। आखिर ये कैसा मनोविज्ञान था, कैसी मन:स्थिति थी, जो उन लड़कों को बदला लेने की इस सीमा तक ले गई?

वो चाहते तो सोनाली को हमेशा के लिए खामोश कर सकते थे, तो फिर एसिड ही क्यों? ये सवाल हमने कई मनोविशेषज्ञों से पूछा। चंद जवाब आपके सामने रखती हूँ—

दिल्ली के 'विद्यासागर इंस्टीट्यूट ऑफ मेडिकल हेल्थ एंड न्यूरो साइंस' (VIMHANS) के डॉ. कुशल जैन कहते हैं, ''हर इंसान के भीतर शैतान होता है। आप उसे कैसे नियंत्रित करते हैं, ये महत्त्वपूर्ण होता है। जिसे आप असामाजिक तत्त्व कहते हैं, उनकी भी एक अलग मन:स्थिति होती है। ऐसे लोगों में SENSE OF REJECTION बेहद ताकतवर होता है। वो इसे बर्दाश्त नहीं कर पाते, वो बदला लेते हैं। उनके लिए हर एक व्यक्ति एक वस्तु की तरह है। इससे ज्यादा कुछ नहीं।''

तो यह एक किस्म का उन्माद था। तो फिर सवाल उठता है कि आखिर इस पर लगाम कैसे लगे? क्या सख्त कानून की बंदिशें इसे रोक पाएँगी? वैसे सच तो ये भी है कि तमाम अपराधों की शुरुआत मस्तिष्क से ही तो होती है।

इन सवालों से हम लगातार और आगे भी जूझते रहेंगे, लेकिन फिलहाल आपको एक बार फिर 22 अप्रैल, 2003 की उस रात में लिए चलते हैं, जो एक परिवार के लिए कयामत की रात थी।

तीन लड़के आए और एक लड़की की जिंदगी, उसकी हसरत, उसके वजूद, सबकुछ पर एसिड उड़ेलकर चलते बने।

बेटी की चीख से पिता की आँखें खुलीं। उन आँखों ने तीन परछाईंयों को भागते देखा। रात के अँधेरे में भी पिता ने अपनी बेटी के गुनहगारों को पहचानने में कोई गलती नहीं की। लेकिन सामने ऐसा तूफान था कि उन तीनों को पकड़ने की सुध ही उन्हें नहीं रही।

'छोटी सी चिंगारी की आँच के अहसास को याद कीजिए और फिर यह सोचिए कि अगर आपके बदन पर ज्वालामुखी का लावा डाल दिया जाए तो आपकी पीड़ा का क्या हाल होगा? मेरी दोनों आँखों में समझिए लावा डाल दिया गया था'—तेरह साल बाद भी एसिड की जलन को यादकर सोनाली की रूह काँप जाती है।

वो तीनों आँखों से ओझल हो चुके थे, लेकिन एसिड का असर दिखने लगा था। चंद मिनटों के भीतर खूबसूरत सोनाली जलते कागज की तरह स्याह पड़ने लगी। शैतानी एसिड शरीर के भीतर समा रहा था और अपने पीछे तबाही के चिह्न छोड़ता जा रहा था। आँख, कान, नाक, गला, सबकुछ निगलने को तैयार था। धीरे-धीरे वह चेतनाशून्य होने लगी थी।

जहाँ मौत से पहले सिस्टम मार देता है

रात के तीन बजे थे। धनबाद जैसे शहर में तब जहाँ दिन में भी इलाज मयस्सर होना किस्मत की बात थी, वहाँ तीन बजे रात में एसिड से जली लड़की

को किस स्तर का इलाज मिल सकता था, यह आम समझ की बात है। मगर वो वक्त सोचने-विचारने का नहीं था। चंडीदास अपनी बेटी को लेकर बेतहाशा अस्पताल भागे। लेकिन संवेदनाशून्य सिस्टम की बेशर्मी उनके पहुँचने से पहले उनका इंतजार कर रही थी।

सोनाली को फौरन इलाज की जरूरत थी लेकिन ड्यूटी पर मौजूद डॉक्टर साहब को कानूनी खानापूर्ति की फिक्र ज्यादा थी। डॉक्टर ने वारदात को क्रिमिनल केस बताया। डॉक्टर साहब बोले, ''पहले पुलिस में रिपोर्ट लिखानी होगी।''

यह बड़ा नैतिक सवाल हो सकता है कि ऐसे केस में रिपोर्ट लिखाने का दबाव डालना कहाँ तक सही है?

पिता डॉक्टर के पैरों पर गिर गए, ''आप इलाज शुरू कीजिए, हम कहीं नहीं भाग रहे। मुझे भी न्याय चाहिए, पुलिस को बताना तो जरूरी है।'' जैसे-तैसे डॉक्टर तैयार हुए तो अस्पताल की बदहाली सामने आ गई। यह आधुनिक भारत का एक ऐसा अस्पताल था, जहाँ एक जलते चेहरे पर डालने के लिए साफ पानी तक नहीं था।

सोनाली के पिता फिर भागे। बड़ी मिन्नतें करके एक दुकानदार को जगाया और एक बोतल पानी लेकर आए! लेकिन एसिड की आग उस एक बोतल पानी से कहाँ बुझनेवाली थी? सोनाली की हालत लगातार बिगड़ती जा रही थी। आँखें चिपक गई थीं, चेहरा पिघल गया था।

छोटे अस्पताल के डॉक्टर को लग गया कि यह बड़ा केस है। बड़े अस्पताल जाने की नसीहत देकर डॉक्टर साहब अपने घर की तरफ निकल पड़े और सोनाली के पापा धनबाद से बोकारो की तरफ, बड़े अस्पताल की तलाश में।

अगले चंद रोज सोनाली और उसके पापा को यह अहसास करा गए कि आनेवाले दिन कितने सख्त और संघर्ष भरे रहनेवाले हैं! एक हँसती-खेलती जिंदगी अब अस्पताल के आसरे थी। अपनी बेटी की तबाही की खबर ने माँ को बिल्कुल खामोश कर दिया था। सोनाली के साथ सोती हुई छोटी बहन पर भी एसिड के छींटे पड़े थे। दर्द और दहशत में वो भी थी।

सोनाली को बोकारो के सेल अस्पताल में भर्ती कराया गया। शुरुआती दो दिन तक वह यूँ ही पड़ी तड़पती रही। लेकिन बकौल चंडीदास डॉक्टरों को कोई जल्दीबाजी नहीं थी।

चंडीदास मुखर्जी कहते हैं, ''तीसरे दिन डॉक्टरों ने बताया कि मरीज की हालत गंभीर है। आई.सी.यू. में भर्ती करना होगा, 50 हजार जमा करा दो।''

पिता के सामने चिंता और सवाल दोनों थे कि आखिर इतनी बड़ी रकम का इंतजाम हो तो कैसे? कुछ सोचने के बाद गाँव की पुश्तैनी जमीन के चंद टुकड़े पर उनकी आस टिक गई। बेटी को अस्पताल के भरोसे छोड़कर वह अपने गाँव की तरफ निकल पड़े। यह वह खेतिहर जमीन थी, जिस पर थोड़ा बहुत धान-गेहूँ उपज जाता तो मुखर्जी परिवार का काम चल जाया करता था। वरना चंडीदास मुखर्जी की 5 हजार की छोटी सी तनख्वाह में माँ-बाप, बीवी और तीन बच्चों का गुजारा मुश्किल था।

पर अभी ज्यादा बड़ा सवाल सामने खड़ा था। वे आगे बताते हैं—

जैसे-तैसे खरीदार मिला और जमीन बेचकर रुपयों को समेटकर वह अस्पताल भागे। जहाँ नई मुसीबत मुँह बाए खड़ी थी। तीन महीने बाद बोकारो सेल अस्पताल के डॉक्टरों ने ये कहकर हाथ खड़े कर दिए कि बेटी की जिंदगी बचानी है तो उसे लेकर दिल्ली जाएँ। सोनाली के जख्मों के सामने बोकारो का वह अस्पताल छोटा पड़ गया था।

साँस बचाने की संघर्ष कथा

दो दिन बाद बाप-बेटी एक नई संघर्ष-यात्रा पर दिल्ली की ट्रेन में सवार थे। निहायत निहत्थे, नाते-रिश्तेदारों की मदद, न संसाधनों का सहारा। मोहल्ले में तरह-तरह की चर्चाएँ गर्म हो रही थीं। सवालों से सनी ज्यादातर उँगलियाँ सोनाली की तरफ ही उठ रही थीं।

तीन मनचलों के अहंकार की लपटें कई जिंदगियों को स्वाहा करने लगी थीं। लगातार अस्पताल में रहने के कारण पिता की नौकरी छूट गई। एकदम खामोश रहनेवाली माँ दोनों बच्चों को लेकर गाँव चली गई और भाई-बहनों को स्कूल छोड़ना पड़ गया। वो शहर जहाँ सोनाली और उसके भाई-बहनों के सपने पल रहे थे, हमेशा के लिए पीछे छूट गया। अपनी पोती के जख्मों का दर्द बूढ़े दादा सह नहीं सके। दिल का दौरा पड़ा और परिवार के सिर से एक बुजुर्ग का साया भी उठ गया।

लेकिन वो तीन लड़के कहाँ थे? पुलिस क्या कर रही थी? समाज क्या कर रहा था? पुलिस आती, परिवारवालों से पूछताछ करती, आरोपियों को पकड़ लेने का भरोसा दिलाती और कानूनी खानापूर्ति के बाद चली जाती। चंडीदास कहते हैं, "उस वक्त हमें उन तीनों को सजा दिलाने से ज्यादा बेटी की जिंदगी बचाने की फिक्र थी।"

मुश्किलों के तमाम बोझ उठाए बाप-बेटी अपने एक परिचित के साथ दिल्ली के सफर पर निकल पड़े। ट्रेन की उस स्लीपर क्लास में उबलती गरमी से जूझने के लिए भारतीय रेलवे के डगमगाते पंखे थे, मुसाफिरों की ठसाठस भीड़ थी। बेहद गरमी से सोनाली के घावों ने रिसना शुरू कर दिया।

48 घंटे बाद झारखंड से ट्रेन दिल्ली पहुँची, लेकिन उससे पहले की नारकीय यातना ऐसी थी कि सोनाली ने अपने लिए मौत की दुआ माँगना शुरू कर दिया था।

दिल्ली, जहाँ इंसानों की भीड़ तो थी, पर उन दो बाप-बेटी के लिए किसी शुभचिंतक का संबल नहीं था। घिसते, रगड़ते, हाँफते किसी तरह दोनों रात में दिल्ली के बड़े अस्पतालों में से एक सफदरजंग अस्पताल पहुँचे।

सोनाली के पिता कहते हैं, ''सुना था कि बर्न केस का जैसा इलाज सफदरजंग अस्पताल में उपलब्ध है, वैसा देश के किसी और अस्पताल में नहीं; यहाँ तक कि एम्स में भी नहीं। लेकिन जब अस्पताल की संवेदना ही जलकर खाक हो जाए तो आम मरीजों के लिए सुविधाओं और विशेषज्ञता का भला क्या मोल? हम आधी रात को डेढ़ हजार किलोमीटर का सफर और दो दिनों की धक्का-मुक्की के बाद सफदरजंग अस्पताल पहुँचे थे, लेकिन अस्पताल के कर्मचारियों का पहला जवाब ही हमारी जान निकालनेवाला था।

अस्पताल के स्टाफ की पहली प्रतिक्रिया थी, ''ताजा मामला होता तो तुरंत इमरजेंसी में एडमिट कर देते। आपकी बेटी का केस तीन महीने पुराना है, अभी एडमिशन मुश्किल है। आप सुबह नौ बजे आइए।''

मरता क्या ना करता! पीड़ित परिवार अस्पताल के अहाते में बने पार्क की घास पर चादर बिछाकर पौ फटने का इंतजार करने लगा।

दोनों उम्मीद की डोरी थामे बैठे थे कि सुबह होगी, डॉक्टर साहब इलाज शुरू करेंगे, दर्द से राहत मिलेगी, चेहरा वापस मिलेगा, आँखों की रोशनी लौटेगी!

सुबह भी हुई, चहल-पहल भी शुरू हुई पर डॉक्टर से पहले सफाई कर्मचारी आए और बाप-बेटी को अपनी जगह से बेदखल कर गए। जिस मरीज को अस्पताल में और डॉक्टरों की देख-रेख में होना चाहिए, उसके लिए अस्पताल के बाहर पार्क में भी जगह नहीं थी। जैसे-तैसे ओ.पी.डी. में नंबर आया तो डॉक्टर का खरा जवाब था, ''बेड खाली नहीं है।''

बेड मिलने के इंतजार में अगले 36 घंटे घनघोर यातना के रहे।

''दो दिनों से मेरे घाव की ड्रेसिंग तक नहीं हुई थी…मेरी साँसें फूल रही थी,

हीमोग्लोबिन लगातार गिर रहा था। मेरे काका एडमिशन के लिए इधर से उधर पागलों की तरह भटकते रहे। कभी एच.ओ.डी. के पास, कभी एम.एस. के पास, कभी मिनिस्टर के पास। वो बार-बार कहते, इलाज कराए बगैर मैं यहाँ से नहीं लौटूँगा, जान दे दूँगा। डेढ़ दिनों तक मैं लावारिस की तरह सफदरजंग अस्पताल के पार्क में पेड़ के नीचे पड़ी रही।'' इन शब्दों में सोनाली के दर्द को आप महसूस कर सकते हैं।

36 घंटे बाद अस्पताल में दाखिला मिला और तब से लेकर अगले पाँच सालों तक सोनाली को अस्पतालों और डॉक्टरों से मुक्ति नहीं मिल पाई। सोनाली कहती है, ''मेरी ठुड्डी और गला गलकर एक हो गया था। दोनों से ब्लीडिंग हो रही थी। जान बचाने के लिए ब्लीडिंग रोकना जरूरी था। डॉक्टरों ने सर्जरी की, तीन साल में 8-10 ऑपरेशन हो गए।''

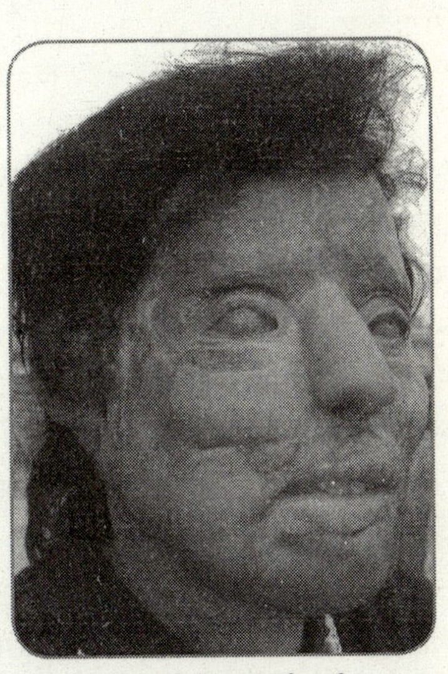

हमले के बाद सोनाली

इधर अस्पताल में एक के बाद एक जटिल ऑपरेशनों का सिलसिला चल रहा था। उधर उन तीनों लड़कों को उनके किए की सजा दिलाने का संघर्ष भी इस परिवार को ही झेलना था। मामला बड़ा था। एफ.आई.आर. दर्ज हुआ, दो आरोपी तो पकड़े गए लेकिन मुख्य आरोपी तापस कानून की पकड़ से बाहर था। स्थानीय पुलिस स्थापित चरित्र का प्रदर्शन कर रही थी। चंडीदास रोज थाने के चक्कर लगाकर यह पूछने जाते कि तापस पकड़ा गया या नहीं, पर रोज ही उन्हें मायूसी मिलती।

दर्द छोटा-बड़ा नहीं होता

सोनाली की जिंदगी को जानने की कोशिश करते और दिल्ली से बोकारो और धनबाद का चक्कर लगाते अक्सर मैं अपने आप से पूछती कि किसका संघर्ष ज्यादा बड़ा था, सोनाली मुखर्जी का या चंडीदास मुखर्जी का ? जवाब में अक्सर मुझे यही लगा कि अगर सोनाली की पीड़ा असाध्य थी तो पिता की पीड़ा असाधारण।

एक के बाद एक, रोज नई-नई मुश्किलों से दो-चार हो रहे थे चंडीदास।

संकटों से घबरानेवाला इंसान अगर संकटों के भँवर में फँस जाए तो अंदर का भय मिटने लगता है। विपरीत हालात ने उन्हें पहले से ज्यादा मजबूत बना दिया। हालात से हौसला आया, क्योंकि वो जानते थे कि इसके अलावा कोई रास्ता भी नहीं बचा।

दिल्ली से झारखंड और झारखंड से दिल्ली तक अस्पताल, पुलिस केस और परिवार, तमाम मोर्चों पर एक अकेला इंसान जूझ रहा था। गाँव की सारी जमीनें बिक गईं। पत्नी के जो थोड़े-बहुत गहने थे, वह कब के सुनार के यहाँ जा चुके थे। परिवार कर्ज में डूब गया और इन सबका जिम्मेदार पुलिस की गिरफ्त से अब तक बाहर था।

उन दिनों झारखंड के मुख्यमंत्री अर्जुन मुंडा थे। राँची में मुख्यमंत्री का जनता दरबार लगता था। सत्तातंत्र की तमाम चौखटों के चक्कर लगा चुके चंडीदास को यहाँ एक उम्मीद की रोशनी दिखाई दी। वे तापस की गिरफ्तारी की माँग को लेकर एक रोज यहाँ भी पहुँचे। मुख्यमंत्री को आपबीती सुनाई, यह संयोग अच्छा था। मुख्यमंत्री ने न्याय दिलाने का भरोसा दिलाया, इससे अफसरशाही हरकत में आई। मुख्यमंत्री मुंडा ने खुद कमिश्नर से बात की। कमिश्नर ने धनबाद के एस.पी. से बात की। इन सबका असर हुआ, जिस तापस की पुलिस को एक महीने तक भनक नहीं लगी थी, वो हफ्ते भर के भीतर पुलिस की पकड़ में आ गया।

मुखर्जी परिवार के संघर्ष का दायरा अब और बढ़ गया था—अस्पताल से अदालत तक, बेटी की जिंदगी बचाने से लेकर उसे इंसाफ दिलाने तक। उधर चंडीदास मुखर्जी का हौसला हर तरह से तोड़ने की कोशिश भी हो रही थी। केस वापस लेने के लिए आए दिन धमकियाँ दी जा रही थीं। गवाह तोड़े जा रहे थे, सामाजिक रूप से अलग-थलग करने की साजिश हो रही थी।

बार-बार कठघरे में कानून

निचली अदालत में तीन साल तक केस चला। बचाव पक्ष के वकील ने कानूनी दाँव-पेंच के तमाम करतब दिखाए। सुनवाई के दौरान सोनाली की भी पेशी हुई। दिल्ली से इलाज छोड़कर धनबाद जाना पड़ा। भरी अदालत में बचाव पक्ष के वकील ने किस किस्म के सवालों की बौछारें कीं, जरा उनकी बानगी देखिए—

1. आप दावे के साथ कैसे कह सकते हैं कि एसिड तापस ने ही फेंका?
2. आपने उसे कैसे पहचाना?
3. आपने उसे टॉर्च की रोशनी में देखा या लालटेन की रोशनी में?
4. आपका किसी लड़के से अफेयर था?

5. हो सकता है आपके ब्यॉयफ्रेंड ने आप पर एसिड फेंका हो?

सोनाली कहती है, ''मुझमें खड़े होने की ताकत नहीं थी। उस पर ऐसे-ऐसे सवाल पूछे जा रहे थे कि मुझे चक्कर आ रहा था। मैंने कोर्ट को अपनी हालत बताई तब जिरह रोकी गई।''

निचली अदालत में सोनाली का केस करीब तीन साल चला।

उन तीन सालों के संघर्ष ने चंडीदास को चट्टान जैसा सख्त बना दिया। उन्हीं हालात का नतीजा है कि वो ये कह पाए, ''मैं किसी और मिट्टी का बन गया था। जितना मुझे दबाने की कोशिश की गई, मैं उतना ही सख्त होता गया। ठान लिया था कि मेरी बेटी का यह हाल करनेवालों को कड़ी सजा दिलाऊँगा।''

निचली अदालत में जिरह के अपमानजनक दौर और लंबे इंतजार के बाद 2006 में तापस मित्रा और संजय पासवान को 9 साल की सजा सुनाई गई। सजा के तुरंत बाद दोनों ने राँची हाईकोर्ट में इसके खिलाफ अपील कर दी। अदालत ने दोनों को जमानत भी दे दी। तीसरे आरोपी ब्रह्मदेव हाजरा ने खुद को नाबालिग साबित कर दिया। नाबालिग होने से वो कानूनी बंदिशों से साफ-साफ बच गया।

सोनाली और उसके परिवारवालों के लिए यह खबर हौसला तोड़नेवाली थी। उस वक्त सोनाली इलाज के सिलसिले में दिल्ली गई थी। कोर्ट के फैसले के बाद खुद को सँभाल पाना आसान नहीं था, फिर भी मुखर्जी परिवार ने हिम्मत जुटाई और हाईकोर्ट में जमानत के खिलाफ अपील करने का फैसला किया।

कानूनी लड़ाई के इसी पड़ाव पर सोनाली का साथ देने आगे आई जानी-मानी क्रिमिनल लॉयर और सीनियर एडवोकेट रेबिका जॉन। केस की पूरी पड़ताल के बाद रेबिका इस नतीजे पर पहुँची कि हाईकोर्ट ने जमानत का फैसला दिया तो इसके पीछे पुलिस तंत्र की नाकामी बड़ी वजह रही।

वो कहती हैं, ''अजीब बात है कि जो काम पुलिस को करना चाहिए था, वह सोनाली को करना पड़ा। केस को मजबूत करने का जिम्मा पीड़ित पर छोड़ दिया गया। कोर्ट में किस तरह की बहस होगी, क्या तथ्य रखे जाएँगे, सोनाली या उसके परिवारवालों की इस पर कभी काउंसलिंग ही नहीं हुई।''

रेबिका ने वो तमाम पहलू गिनाए, जो झारखंड पुलिस की नीयत और काबिलियत दोनों पर सवाल खड़े करते हैं:—

1. सोनाली पर एसिड फेंकने में जिस बरतन का इस्तेमाल हुआ, उसे पुलिस क्यों नहीं तलाश पाई?
2. जिस कपड़े पर एसिड फेंका गया, उसे पुलिस ने सबूत के तौर पर सँभालकर

रखने की जरूरत क्यों नहीं समझी?

पुलिस की भूमिका को लेकर रेबिका और भी कई संगीन सवाल खड़े करती हैं। उनकी ये पक्की राय है कि पुलिस जान-बूझकर बुनियादी तफ्तीश में ढ़िलाई करती है, जिसका असर केस पर पड़ता है। उनके मुताबिक, एसिड अटैक के ज्यादातर मामलों में पुलिसिया लापरवाही आरोपियों को बच निकल जाने का मौका देती है और सोनाली के केस में भी वही हुआ।

बहरहाल, रेबिका जॉन इंसाफ की इस जंग में पूरी तरह सोनाली के साथ खड़ी हैं। लेकिन बड़े-से-बड़ा वकील भी क्या करे, जब अदालत में सुनवाई शुरू होने में ही सालों गुजर जाएँ? ज्यूडिशियल सिस्टम का हाल देखिए, आरोपियों की जमानत के खिलाफ हाईकोर्ट में 2008 में अर्जी दी गई और 2016 तक ये केस सुनवाई का इंतजार करता रहा। रेबिका बताती हैं कि 2014 में यह अपील लिस्ट में थी पर सुनवाई नहीं हो सकी। जबकि जिरह के लिए वह राँची पहुँच चुकी थीं।

न्याय में हो रही देरी और अपने इलाज की तकलीफों से जूझ रही सोनाली और उसका परिवार अब हताश होने लगा था। लेकिन उसके के हिस्से में दुश्वारियाँ और तकलीफें अभी बाकी थीं। वह अस्पताल के बिस्तर पर जिंदगी की जद्दोजहद कर रही थी।

राँची हाईकोर्ट में सोनाली का केस लड़ रहे वकील राजीव कुमार, जो इस मामले में रेबिका जॉन को सहयोग कर रहे हैं, वो बताते हैं कि निचली अदालत ने इस मामले में काफी सक्रियता दिखाई, लेकिन स्थानीय पुलिस ने तो अपनी तरफ से आरोपियों को आराम से बचकर निकल जाने का पूरा इंतजाम कर दिया था। पुलिस ने सबूतों और गवाहों को जुटाने में काफी लापरवाही की थी।

हिम्मत की भी हद होती है

हिम्मत की हद खत्म होने लगी तो सोनाली हमेशा साथ देनेवाली मीडिया के सामने पहुँची, एक अप्रत्याशित फैसले के साथ—इच्छा-मृत्यु की माँग के साथ!

"वह बताती है यह 2012 का वाकया था। मेरी एक जिंदगी थी, सपने थे, उम्मीदें थीं, लेकिन देखिए, मुझे क्या मिला है? मैं कई ऑपरेशनों से गुजर चुकी हूँ, मेरे इलाज के लिए पिताजी सब बेच चुके हैं, एसिड हमले के कारण होंठों के चिपकने से तीन साल तक मैं कुछ बोल नहीं पाई थी। अब मुझे न्याय चाहिए, यदि यह नहीं मिल सकता तो अदालत मुझे इच्छा-मृत्यु की इजाजत दे। मैं थक चुकी हूँ।" यह कहते हुए सोनाली टूट गई थी। उस वक्त वह किस मानसिक हालत से

गुजर रही थी, उसे इन शब्दों के जरिए समझा जा सकता है।

मुश्किलों के भँवर में फँसे पिता की हिम्मत भी अब जवाब देने लगी थी। वो कहते हैं, ''हम थक चुके थे। मेरी बेटी की आधी जिंदगी अस्पताल और सर्जरी में निकल गई और आरोपी आजाद परिंदे की तरह उड़ते रहे। केस वापस लेने के लिए मुझ पर तरह-तरह के दबाव डाले गए। छोटी बेटी को भी बर्बाद करने की धमकियाँ मिलने लगीं। मैंने डरकर जैसे-तैसे उसकी शादी कर दी।''

अब तक सोनाली की पहचान न्याय के लिए जद्दोजहद करती एक लड़की के रूप में बन चुकी है। सोनाली कहती है कि मैं अब अपनी लड़ाई को उस स्तर पर लेकर आ गई थी, जहाँ मेरे लिए बस दो ही रास्ते थे कि या तो मैदान में डटी रहूँ या खुद अपने हथियार डाल दूँ! पर न जाने कहाँ से हिम्मत आने लगी और मैंने तय कर लिया, मुझे हथियार डालना कतई मंजूर नहीं है।

कारवाँ बनता गया, मंजिलें मिलती गईं

राँची हाईकोर्ट में सोनाली का केस लड़ने के लिए सरकारी वकील तो थे, लेकिन वो कितने कारगर होंगे, इसका अनुभव उन्हें हो चुका था। बड़ा वकील केस जीतने के लिए जरूरी था और बड़े वकील के लिए पैसा। संयोग अच्छा था कि सोनाली को उस दौर में कई शुभचिंतकों का साथ मिला। उन्हीं में एक थीं—सागरिका घोष। तब वो सी.एन.एन.आई.बी.एन. न्यूज चैनल में थीं। उन्होंने सोनाली को अपने शो में हिस्सा लेने के लिए स्टूडियो बुलाया। सोनाली के लिए वो शो बड़ा बदलाव लेकर आया।

केबीसी प्रतियोगिता में अमिताभ बच्चन और लारा दत्ता के साथ

सागरिका बताती हैं, ''जब पहली बार सोनाली मेरे टी.वी. शो में आई, उसकी व्यथा सुनकर

स्टूडियो में मौजूद लोग रो पड़े थे। हम ऐसी लड़की को पहली बार टी.वी. पर दिखा रहे थे, जो एसिड हमले का शिकार हुई थी। दर्शकों के सामने एक ऐसा किरदार था जिसके साथ वो सब हुआ, जिसकी हम या आप कल्पना भी नहीं कर सकते। इस कार्यक्रम का असर हुआ। शो खत्म होते ही सोनाली के इलाज और कोर्ट केस के लिए मदद के कई हाथ आगे बढ़े। मैंने फिर सोनाली को रेबिका जॉन के पास भेजा।''

सागरिका का अपना पत्रकारीय अनुभव बताता है कि ज्यादातर मामलों में एसिड हमले का शिकार उन लड़कियों को बनाया गया, जो खूबसूरत थीं, होशियार थीं और अपनी अलग पहचान बनाने की कोशिशों में जुटी थीं।

सोनाली के लिए एक हाथ उठा तो कई और हाथ भी मदद को आगे बढ़े। मशहूर मीडिया हाउस 'टी.वी. टुडे' के अंग्रेजी चैनल 'हेडलाइंस टुडे' के वरिष्ठ पत्रकार राहुल कँवल ने इलाज में मदद का जिम्मा उठाया। सोनाली को दरकार थी जटिल ऑपरेशनों की, जिसके लिए ढेर सारा पैसा चाहिए था।

सोनाली बताती हैं कि कँवल ने इसके लिए न्यूज चैनल को तैयार किया। कंपनी एक बड़ी राशि देने को तैयार हो गई। उन्होंने दिल्ली के 'बी.एल. कपूर हॉस्पिटल' में सोनाली के इलाज की बात की। हॉस्पिटल से मिलनेवाले रियायतों के बाद भी 30-35 लाख रुपयों का इंतजाम करना था। कँवल ने अब आगे पैसों के इंतजाम के लिए मुंबई की एक संस्था 'बेटी और इंडियन टेलीविजन एकेडमी' की अध्यक्षा अनु रंजन से मदद माँगी।

सोनाली को नया जीवन देने में इस संस्था ने बड़ा योगदान दिया। अनु रंजन ने बॉलीवुड में अपने कनेक्शन को खँगाला तो केवल 24 घंटे के अंदर साढ़े 12 लाख रुपए इकट्ठे हो गए।

बकौल अनु रंजन, ''सोनाली के चेहरे को बहुत नुकसान पहुँचाया गया था, उसकी पूरी पहचान मिट गई थी। हमने हॉस्पिटल को साढ़े 22 लाख रुपए का भुगतान कर दिया। डॉक्टर संजीव बगई के नेतृत्व में चार विभागों के डॉक्टरों की एक टीम बनाई गई। लगातार डेढ़-दो साल तक सोनाली की कई सर्जरी की गईं।''

वह कहती हैं, ''सोनाली की हिम्मत को देखकर मैं दंग रह गई थी, गजब का साहस है उसमें। सोनाली की कहानी को देखने और जानने के बाद अब मेरी संस्था, जो अब तक कन्या भ्रूण-हत्या रोकने जैसे महत्त्वपूर्ण मुद्दे पर काम कर रही थी। उसने अपना दायरा बढ़ाकर एसिड पीड़ित लड़कियों के इलाज और पुनर्वास के लिए काम करना शुरू कर दिया है।''

अपने पति के साथ

'बी.एल. कपूर हॉस्पिटल' में करीब दो साल तक सोनाली का इलाज करते रहे मशहूर प्लास्टिक सर्जन डॉ. मेजर जनरल ए.एस. बाथ। सन् 2008 में तत्कालीन राष्ट्रपति प्रतिभा पाटिल से उत्कृष्ट सेवा के लिए 'विशिष्ट सेवा मेडल' पानेवाले डॉक्टर बाथ कहते हैं, ''जब वह इस हॉस्पिटल में आई थी तो इलाज से पहले उसे मानसिक संबल की जरूरत थी। बेहद टूटे और निराश मन में यह विश्वास पैदा करना था कि हम बेशक उसे ऐसा चेहरा नहीं दे सकते, जो भगवान् ने बनाया था। लेकिन तकनीक और इंसान की सीमा जहाँ तक जाती है, वहाँ तक कोशिश जरूर होगी। सोनाली का चेहरा बुरी तरह जला हुआ था, उसे बनाने के लिए स्किन की जरूरत थी, जो बड़ी समस्या थी।''

उनका कहना है कि एसिड शरीर के टिश्यू की गहराई में जाकर पूरी तरह उसे बर्बाद कर चुका था। ऐसा लग रहा था हम बंजर जमीन पर कुछ उगाने की कोशिश कर रहे हों। कई महीने की मेहनत के बाद हमने उसका कृत्रिम कान बनाया, सिर की त्वचा को ठीक किया। पूरे 12 जटिल ऑपरेशन किए गए।

ऑपरेशनों के दौरान सोनाली को अमिताभ बच्चन के शो 'कौन बनेगा करोड़पति' में हिस्सा लेने का प्रस्ताव मिला। अगले कुछ दिनों बाद वह अमिताभ के सामने हॉट सीट पर बैठी थी। सोनाली की कहानी अब घर-घर तक पहुँच रही थी। लोग पहली बार हॉट सीट पर ऐसी लड़की को देख रहे थे, जिसने संघर्ष से खुद को सँभाला है। अमिताभ उसके साहस के कायल हो गए थे और सोनाली के साथ सहयोग के लिए आई विश्व सुंदरी लारा दत्ता अपने आँसू नहीं रोक पाईं।

'कौन बनेगा करोड़पति' के जरिए उसके हाथ में कुछ लाख रुपए भी आए, लेकिन यह खबर मिलते ही अब तक खामोश रहनेवाले कर्जदारों की उम्मीदें जाग

उठी थीं। मुंबई से लौटते ही कर्जदार उनके दरवाजे पर खड़े थे।

अब तक झारखंड सरकार का भी ईमान जाग चुका था। सन् 2014 में सोनाली को क्लर्क की एक नौकरी दी गई। यह नौकरी उसके लिए डूबते को तिनके का सहारा जैसी थी और आज भी परिवार की रोजी-रोटी का एकमात्र जरिया है।

सोनाली बताती है कि मेरे संघर्ष के सफर में कई लोगों ने मेरा साथ दिया। झारखंड के 'बोकारो संजीवनी ट्रस्ट' के शशि भूषण, झारखंड की दूसरी संस्था 'गॉड इज वन' के संस्थापक उदयशंकर सिन्हा, कोलकता के 'दीनबंधु ट्रस्ट' के फाउंडर शैवाल मित्रा ने समय-समय पर बहुत मदद की। कई बार संस्था के कार्यक्रमों में बुलाकर मेरी हौसलाअफजाई की। कोलकता के ही सुब्रतो घोष ने 'फ्रेंड्स ऑफ सोनाली' का फेसबुक पेज बनाकर मुझे आर्थिक सहायता दिलाई। उन्होंने बड़े भाई की तरह मेरे सिर पर हाथ रखा। चंडीगढ़ में रेस्टोरेंट चलानेवाले फतेहजीत ढिल्लन ने प्रवासी भारतीयों तक मेरी कहानी पहुँचाई।

इस बारे में ढिल्लन कहते हैं कि ''सोनाली की कहानी मैंने 'क्राइम पेट्रोल' कार्यक्रम में देखी और उसके बाद उन्हें ढूँढ़ना शुरू किया। पहली बार उन्हें देखा तो हिम्मत नहीं हुई कि कुछ पूछूँ, पर मैंने उनकी मदद का फैसला किया और कनाडा में बैठे अपने दोस्तों, रिश्तेदारों से उनके लिए मदद माँगी। फेसबुक पेज बनाकर लोगों का ध्यान खींचा। खुशी हुई कि लोगों ने मेरा मान रखा और सोनाली की मदद की।''

शशिभूषण याद करते हैं कि जब वे सोनाली से पहली बार मिले थे, वह बेहद निराश थी। वे कहते हैं, ''वो अपने पिता के साथ पहली बार हमारे ऑफिस आई थी हमने महसूस किया कि उसके चेहरे के घाव की वजह से लोग उससे दूर रहते थे। हमने उसकी सारी बातें सुनीं और उसे आत्मनिर्भर बनाने में मदद की।''

कोई हमदम तो मिला, कोई सहारा तो मिला

वर्ष 2015 सोनाली की जिंदगी में एक बड़ा बदलाव लेकर आया। उड़ीसा की 'भूषण स्टील' में इलेक्ट्रिकल इंजीनियर चितरंजन तिवारी ने उसकी तरफ हाथ बढ़ाया, अपना हमसफर बनाने की हसरत से। इस प्रेम-निवेदन में कोई अहं नहीं था, मनचलापन नहीं था, आवारगी नहीं थी, बर्बाद करने की जिद नहीं थी। चितरंजन के इस प्रस्ताव से मानो ठूँठ पड़ चुकी जड़ से जैसे फिर से कोंपलें निकलने लगीं। हालाँकि सोनाली को शादी के लिए मनाना चितरंजन के लिए आसान नहीं था।

पहली बार चितरंजन ने नवंबर 2014 में एक टी.वी. कार्यक्रम में सोनाली

को देखा। वह उस समय बी-टेक. फाइनल की परीक्षा देकर नौकरी की तलाश में थे। सोनाली के संघर्ष को देखकर उनके मन में उसकी मदद करने की इच्छा जागी। एक-दो बार फोन पर बात करने के बाद उनके मन में सोनाली के प्रति प्यार जागने लगा था।

वह कहते हैं, ''वह मुझे दिल से खूबसूरत लगी थी। दिल ने आवाज दी—जिस जीवनसाथी की तलाश में मैं हूँ, उसकी मंजिल सोनाली है। जब पहली बार मैंने उसे अपने मन की बात बताई और शादी करने का प्रस्ताव दिया तो वह बहुत नाराज हुई। मैंने हार नहीं मानी, इंतजार करता रहा।''

एक दिन सोनाली का फोन आया, उसने अपनी विकलांगता और तकलीफों का जिक्र करते हुए पूछा, ''क्या अब भी करोगे मुझसे शादी?'' जिस आवेग से सोनाली ने सवाल किया था, उसी शांति से चितरंजन का जवाब था, ''चाहे जो हो, शादी तो तुमसे ही करूँगा।'' सोनाली से ही शादी करने का पूरी तरह मन बना चुके चितरंजन ने अब तक एक बार भी उसे आमने-सामने नहीं देखा था।

चितरंजन की बात पर किसी को यकीन नहीं हो रहा था। वह बताते हैं, ''सोनाली के भाई ने बार-बार पूछा कि आप ऐसा क्यों कर रहे हैं? सबको मेरी मंशा पर शक था। सोनाली को जाननेवाले, उसके रिश्तेदार, पास-पड़ोसी, मेरे दोस्त, मेरे परिवारवाले, जिसे देखो, वह यही पूछते कि आखिर मैं ऐसी लड़की से क्यों शादी कर रहा हूँ, जो एसिड हमले का शिकार है? बात यहाँ तक होने लगी कि लड़का पब्लिसिटी या पैसे के लिए यह कदम उठा रहा है। असल विरोध तो माँ-बाप की तरफ से हुआ, जो आज भी सोनाली को बहू मानने को तैयार नहीं।''

चितरंजन का कहना है, ''मैंने अक्सर किचन में खाना बनाते समय अपनी माँ का हाथ जलते देखा है। उस जलन से वह घंटों परेशान रहा करती थीं, फिर वह क्यों नहीं सोनाली के दर्द को समझ पाती हैं?''

15 अप्रैल, 2015 को दोनों शादी के पवित्र बंधन में बँध गए। उनकी शादी की खबर चितरंजन के ऑफिस में अखबारों के जरिए पहुँची। वह बताते हैं कि सब के लिए यह बम फूटने जैसा था। बॉस ने मेरा हौसला बढ़ाया तो कुछ सहकर्मियों ने मजाक उड़ाया।

बहरहाल, सोनाली रूकी नहीं है। पिछले 13 साल में 40 ऑपरेशन कराने के बाद भी वह आगे बढ़ रही है। उसका कहना है कि मैंने अपने जीवन से यह सीखा है कि कुछ भी हो जाए, हिम्मत नहीं हारनी चाहिए। यदि हम खुद को कमजोर मानेंगे तो दूसरे भी हमें दबाएँगे। हमारे साथ जो अपराध हुआ है, वह समाज की

संकीर्णता का सबूत है, हम क्यों शर्मिंदा हों, क्यों ग्लानि महसूस करें?

हालाँकि हर वक्त एक सवाल साए की तरह उसके साथ खड़ा रहता है कि गुनहगारों को सजा कब मिलेगी? लेकिन कुछ सवाल सिस्टम, समाज और सत्तातंत्र से जवाब माँगते हैं। सवाल है कि क्या एसिड पीड़ितों के लिए अलग से कानून का प्रावधान नहीं होना चाहिए? क्या किसी इंसान को जलाने के लिए एसिड की बिक्री पर रोक नहीं लगनी चाहिए? क्या पुलिस के लिए यह जवाबदेही तय नहीं होनी चाहिए कि एसिड हमले की जाँच तय समय-सीमा में हो?

सोनाली की कहानी हमारे पुरुषवादी समाज का सच भी सामने लाती है और पुलिस, अस्पताल और कोर्ट के खोखलेपन का भी खुलासा करती है। सोनाली अगर एसिड वाली लड़की में तब्दील हुई है तो इसके जिम्मेदार ये सब भी हैं।

sonalimk@gmail.com

□

2

जिंदगी इम्तिहान लेती है

कविता

लखनऊ की न्यू गरौड़ा कॉलोनी में एक कमरे के मकान में आपका स्वागत एक प्यारा सा कुत्ता करेगा, जो किसी भी हाल में आपको मालिक की बिना इजाजत के घर की चौखट पार नहीं करने देगा।

इस घर में रहते हैं दो भाई-बहन। कविता और प्रकाश, जो एक-दूसरे का हाथ थामकर अपनी जिद पूरी करने निकले हैं। जिद न्याय पाने की, जिद दुनिया के सामने यह साबित करने की कि ठोकरें उन्हें राह से विचलित नहीं कर सकतीं।

भाई-बहन के बीच प्यार, त्याग के कई किस्से आपने सुने होंगे, लेकिन कविता और प्रकाश से मिलेंगे तो सारे किस्से-कहानियाँ सच बनकर आपके सामने खड़े हो जाएँगे। जिंदगी की पटकथा में प्रकाश एक ऐसे भाई का किरदार निभा रहा है, जो अपनी बहन का सगा नहीं, जो उससे उम्र में भी छोटा है और जिसके पास इतने संसाधन भी नहीं हैं कि बहन को तमाम खुशियाँ दे सके। लेकिन छोटी उम्र में भी उसकी सोच इतनी बड़ी है कि वो बेमिसाल बन गया।

प्रकाश कविता का सौतेला भाई है, लेकिन किसी सगे भाई से भी बढ़कर उसने ममता की छाँव अपनी बड़ी बहन को दी है। हालात ने उसे बहन को सहारा देने के लिए अपने माँ-बाप का घर छोड़ने को मजबूर किया। कविता का कहना है, "जब से अपने माँ-बाप का घर छोड़ा है, हमने उनका चेहरा तक नहीं देखा है। हमारा उनसे अब कोई रिश्ता नहीं है, अब हम दोनों भाई-बहन ही एक-दूसरे का ख्याल रखते हैं।"

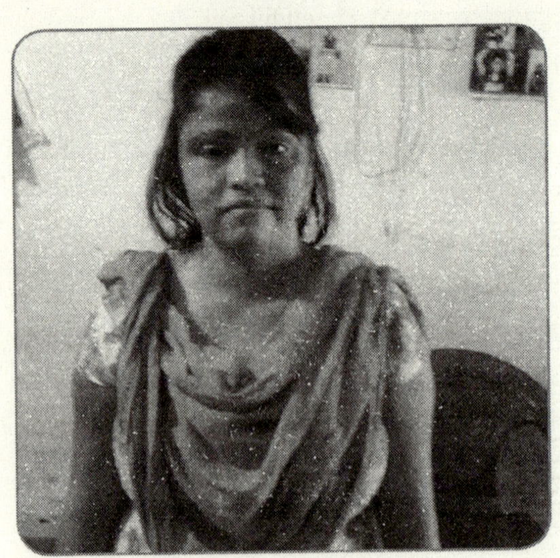

हमले ने छीन ली सारी खुशियाँ

आखिर क्या हुआ था ऐसा कि दोनों को अपने माँ-बाप का घर छोड़ना पड़ा? दो बच्चों के अपने परिवार की जड़ से जज्बाती तौर पर अलग हो जाने की ये कहानी बेहद मार्मिक है और इसे जानने के लिए आपको थोड़ा अतीत के आईने में झाँकना होगा।

रिश्तों का बेगानापन

लखनऊ के आलमबाग इलाके में रहता था कविता का छोटा सा परिवार। बेहद निम्न आयवाले इस परिवार में भी दुःख-सुख की आँख-मिचौली दूसरे भारतीय परिवारों की तरह चलती रहती। अभावों के बीच भी वह परिवार खुश रहने की कोशिश करता। लेकिन कविता के लिए जिंदगी बस सुख-दुःख की धूप-छाँव नहीं थी। उसके लिए मानो ऐसा था, जैसे जिंदगी ने कदम-कदम पर इम्तिहान लेने के लिए खुद आगे बढ़कर उसे चुना हो।

उस पर पहला वज्रपात तब हुआ जब माँ के रहते पापा ने दूसरी शादी कर ली। खूब हाय-तौबा मची, रोना-धोना हुआ, लेकिन हालात के आगे माँ ने हार मान ली। कविता और उसके भाई-बहनों को यहीं छोड़, अपने भाई के पास देहरादून चली गई। छोटी सी कविता अब अपनी सौतेली माँ के आसरे थी।

सौतेली माँ का व्यवहार वही था जो अक्सर हम फिल्मों और कहानियों में

देखते-सुनते आए हैं। माँ सौतेली थी, लेकिन सगे पिता का भी अपनी बेटी की खुशी, गम, आशा-निराशा से कोई लेना-देना नहीं था। पिता शराब के आदी थे और शराब में ही अपनी जिंदगी के मायने तलाशते रहते।

बकौल कविता, ''बच्चों के भविष्य से सरोकार तो खैर दूर की बात थी, बच्चों से मानवीय व्यवहार निभाना भी उन्हें नागवार लगता। लेकिन रिश्तों का एक कोना ऐसा था जहाँ मेरे लिए थोड़ा सुकून था, थोड़ी राहत थी। उस कोने में सिर्फ भाई-बहन थे, सगे भी और सौतेले भी। सौतेली माँ से रिश्ते का खालीपन वो बच्चे भर रहे थे, जो सगे ना होने के बाद भी अपनेपन से भरे थे।

कविता के पिता साथ होकर भी साथ नहीं थे। कविता ने इस सच को स्वीकार कर लिया था। जब माँ-बाप होकर भी न हों तो जिंदगी की किश्ती कैसे रफ्तार पकड़ती? घिसट-घिसटकर दिन कट रहे थे। जैसे-तैसे हाईस्कूल पास किया तो पापा ने आगे पढ़ाने से मना कर दिया, लेकिन उसके मन में आगे पढ़ने और अपने पैरों पर खड़े होने की छटपटाहट शुरू हो गई थी।

खैर, पिता को पढ़ाई से ऐतराज था, लेकिन बेटी के नौकरी करने से नहीं। शायद बेटी की कमाई का लालच था, इसलिए पिता ने ये कहते हुए सहमति दे दी कि यदि वह शादी होने तक कोई काम करना चाहती है तो कर सकती है।

हाईस्कूल पास लड़की को कैसी नौकरी मिल सकती थी? एक कॉस्मेटिक की दुकान पर बेहद छोटी तनख्वाह पर उसे रख लिया गया और कविता ने खुद को खुशकिस्मत मानते हुए उस मामूली सी नौकरी को गले से लगा लिया।

अपने पैरों पर खड़े होने के आत्मविश्वास ने धीरे-धीरे कविता की शख्सियत बदल दी। जज्बात जीवंत हो उठे। जहाँ जिंदगी से नाउम्मीदी का अवसाद था वहाँ सपनों का नया कारवाँ करवटें लेने लगा। हसरतों की सूखी दरिया में नए भँवर उठने लगे, उम्मीदों के दरख्त में नए कोपलें खिलने लगे थे।

पिता की नाराजगी के बावजूद कविता ने चुपके से अपनी पढ़ाई भी जारी रखी। घर के नजदीक के कॉलेज में उसने दाखिला ले लिया। कॉस्मेटिक की दुकान पर ही काम करती थी, इसलिए सँजने-सँवरने के शौक भी पूरे होने लगे थे। कभी मुस्कुराकर आईने को देखती तो कभी लगता कि आईना ही उसे निहार रहा है। इस दौरान ही फैज से उसकी दोस्ती शुरू हुई, लेकिन कई दुविधाओं से गुजरते हुए।

फैज दुकान का मालिक था। कविता हिंदू थी और वो मुसलमान। लेकिन ये उम्र का वो पड़ाव था, जहाँ मोहब्बत के आगे मजहब कमजोर पड़ जाता है। जब कोई आँखों के दरवाजे से सीधे मन में उतर जाए तो फिर दिल मजहब का तर्क नहीं

समझता। कविता ने दिल की सुनी और फैज से मोहब्बत की राह में आगे बढ़ने लगी।

यकीन का टूट जाना

कविता को फैज की मोहब्बत पर इतना यकीन हो गया, जितना उसे खुद पर नहीं था। फैज के वादों को उसने जिंदगी की हकीकत समझा। वह शादी की बातें करता, परिवार की बातें करता, बच्चों की बातें करता तो उसे ये सब आनेवाले कल की बातें लगतीं। फैज उसके दिलोदिमाग पर पूरी तरह छा गया था। उसे पा लेना कविता की जिंदगी का मकसद बन गया था, लेकिन उसकी ये रुमानियत ज्यादा लंबी नहीं चली।

एक दिन ऐसा आया जब फैज ने एक ही ठोकर में कविता के सपनों के घरौंदे को तहस-नहस कर डाला। फैज के वो लफ्ज आज भी कविता को याद हैं, जब उसने ये कहा, ''घरवालों ने मेरी शादी ठीक कर दी है। अब मैं तुमसे शादी नहीं कर सकता।''

कविता बताती है, ''फैज की बातें सुनकर मैं आसमान से गिर पड़ी। उसे बहुत समझाया, बहुत गिड़गिड़ाई, अपने प्यार की दुहाई दी, लेकिन वह नहीं माना। उसने साफ कह दिया कि वह परिवारवालों के फैसले का विरोध नहीं कर सकता, उसे यह शादी करनी ही होगी। आखिरकार वह अपना फैसला सुनाकर, मुझे रोता छोड़कर चला गया। कुछ ही दिन बाद उसकी शादी हो गई।''

गम की उस हालत में कविता को अपनी माँ की याद आ रही थी। वो अब समझ पा रही थी कि जब उसके पिता ने माँ को छोड़ा था तो माँ को कितना दर्द महसूस हुआ होगा! आज फैज ने उसकी मुहब्बत को ठुकराकर शादी कर ली, तब वह जान पाई कि आखिर माँ उस दिन दहाड़ मारकर क्यों रोई थी! वह भी रोती रही, रात-रात भर, बिना किसी को कुछ बताए अपने दिल के गम को ढोती रही। लेकिन आखिर कब तक रोती? कोई उसका रोना सुनता भी तो क्यों? आहिस्ता-आहिस्ता अपने हालात से समझौता करके वह फैज को भूलाने की कोशिश करने लगी। लेकिन ये आसान कहाँ था?

खुशी हो या गम, जिंदगी की रफ्तार नहीं रुकती और न ही जरूरतों का बोझ कम होता है। कविता की आय उसके परिवार की जरूरत कब बन गई, यह बात वह खुद नहीं जान पाई थी। इसलिए उसने अपनी नौकरी को जारी रखने का फैसला किया, लेकिन खुद को फैज की यादों की कैद से बाहर निकालकर।

दोनों अब भी दुकान पर मिलते, लेकिन एक अनकही रहती। धीरे-धीरे दोनों

के बीच का संबंध केवल मालिक और कर्मचारी का होकर रह गया। वह खुद को सामान्य होने की कोशिश करने लगी। इस बीच कविता के पिता ने उसकी शादी तय कर दी। उसने भी बिना कुछ कहे-सुने 'हाँ' कर दी। वह अपने मन को इस बात के लिए तैयार करने लगी कि अब उसे अपने अतीत को भूलकर भविष्य को सँवारना है।

यह 2008 का साल था। अब तक फैज की शादी को कुछ समय बीत गए थे, वह अब एक बेटी का बाप बन चुका था। लेकिन कुछ समय से कविता ने महसूस किया कि वह फिर से सामान्य संबंध बनाने की कोशिश करने लगा है। वह उसके साथ बातें करता, हँसी-मजाक करता, लेकिन कविता उसकी किसी बात का जवाब नहीं देती। धीरे-धीरे फैज उसे यह बताने लगा कि अपनी शादी से वह खुश नहीं है, इसलिए वह अपनी मुहब्बत के पुराने दिनों में लौटना चाहता है।

वह हैरान हो गई, यह कैसी फितरत थी फैज की! पहले उसका विश्वास तोड़ा और अब अपनी पत्नी का भरोसा तोड़ना चाहता है। वह शादी कर चुका था, उसकी एक बेटी थी, लेकिन अब वह फिर कविता को पाने की कोशिश करने लगा। जबकि उसने साफ कर दिया कि वह इस रिश्ते से निकल चुकी है, इसे आगे नहीं बढ़ा सकती। वह फैज में केवल अपना बीता हुआ कल देख रही थी, इसलिए उसकी बातों को नजरअंदाज करती रही।

कविता कहती है, ''मेरे लिए काम पर जाना तब भी उतना ही मुश्किल था, जब उसने शादी कर ली, अब भी उतना ही जोखिम भरा था, जब वह मेरी जिंदगी में वापस आने कि जिद कर रहा था।''

वह मुश्किल दौर से गुजर रही थी, फैज उसके पीछे पड़ चुका था। वह रोज-रोज एक ही बात करता, 'शादी कर लो।' नहीं मानने पर कुछ भी कर देने की धमकी भी वह आए दिन देने लगा। लेकिन कविता अब टूट चुके इस रिश्ते के भँवरजाल में नहीं फँसना चाहती थी। उसने मन-ही-मन काम छोड़ने का फैसला कर लिया।

लेकिन फैज उसका पीछा नहीं छोड़ना चाहता था। वो जब भी अपने काम के लिए कॉस्मेटिक शॉप पर पहुँचती, वह उससे बेवजह सवाल करता—देर से क्यों आती हो, मुझसे बात क्यों नहीं करती हो, तुम्हारा चेहरा क्यों लटका हुआ है ? जब सवालों का सिलसिला खत्म होता, तब फैज अपनी खराब शादी-शुदा जिंदगी का रोना रोने लगता। एक तरफ वह सनकी आशिक की तरह व्यवहार करता था, तो दूसरी ओर वह कविता से सहानुभूति हासिल करने की कोशिश करता।

मकसद एक ही था, किसी तरह से कविता को दोबारा हासिल करना। कविता

उन दिनों को याद करते हुए कहती है, ''मुझे लगता कि ये पागलों की तरह हरकतें क्यों करता है ? जब मैं रोती थी और इससे कहती थी कि मुझसे शादी कर लो, तब वो नहीं माना। अब वो अपनी पत्नी के साथ वही करना चाहता था, जो उसने मेरे साथ किया था। यह उसकी पत्नी के साथ अन्याय था।''

किसी व्यक्ति के इस तरह के मनोविज्ञान के बारे में मनोवैज्ञानिक प्रतिष्ठा त्रिवेदी कहती हैं, ''पितृसत्तात्मक समाज में यह देखा गया है कि अधिकांश पुरुषों के मन में गहराई तक यह बात बैठी हुई है कि वे महिलाओं के साथ चाहे जैसा व्यवहार कर सकते हैं। 'सेंस ऑफ कंट्रोल' के कारण वे हर चीज को अपने काबू में रखना चाहते हैं, दूसरों का दृष्टिकोण नहीं समझते। इसलिए 'ना' सुनने पर वे बेकाबू हो जाते हैं, 'ना' को वे अपने अहं और सम्मान से जोड़कर देखते हैं।''

सच ही तो था फैज ने अपनी सहूलियत और अपनी मर्जी के हिसाब से कविता से जब चाहा, रिश्ता बना लिया और जब चाहा, उसे तोड़ दिया। अब भी उसकी अपनी सहूलियत ही थी, जो वह फिर से कविता को रिश्ता बनाने पर मजबूर कर रहा था। यह सिलसिला लगभग तीन-चार सालों तक चलता रहा।

बहरहाल, फैज की हरकतों से तंग होकर कविता अपना काम छोड़ने का फैसला कर चुकी थी। उधर फैज कोई और योजना बना रहा था। फैज के मंसूबों से अनजान कविता अपने हिसाब से आगे की जिंदगी का ताना-बाना तैयार कर रही थी, लेकिन फैज ने उसे हमेशा के लिए उजाड़ दिया। कविता की शादी तय हो चुकी थी, लेकिन फैज को उसका किसी और का हो जाना मंजूर नहीं थी। उसने 17 जून, 2012 को कविता की उम्मीदों और उसके सारे सपनों को नफरत का एसिड फेंककर जला दिया।

ये हादसा किसी सुनसान जगह पर नहीं बल्कि आलमबाग में कविता के घर के सामने चहल-पहल वाली सड़क पर हुआ। ये सबकुछ इतना अकस्मात् हुआ, शायद सेकंड से भी कम वक्त में, कि वह कुछ समझ ही नहीं पाई। बचाव का तो सवाल ही नहीं उठता।

वो बुरा लम्हा कविता की स्मृति में आज भी जस-का-तस जिंदा है, जिसने उसे जिंदगी भर का दर्द दिया है। कविता बताती है, ''उस दिन मैंने हल्के हरे रंग का सूट पहन रखा था और पैदल ही अपना काम खत्म करके घर की ओर जा रही थी। घर पहुँचने की जल्दबाजी हर किसी को होती है, मैं भी तेज कदमों से जा रही थी। तभी सामने से फैज आता दिखाई दिया।

उसने दोनों हाथ पीछे कर रखे थे। उसके हाथ में क्या था, ये सामने से देखना

संभव नहीं था। मुझे तो उसके इरादों पर भी अंदेशा नहीं था। अचानक वो मेरे सामने आया और चेहरे पर एसिड फेंककर भाग गया।''

कविता निढाल होकर सड़क पर गिर गई। चीखने-चिल्लाने की आवाज सुनकर कविता के घरवाले और पड़ोसी सड़क पर इकट्ठा हो गए। किसी को कुछ समझ नहीं आया कि क्या हुआ? जब उसे होश आया तो उसने खुद को अजंता हॉस्पिटल में पाया, पर इसके बाद घरवालों का जो व्यवहार देखा, उसके बाद वह सोचने लगी कि काश, उसे कभी होश नहीं आता। पापा और सौतेली माँ गुस्से में लाल-पीले हो रहे थे। वे बार-बार उसे कोस रहे थे। दोनों के शब्द उसके हृदय में शूल जैसे चुभ रहे थे।

कविता की जिंदगी में त्रासदी की शुरुआत हो गई थी। आगे चलकर उसे पुलिस के बेशर्म सवालों, समाज की दकियानूसी सोच और माँ-बाप के बहिष्कार और तिरस्कार का सामना करना पड़ा।

कविता का एक सवाल सबसे है—किसी पर एसिड फेंकना जितना बड़ा अपराध है, क्या उतना ही बड़ा अपराध समाज की वो सोच नहीं है, जो पीड़ित के साथ खड़े होने के बजाय खुद उसे सवालों के कटघरे में खड़ा करती है? वो पूछती है, मेरा क्या गुनाह था, सिर्फ इतना कि निर्दोष मन ने पहले किसी को चाहा और बाद में उसकी बदनीयती को स्वीकार नहीं किया? क्या इस बात की सजा ये है कि मुझे एसिड से जला दिया जाए, पुलिस मेरे चरित्र पर सवाल उठाए और माँ-बाप मुझे कोसें?

किसी लड़की पर एसिड फेंके जाने की खबर पूरे शहर में फैल गई। पुलिस हरकत में आ गई थी। पूछताछ के लिए पुलिस अस्पताल पहुँची। खुद कविता से सुनिए कि दर्द से कराह रही एक लड़की से पुलिसवालों ने कैसे पूछताछ की—

''वे आपस में बात करते हुए मेरे चरित्र पर उँगली उठा रहे थे। मैं दर्द से छटपटा रही थी, लेकिन उसकी परवाह किए बगैर पूछते, 'बता, कितनों से दोस्ती थी तुम्हारी? किसने किया होगा ये? कहाँ घूमती रहती थी?' ऐसा लगा मानो, उस समय पुलिसवाले, परिवारवाले और समाज, तीनों की एक जैसी भाषा थी।''

मीडिया में खबर उछलने के बाद किसी तरह फैज के खिलाफ मामला दर्ज कर लिया गया। उसे जेल भेज दिया गया, लेकिन आगे जो कुछ हुआ उससे एक बार फिर साबित हुआ कि न्याय की देवी की आँखों पर सचमुच पट्टी बँधी है।

अजंता अस्पताल से प्रारंभिक उपचार के बाद कविता को किसी दूसरे अस्पताल के ट्रॉमा सेंटर भेज दिया गया, जहाँ करीब तीन महीने तक उसका इलाज चला।

कम पढ़ी-लिखी कविता **इस अस्पताल** का नाम ठीक से नहीं बता पाती है। इस दौरान कविता की दाईं आँख की रोशनी जा चुकी थी। हालाँकि उसकी हालत पहले से थोड़ी बेहतर हुई, लेकिन अभी भी लंबे इलाज की जरूरत थी। उसके घरवालों ने पैसों की कमी की बात कहकर कविता की अस्पताल से छुट्टी करवा दी। घर पहुँचने पर कविता का अभी कई यथार्थ से सामना होना था।

जितना दर्द फैज ने कविता को एसिड फेंककर दिया था, उससे बड़ा दर्द उसके पिता, शब्दों का एसिड फेंककर, उसे दे रहे थे। कविता बताती है कि उसके पापा और सौतेली माँ हर वक्त उसे ताना मारते रहते थे—'हमेशा बाहर घूमती रहती थी, यह तो होना ही था। तू गलत थी, इसलिए तेरे साथ यह सब होना ही चाहिए था।

यह पापा के बोल थे, जिसे सुनकर वह शर्म और ग्लानि से दबती गई। कविता के शब्दों में, "उस समय जितना दर्द मुझे मेरे घाव नहीं दे रहे थे, उतनी तकलीफ पापा की बातों से हो रही थी। मैं जिंदा क्यों थी? मर क्यों नहीं गई?" कविता हर दिन यही सोचती थी। इसकी वजह से उसकी रही-सही हिम्मत भी जवाब देने लगी। घर में उसके साथ उपेक्षा भरा व्यवहार होने लगा। कभी दवाइयाँ मिल जातीं, तो कभी नहीं मिलतीं।

घर लाने के बाद कविता के माँ-बाप ने साफ कह दिया था कि अब न आगे इलाज होगा और न ही केस लड़ना है। घर आए कुछ दिन बीते ही थे कि एक दिन कविता ने पापा से केस के बारे में पूछा तो बड़ी बेरुखी से उन्होंने जवाब दिया, "क्या करना है केस के बारे में जानकर? केस से हमारा कोई लेना-देना नहीं है। तुम बस घर में रहो और इन बातों पर दिमाग मत लगाओ।" केस के बारे में अपने पिता का रवैया देखकर वह जितना हैरान हुई, उससे कहीं ज्यादा वो अंदर से टूट गई। पिता नाम के रिश्ते से उसका भरोसा उठने लगा। जिस पिता को न्याय दिलाने में उसका साथ देना चाहिए था, वह अब उसका साथ छोड़ रहे थे।

एक तरफ कविता के घर में उसके अपने रिश्ते बेगाने लगते तो दूसरी ओर एसिड हमले की खबर सुनकर उसका वो रिश्ता भी टूट गया, जो बननेवाला था। कविता के साथ हुई इस घटना की खबर उसकी होनेवाली ससुराल भी पहुँच गई थी। इसके बाद जल्दी ही ससुरालवालों ने शादी तोड़ने का फरमान भेज दिया। आखिर उस लड़की से शादी कौन करता, जिसका चेहरा एसिड से झुलस चुका था? जिसके चरित्र पर सवाल उठ रहे थे।

इस बीच उसे फैज की धमकियाँ भी मिलने लगीं कि अगर उसने अपना बयान नहीं बदला तो उसकी छोटी बहन पर भी एसिड फेंका जाएगा। फैज की

यह धमकी और उसकी शादी टूटने की खबर उस पर कहर बनकर उतरी। उस पर इस बात का दबाव बनाया गया कि वह मजिस्ट्रेट के सामने अपना बयान बदल दे।

जीना है, तो लड़ना है

उस पर चौतरफा बढ़ रहे दबावों ने उसे अंदर से करीब-करीब तोड़ दिया था। प्रकाश बताते हैं, ''हालात ने दीदी को कमजोर बना दिया। मजिस्ट्रेट के सामने वह फैज का नाम नहीं ले पाईं। फैज 10 महीने जेल में रहा और छूट गया। यदि उस समय मेरे परिवारवाले दीदी के साथ अच्छा बर्ताव करते तो शायद उसकी हिम्मत बँधती।''

बकौल कविता, ''मुझे इंसाफ चाहिए था, लेकिन मैं अपने परिवारवालों की इस नाइंसाफी से ही नहीं लड़ पाई। यदि परिवारवालों का साथ मिल जाता है तो इंसान पूरी दुनिया से लड़ सकता है। लेकिन यहाँ मेरा परिवार ही मेरे खिलाफ खड़ा हो गया था। मैं कहाँ से हिम्मत लाती? दूसरी तरफ घर की जमीन पर मुझे मिली हार की खबर फैज को भी मिल चुकी थी। इसलिए उसका हौसला और बढ़ गया। फैज ने जेल से निकलते ही एक बार फिर मजाक उड़ाना शुरू कर दिया था। वह मुझ पर हँसता, फब्तियाँ कसता।''

इधर घर में भी उसकी प्रताड़ना का नया दौर शुरू हो गया। खुद उसके माँ-बाप ने उस पर दबाव बनाया कि वो केस न लड़े। कविता कहती है, ''जल्दी ही मैं समझ गई थी कि मेरे परिवारवालों ने उसके साथ समझौता कर लिया है। अपमान, उपेक्षा और पीड़ा में झुलसती हुई मैं रात-रात भर रोती रहती। अपने भविष्य की चिंता मुझे सताए जा रही थी। आखिरकार मैंने फैसला कर लिया था कि मुझे केस फिर से लड़ना है और फैज को सजा दिलानी है।''

बहुत हिम्मत जुटाकर किसी तरह वह एक बार फिर कोर्ट पहुँची और अपना बयान दोबारा दर्ज कराने की गुजारिश की। बीमारी की हालत में भी वो कोर्ट में अकेले ही भाग-दौड़ कर रही थी। उसके के माँ-पापा को जब इस बात का पता चला तो उन्होंने एक बार फिर कविता पर केस न लड़ने का दबाव बनाया। उसे मनाने, समझाने और फिर डराने की कोशिशें एक साथ की गईं, लेकिन वह अपने फैसले पर अडिग रही।

इसका नतीजा उसे अपना घर छोड़कर चुकाना पड़ा। कविता के पिता ने एक दिन फैसला सुना दिया, ''यदि केस लड़ना है तो यह घर छोड़ना होगा।'' यह सुनकर उस पर मुसीबतों का फिर एक पहाड़ टूट पड़ा। पिता अपने फैसले पर

अडिग थे और कविता अपनी जिद पर। उसने घर छोड़ने का फैसला तत्काल कर लिया। पूरे घर में प्रकाश एकमात्र ऐसा सदस्य था, जिसने कविता के घर से बाहर निकालने का विरोध किया। जब उसके माँ-बाप नहीं माने तो प्रकाश ने अपनी बहन का साथ देने का फैसला किया और 12 अप्रैल, 2013 को कविता के साथ उसने भी घर छोड़ दिया।

प्रकाश कहते हैं, ''मुश्किल की उस घड़ी में मैं अपनी बहन का साथ नहीं छोड़ सकता था। क्या हुआ कि मैं उसका सगा भाई नहीं, लेकिन हूँ तो भाई। मुझसे देखा नहीं गया कि उस हाल में सब दीदी का साथ छोड़ रहे थे। घर छोड़ने के बाद दोनों के सामने एक अदद छत पाने का संकट खड़ा हो गया था। कविता का विकृत चेहरा देखकर कई लोगों ने घर देने से मना कर दिया। मकान-मालिक तरह-तरह के सवाल पूछते तो कोई हिकारत भरी नजरों से देखता।'' किसी तरह इस गरौड़ा कॉलोनी के एक घर में उन्हें पनाह मिली।

चुनौतियों से टक्कर

वक्त के जिस मोड़ पर कविता खड़ी थी, ऐसा लग रहा हो मानो जिंदगी उस पर अट्टहास कर रही हो, उसे चुनौती दे रही हो! कविता और उसके भाई प्रकाश ने घर छोड़ने का फैसला तो कर लिया था, लेकिन दोनों खाएँगे क्या, कमरे का किराया कैसे चुकाया जाएगा, केस लड़ने के लिए पैसे कहाँ से आएँगे, इसका जवाब किसी के पास नहीं था। भविष्य की चुनौतियों से मुकाबले के लिए प्रकाश ने काम करने का फैसला किया। कविता की सैलरी से बचे कुछ पैसे भी इस बुरे वक्त में उनके काम आ रहे थे।

जिस दौर में कविता की जिंदगी अंधकार और अनिश्चितता से भरे दिनों से गुजर रही थी, उसी दौरान उसे साथ मिला 'ऑल इंडिया डेमोक्रेटिक वीमेंस एसोसिएशन' (एदवा) की कार्यकर्ता शिवा मिश्रा का। शिवा दुष्कर्म और एसिड हमले की शिकार लड़कियों की मदद करती हैं। पेशे से हेयर ट्रांसप्लांट शिवा ने जब मीडिया के जरिए कविता की कहानी सुनी तो वह मदद के लिए आगे बढ़ीं।

शिवा को याद है, ''मैं जब पहली बार कविता से मिली तो मैंने देखा कि उसका चेहरा जला हुआ था, एक कान नहीं था, एक आँख की रोशनी जा चुकी थी। वह बात-बात पर रोने लगती थी, उसका आत्मविश्वास हिला हुआ था। वह अपना मुँह ढककर रखती थी। ऐसा अक्सर उन लड़कियों के साथ होता ही है, जो

एसिड हमले का शिकार होती हैं। जैसे ही मैंने उसके हाथ पर अपना हाथ रखा, उसने मुझे झटक दिया। उसने मुझसे कहा कि आप भी मेरे साथ फोटो खिंचवाकर चली जाएगी।''

कविता ने यह बात यूँ ही नहीं कही थी। फैज ने तो सिर्फ कविता का चेहरा जलाया था, घर-समाज की उपेक्षा और रिश्तों के खोखलेपन ने उसका दिल भी जला दिया था।

जैसाकि अक्सर होता है, इस तरह की खबर आने के बाद बहुत से गैर सरकारी संगठन और लोग मदद का भरोसा देते हैं, लेकिन यथार्थ में ये भरोसे ज्यादा दूर तक नहीं चलते। ऐसा ही कविता के साथ भी हुआ था।

शिवा बताती हैं, ''कविता को करीब से जानने पर मैं यह जान पाई थी कि बहुत सारे लोगों ने उसको मदद का भरोसा दिया था, लेकिन वह आगे नहीं आए। रिश्तेदार थोड़े-बहुत पैसों से उसकी मदद करते, लेकिन कोई उसके साथ रिश्ता नहीं रखना चाहता था। उसे शादी-ब्याह में नहीं बुलाया जाता। उसी समय मैंने उससे वादा किया कि मैं उसका साथ नहीं छोड़ूँगी।''

शिवा ने कविता को सहारा दिया। उसकी हिम्मत बँधाई। उसका आत्मविश्वास वापस लाने के लिए कई ऑपरेशन किए जाने जरूरी थे, लेकिन ऑपरेशन के लिए पैसे की कमी बड़ी अड़चन थी। शिवा ने इसका उपाय ढूँढ़ा। वो लखनऊ के जाने-माने प्लास्टिक और कॉस्मेटिक सर्जन डॉ. विवेक कुमार सक्सेना के यहाँ काम करती थीं। शिवा ने डॉ. विवेक को कविता की कहानी सुनाई तो डॉ. विवेक बिना फीस लिए कविता की प्लास्टिक सर्जरी करने के लिए तैयार हो गए।

कविता के साथ अपनी पहली मुलाकात को डॉ. विवेक इन शब्दों में याद करते हैं, ''जब कविता मेरे पास पहली बार आई थी तो उसकी हालत बहुत दयनीय थी। चेहरा विकृत था। मैंने सबसे पहले उसके चेहरे पर भौंहें लगाने का फैसला किया। सात घंटे की सर्जरी और 10 लोगों की टीम की मेहनत के बाद जब उसकी भौंहें बन गईं और हमने उसे आईना दिखाया तो खुशी के मारे उसकी आँखों से आँसू निकल पड़े। हमने उसके बाल भी लगाए। आईब्रो बनने और सिर पर बाल आने से वह अपने अंदर बदलाव महसूस करने लगी थी।''

खुद को बदलता देख कविता के अंदर कुछ करने की इच्छा जागी। अब तक मीडिया के जरिए कविता के संघर्ष की कहानी देश भर में फैल चुकी थी। बैंगलोर में रहनेवाली प्रज्ञा, जोकि खुद भी एसिड हमले की शिकार हैं, उन्होंने कविता को काम करने की प्रेरणा दी। प्रज्ञा ने कविता के लिए पेपर ज्वैलरी बनाने का तरीका सीखने

के लिए एक सी.डी. भेजी। इस छोटी सी मदद ने कविता की जिंदगी बदल दी।

जिस प्रेम, परिवार और रिश्ते को कविता ने किसी दूसरे के अपराध की वजह से खो दिया था, अब वो उससे बड़े परिवार, प्रेम और सम्मान की हकदार हो चुकी है। दुःख और तकलीफ में उसका साथ देनेवाले ही अब उसके परिवार का हिस्सा बन गए। 30 जून, 2014 को लखनऊ के 'फन सिटी मॉल' में डॉ. विवेक और शिवा मिश्रा के साथ-साथ शहर के कई लोगों ने कविता का जन्मदिन शानो-शौकत के साथ मानाया। ये पहली बार था, जब एसिड हमले का शिकार होने के बाद कविता अपना जन्मदिन मना रही थी। ये सिर्फ एक समारोह नहीं था, बल्कि सच्चे अर्थों में कविता का एक नया जन्म था।

इधर अपनी मेहनत और लगन से कविता ने पेपर ज्वैलरी बनाने का काम सीखा। सन् 2013 से 2015 के बीच कविता लगातार अपने हुनर को माँजती रही। लखनऊ के स्थानीय बाजारों में उसकी ज्वैलरी के स्टॉल लगने के बाद उसकी चर्चा दिल्ली तक पहुँच गई। नवंबर 2014 में दिल्ली के प्रगति मैदान में लगे अंतरराष्ट्रीय मेले में कविता ने अपना स्टॉल लगाया और उसके काम की खूब चर्चा हुई।

अंतरराष्ट्रीय व्यापार मेले के बाद इसी साल 'लखनऊ महोत्सव' में कविता को ज्वैलरी बेचने से आर्थिक फायदा मिला। इससे उसका आत्मविश्वास और बढ़ गया। उसे लगने लगा कि अब वो अपने पैरों पर खड़े होकर अपनी जिंदगी बिता सकती है।

जैसे-जैसे कविता की बनाई ज्वैलरी की खूबसूरती लोगों के दिलोदिमाग में अपनी जगह बनाती जा रही थी, खुद कविता के अंदर की खूबसूरती वापस लौटने लगी थी। जिस चेहरे की सुंदरता को फैज ने बिगाड़ दिया था, उसे कविता अपनी कला के जरिए हासिल करने लगी थी। इसी के साथ-साथ उसे सामाजिक स्वीकार्यता भी मिलने लगी थी।

अब उसमें फिर से न्याय पाने का साहस भरने लगा। सामाजिक संगठनों से मिल रही मदद ने उसे यह हौसला दिया कि वह फिर से अपना बयान दर्ज कराने के लिए अदालत का दरवाजा खटखटाए। पुर्नपरीक्षा के लिए उसने 2013 में सेशन कोर्ट में आवेदन दिया। पर सेशन कोर्ट से उसे हाईकोर्ट से यह मंजूरी लाने को कहा। इसी साल उसने हाईकोर्ट में भी आवेदन किया।

कविता अकेली थी, उसे कानून की जानकारी नहीं थी। जिस वकील से मदद माँगती, वो एक-दो बार मदद करने के बाद उसका केस छोड़ देते। एक बार तो वकील के नहीं पहुँचने के कारण हाईकोर्ट ने उसकी अर्जी खारिज कर दी। अब

उसकी मदद को आए इलाहाबाद हाईकोर्ट के एडवोकेट नितिन कुमार राय। उन्होंने कविता के केस को अपने हाथों में लिया। उनकी मदद से कविता ने मार्च 2016 में दोबारा हाईकोर्ट में आवेदन किया पर जून में कोर्ट ने उसकी अर्जी खारिज कर दी।

राय बताते हैं, ''कविता को सही समय पर कानूनी सहायता नहीं मिली, इसलिए वह कोर्ट को यह नहीं बता पाई कि पिता के दवाब में उसने सही बयान नहीं दिया था। वे कहते हैं कि कई बार सही समय पर कानूनी सलाह नहीं मिलने पर इस तरह के पीड़ितों को न्याय मिलने में बड़ी अड़चन आती है।'' अब कविता की आखिरी उम्मीद सुप्रीम कोर्ट से बनी है।

बहरहाल, कविता के संघर्ष की चर्चा सुनकर उत्तर प्रदेश सरकार ने उसे 8 मार्च, 2016 को अदम्य साहस के लिए 'रानी लक्ष्मीबाई सम्मान' से नवाजा और 5 लाख रुपए की सहायता राशि दी है।

ये कुछ ऐसे बदलाव थे, जो बेशक दिखने में छोटे हैं, लेकिन इन्हीं बदलावों ने कविता को जीने का सहारा दिया। जो जिंदगी कविता को बेरुखी, नीरस और अर्थहीन लगने लगी थी, उसमें अब उम्मीदों के रंग भरने लगे हैं।

prembanuri0007@gmail.com

❑

3

याद रखना, याद आऊँगी मैं...

प्रीति राठी

23 साल, 3 महीने, 6 दिन की जिंदगी

मुंबई—कई पहचान है इस शहर की। ये जिजीविषा का शहर है, सपनों का शहर है, संघर्ष का शहर है, तो अंतर्विरोध का भी शहर है।

इसी शहर में अपनी मंजिल तलाशने आई थी एक लड़की। मामूली परिवार, मामूली परिवेश, मामूली पृष्ठभूमि और मंजिल भी मामूली लेकिन मुंबई आकर उसका मुकाम मुकम्मल नहीं हुआ। मुकम्मल हुई तो ऐसी भयानक मौत, जिसकी वो कतई हकदार नहीं थी।

उस लड़की का नाम था—प्रीति राठी। जन्म की तारीख—26 जनवरी, 1990 और मौत की तारीख—1 जून, 2013। यानी कुल 23 साल, 3 महीने और 6 दिनों की जिंदगी मयस्सर हुई उस बच्ची को।

मौत वजह तलाश ही लेती है। अब तो यही कहा जा सकता है कि दिल्ली के पश्चिमी छोर पर रहनेवाले राठी परिवार की उम्मीदों की चिराग प्रीति को मौत ही मुंबई खींच लाई थी। 'भाखड़ा ब्यास मैनेजमेंट बोर्ड' में क्लर्क की नौकरी करनेवाले अमर सिंह राठी से जब मेरी मुलाकात हुई तो मैं उनकी हिम्मत और हौसले की कद्र किए बिना नहीं रह सकी। मेरे सामने एक पिता थे, जिन्होंने तिल-तिलकर अपनी बेटी को मरते देखा था। समंदर के ज्वार-भाटे की तरह उनकी जिंदगी भी

हमले से पहले ऐसी दिखती थी प्रीति

एक अप्रत्याशित वाकये के भँवर में फँसी, जोकि उनकी बेटी की ही जिंदगी से बहा ले गई।

दो बेटियाँ, एक बेटा, माँ और पिता। कुल पाँच सदस्यों का राठी परिवार आज भी दो कमरे के उसी फ्लैट में रहता है, जहाँ बड़ी बेटी प्रीति की परवरिश हुई, पढ़ाई-लिखाई हुई, नौकरी का बुलावा आया और उसकी आखिरी विदाई के शोकगीत भी सुनाई दिए।

बेशक ये अमर सिंह राठी की बदनसीबी थी कि उनके घर में बेटी की शादी पर शहनाई की जगह उसकी मौत पर विलाप हुआ। लेकिन यह उस सभ्य समाज की बदकिस्मती भी कही जाएगी, जिसकी सोच को एक बेटी का आगे बढ़ते देखना गवारा नहीं हुआ।

राठी हरियाणा के रेवाड़ी से दिल्ली आए थे। भाखड़ा ब्यास मैनेजमेंट बोर्ड में फोरमैन उनकी तनख्वाह बेशक ज्यादा ना रही, लेकिन अपने बच्चों को अच्छे संस्कार देने में उन्होंने कभी कोताही नहीं की। भारतीय निम्न मध्य वर्ग के बच्चे का भविष्य नदी की लहर की तरह अनिश्चित और अनियंत्रित होता है, कहाँ किनारा मिले, कुछ नहीं पता। इन बच्चों के जेहन में आगे बढ़ने की ललक पैदा होती है या महत्वाकांक्षाओं के बीज बढ़ते हैं तो इनकी वजह भी शायद तात्कालिक परिस्थितियों के अनुभव होते हैं।

राठी परिवार की बड़ी बेटी प्रीति ने भी आंकाक्षाओं के आईने में भविष्य देखा

तो इसकी वजह शायद वह परिवेश था, जहाँ जिंदगी के तमाम संघर्ष थे। उसने सरकारी स्कूल से दसवीं की, साइंस में पोस्ट ग्रेजुएशन किया। फिर उस चाहत को पूरा करने में जुट गई, जो नामालूम कैसे उसके जेहन में घर कर गई थी।

नरेला की उस खामोश कॉलोनी और उस उदास घर में मेरा सामना उस माँ से भी हुआ, जिसने अपनी बेटी को बड़े ही हौसले के साथ आगे बढ़ने की कोशिश करते देखा था। माँ कहती हैं, ''कुछ ऐसा था उसमें, जो हमने औरों में नहीं देखा। पता नहीं वो नर्स ही क्यों बनना चाहती थी, सेना में ही नौकरी क्यों करना चाहती थी?''

अर्धविकसित इलाकों में पलने-बढ़नेवाली लड़कियों की अपनी मुश्किलें होती हैं। उन्हीं मुश्किलों के बीच वो लड़की आगे बढ़ती रही। दिल्ली के बत्रा हॉस्पिटल से उसने नर्सिंग का कोर्स किया। फिर नौकरी की तलाश शुरू हुई और एक वो दिन भी आया, जब पिता के दफ्तर में सेलेक्शन का खुशनुमा खत पहुँचा। प्रीति राठी को मुंबई के आर्मी अस्पताल से नौकरी का बुलावा आया था।

लिफाफे में आया मौत का पैगाम

राठी उस दिन तकरीबन हाँफते हुए घर पहुँचे थे। अपॉइंटमेंट लेटर खोलकर दफ्तर में ही देख लिया था। लिहाजा जज्बात छिपाना मुश्किल हो रहा था। वो बोलते जा रहे थे, ''दफ्तर के तमाम लोग मिठाइयाँ माँग रहे हैं...अभी मिठाइयाँ मँगाता हूँ...'' यह कहते हुए वो घर से निकल गए और बेटी को उस कल्पनालोक में छोड़ गए, जहाँ भविष्य के सुनहरे सपनों का नया सिलसिला था।

माँ रोशनी राठी को आज भी उस कामयाबी का अहसास फख्र दिलाता है। वह बरबस कह बैठती हैं, ''15 हजार लड़कियों में मुकाबला था। लेकिन मेरी बच्ची शुरू से कहती थी—देखना, मैं जरूर जीतूँगी।''

प्रीति के सपनोंवाली नौकरी थी मिलिट्री नर्सिंग सर्विस की। मुंबई के कोलाबा में इंडियन नेवल शीप 'आई.एन.एच.एस. अश्विनी' में बतौर नर्स की नौकरी। तनख्वाह 46 हजार रुपए, जिसने सुना उसने रश्क किया।

8 अप्रैल, 2013 का वो दिन राठी परिवार के लिए कभी ना भुलानेवाला दिन था। उम्मीदें करवटें लेने लगी थीं। हसरतों ने हिलोरें मारना शुरू कर दिया था। पूरा परिवार मुंबई रवानगी की तैयारियों में जुट पड़ा। कौन-कौन जाएगा, खाने में क्या-क्या लेकर जाएँगे, कहाँ ठहरेंगे, कहाँ-कहाँ घूमेंगे, तमाम बारिकियों

MASINA HOSPITAL
BYCULLA (EAST), MUMBAI - 400 027.

मैं किस से Hospital में हूँ ?

और Visitor कहा है मेरे Parents से बात मिलना।

MASINA HOSPITAL
BYCULLA (EAST), MUMBAI - 400 027.

आज मैं Join करती और
कुछ बनके बताती
पूरा Future खराब कर दिया
मेरा

बोल नहीं पाई तो लिखकर बताई अपनी पीड़ा

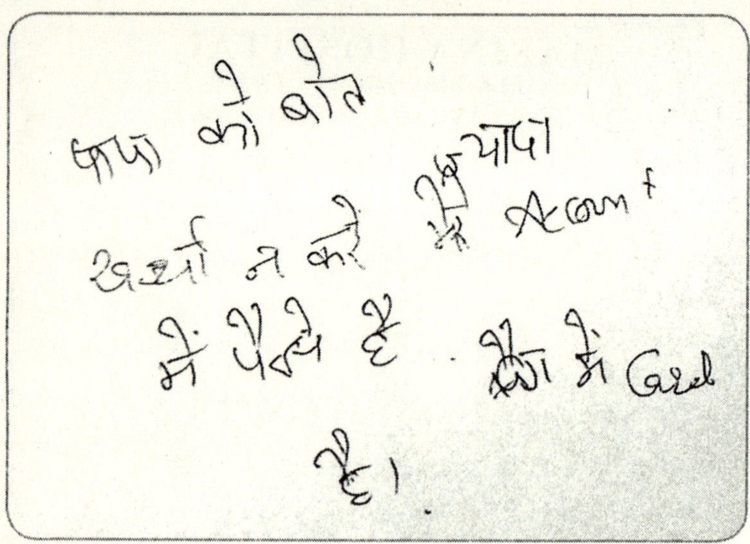

पर बातचीत होती रही।

8 अप्रैल को ज्वाइनिंग लेटर आया, 15 मई को ज्वाइनिंग की आखिरी तारीख थी। वक्त और दिन का पूरा हिसाब करने के बाद पिता ने कहा कि पहली मई को मुंबई चलेंगे। तय हुआ माँ-भाई और छोटी बहन यहीं रुकेंगे और प्रीति के साथ उसके मौसा-मौसी जाएँगे।

एक मई से पहले के वो 22 दिन राठी परिवार के लिए हसरतों के आसमान में उड़नेवाले दिन रहे। छोटी सी कॉलोनी की छोटी सी दुनिया, जिसे भी खबर मिली, उसने उनकी बेटी की कामयाबी पर बधाई दी।

तारीफ करनी होगी इस परिवार की, बेटी को नौकरी के लिए घर से दूर भेजने का फैसला आसान नहीं था। लेकिन राठी ठान चुके थे, उस ताने-बाने को तोड़ने की, जो सालों से जकड़न बन चुका था।

हजरत निजामुद्दीन से मुंबई का सफर यूँ ही कट गया। आपस में बातें करते, रिश्ते-नाते, परिवार, वर्तमान, अतीत और भविष्य की तमाम बातें। प्रीति की माँ रोशनी को उस सफर की याद आज भी बेटी के होने का अहसास दिलाती है। वो कहती हैं, ''मेरी बच्ची उस रोज बेहद खुश थी। खुशी के मारे वो सो नहीं पा रही थी। रह-रहकर यही कहती, 'कैसे अकेली मुंबई में रहूँगी?' इसकी नौबत ही नहीं आई। वो अकेली हमारी दुनिया से निकल गई।

MASINA HOSPITAL

BYCULLA (EAST), MUMBAI - 400 027.

Time नहीं कटता

भारत में रेल का सफर लंबा हो, साथ में परिवार के लोग हों तो कई पुराने वाकये ताजा होते चले जाते हैं। उस सफर में भी वही सब हुआ, खाना-पीना और ढेर सारी बातें। शायद यह तूफान से पहले की खामोशी थी, जिसका अहसास इस परिवार को दूर-दूर तक नहीं था।

कारवाँ गुजर गया, जिंदगी ठहर गई

तय वक्त पर निजामुद्दीन से मुंबई निकली 'गरीबरथ एक्सप्रेस' बांद्रा स्टेशन के प्लेटफॉर्म नंबर-3 पर जाकर खड़ी हो गई। आगे-आगे मौसा विनोद दहिया, उनके पीछे मौसी सुनीता और उन दोनों के पीछे पिता और बेटी उस खचाखच प्लेटफॉर्म पर आगे बढ़े।

2 मई दोपहर के उस वाकये को बयाँ करते हुए हमारे सामने बैठे प्रीति के बुजुर्ग पिता की साँसें चार साल बाद भी बदहवास होने लगीं, चेहरे का रंग बदलने लगा। वह असहज होने लगे थे। थोड़ा वक्त लगा। जैसे-तैसे उन्होंने खुद को नियंत्रित किया, पलकें बंद कीं और कहते चले गए।

''मुसाफिरों की भीड़ के बीच हम आगे बढ़े। ट्रेन से उतरते समय प्रीति अपनी मौसी के साथ थी। पर थोड़ी देर बाद ही वह मेरे साथ चलने लगी। स्टेशन पर शोरगुल हो रहा था। ट्रेन के आने की आवाज, लोगों का कोलाहल। हम मुश्किल से 10 मीटर आगे बढ़े होंगे कि मुझे प्रीति की चीख सुनाई पड़ी। मैं पीछे मुड़ा, एक शख्स तेजी से भागता हुआ दिखा। नीली जींस, शर्ट और चेहरा रूमाल में लिपटा। कौन है वो? मैं कुछ समझ पाता, उससे पहले मुझे बेटी का ख्याल आया। वो जमीन पर गिरी थी। हाथों से चेहरा दबाए तड़प रही थी। उस शख्स ने मेरी बेटी पर कुछ जला देनेवाला सामान फेंका है, ये मेरी समझ में तब आया, जब उन छीटों से मेरे हाथ-भी जलने लगे थे।

''क्या आप उसे बिल्कुल नहीं पहचान पाए?'' मैंने उनसे पूछा।

''नहीं, वो बिजली की रफ्तार से आया और उसी तरह आँखों से ओझल भी हो गया। लेकिन चेहरा छिपाए उस शख्स को प्रीति के मौसा विनोद दहिया की नजरों ने पहचान लिया। सेना में सूबेदार दहिया उस खौफनाक वाकये को याद करते हुए कहते हैं, ''सुबह का वक्त था, बांद्रा स्टेशन पर ज्यादा भीड़-भाड़ नहीं थी। हम ट्रेन से उतरकर चंद कदम ही चले थे कि मुझे प्रीति की चीख सुनाई दी। मैंने एक शख्स को भागते देखा, मुझे लगा कि उसने प्रीति पर हमला किया है। मैं चिल्लाया, 'पकड़ो, पकड़ो!' मेरे साथ बाकी लोग भी चिल्लाने लगे। उस रूमालपोश ने भी पीछे मुड़कर देखा। चंद सेकंड के लिए उसका रूमाल उसके चेहरे से खिसककर नीचे आ गिरा और वो शक्ल मेरे जेहन में कैद हो गई। यह वही लड़का था जिससे मेरा ट्रेन में भी सामना हो चुका था।'' बाद में पुलिस ने दहिया के बताए हुलिए के आधार पर ही आरोपी का स्कैच तैयार किया।

मुसाफिरों की भीड़ के बीच एक शख्स को पकड़ पाना आसान नहीं था। स्टेशन पर अफरा-तफरी शुरू हो चुकी थी। वाकये को वहाँ मौजूद सफाई करनेवाले एक लड़के समीर शेख ने भी देखा था। उसने देखा कि कैसे एक लड़का प्रीति के पीछे-पीछे आया, उसके कंधे को थपथपाया, प्रीति पीछे मुड़ी, लड़के ने कोई चीज उसके चेहरे पर उड़ेली और फिर आँखों से ओझल होने की कोशिश करने लगा।

समीर ने उसे दबोचने की भरसक कोशिश की। वो उसके पीछे भागा, उसे तकरीबन गिरफ्त में भी ले लिया, मगर कामयाब नहीं हो पाया। समीर की आवाज पर कूड़ा बीननेवाले एक और लड़के सलीम ने भी उसका पीछा किया, पर वो शख्स सबसे बचकर निकल भाग गया।

इधर राठी की हालत काटो तो खून नहीं। अपने ही हाथों की जलन से वो समझ गए थे कि बेटी के चेहरे पर गिरनेवाली चीज कुछ और नहीं बल्कि एसिड है और यह भी कि वो सिर्फ चेहरा ही नहीं, पूरे परिवार की खुशियों और अरमानों को स्याह कर देने के लिए उड़ेली गई है। एसिड का डिब्बा वहीं प्लेटफॉर्म पर पड़ा था, प्रीति पर उड़ेले गए एसिड का बचा हिस्सा प्लेटफॉर्म पर बिखरा था और कंक्रीट की परत को भी भाप बनाकर उड़ा रहा था। यह समझने की बात है कि जिस एसिड ने प्लेटफॉर्म की परतें उधेड़ दीं, उसने हाड़-माँस की बनी प्रीति का क्या हाल किया होगा?

विपदा के उस क्षण में भी राठी के दिमाग में यह सवाल उमड़ रहा था कि आखिर उनसे ऐसी दुश्मनी किसकी हो सकती है, जिसका अंजाम बेटी पर एसिड से हमले की शक्ल में सामने आया? उनकी बेटी से ऐसी किसकी अदावत हो सकती है कि मुंबई जैसे अनजान शहर में उसे एसिड से जला देने की खौफनाक कोशिश की गई? कहीं ऐसा तो नहीं कि उस लड़के के निशाने पर कोई और था, लेकिन गलतफहमी का शिकार प्रीति को हो जाना पड़ा? कई सवाल थे, लेकिन वो वक्त ऐसे में उनसे जूझने का नहीं था। वो वक्त तो बेटी को असहनीय पीड़ा से जितना भी हो सके, राहत दिलाने की कोशिश करने का था।

संघर्ष का नया सफर

तड़पती प्रीति को परिवार के लोग रेलवे की डिस्पेंसरी ले गए। डिस्पेंसरी में ना तो सुविधाएँ थीं ना संसाधन थे। वहाँ बस फर्स्ट एड ही हो पाया, उधर उसकी हालत बिगड़ रही थी। जैसे-जैसे एसिड जिस्म के भीतर रिसता जा रहा

था, वैसे-वैसे जलन और तड़प भी बढ़ती जा रही थी।

रेलवे की डिस्पेंसरी के बाद प्रीति को बांद्रा के के.बी. भाभा अस्पताल ले जाया गया। यहाँ उसकी हालत नहीं सँभली तो उसे बांद्रा के गुरुनानक अस्पताल भेजा गया। यहाँ भी डॉक्टरों ने प्रीति को देखते ही भाँप लिया कि उसे किसी और अस्पताल भेजे जाने की जरूरत है। उसे यहाँ से मसीना अस्पताल लाया गया। जिस बच्ची को चंद घंटे बाद जिंदगी की पहली नौकरी की खुशियों को सहेजना था, वो अस्पताल के बिस्तर पर अपनी हिम्मत सहेजने में जुटी थी, क्योंकि आनेवाले दिन उसकी परीक्षा के दिन साबित होनेवाले थे।

बांद्रा रेलवे स्टेशन के प्लेटफॉर्म नंबर-3 की उस दिन की कहानी राठी परिवार की उस फाइल में आज भी दर्ज है, जो उन्होंने मुझे खोलकर दिखाई। हादसे से लेकर प्रीति की मौत तक की उतार-चढ़ाव से भरी तमाम खबरें अखबारों की कतरनों में मौजूद हैं और ये बता रही हैं कि एक पिता ने किस हद की यातना भोगी!

मुंबई का मसीना अस्पताल, इसी अस्पताल में प्रीति ने बड़ी दिलेरी से मौत का सामना किया। इस अस्पताल तक पहुँचने से पहले प्रीति की हालत काफी बिगड़ चुकी थी। एसिड ने कई अहम अंगों को बुरी तरह जला डाला था। साँस लेनेवाली नली 20 फीसदी जल चुकी थी, खाने की नली भी बुरी तरह क्षतिग्रस्त हो गई थी, एक आँख की रोशनी चली गई और डॉक्टरों ने साफ-साफ कह दिया कि रोशनी दोबारा लौटने की कोई उम्मीद नहीं बची है।

मसीना अस्पताल के मेडिकल डायरेक्टर डॉ. रोहिंग्टन दस्तूर ने उस वक्त मीडिया को जो कुछ बताया, उससे प्रीति की हालत का अंदाजा लगाया जा सकता है। बकौल डॉ. दस्तूर, ''प्रीति के फोरहेड को छोड़कर पूरा चेहरा जल चुका था। उसकी दाहिनी आँख की रोशनी जा चुकी थी। उसे साँस लेने में तकलीफ हो रही थी।'' प्रीति कितने दिनों में ठीक हो जाएगी, इस सवाल के जवाब में डॉ. दस्तूर बस इतना कह पाए थे—''कुछ भी कहना जल्दबाजी होगी।''

असहनीय पीड़ा भोग रही थी एक लड़की। उसकी खूबसूरत भविष्य की लालसा को किसी ने लहूलुहान कर दिया था। लेकिन सबसे बड़ा सवाल ये था कि कौन था वो? उसकी तलाश रेलवे पुलिस कर रही थी। जी.आर.पी. ने अज्ञात व्यक्ति के खिलाफ मामला दर्ज कर लिया था। लेकिन उसे तलाश पाना आसान नहीं था। हाई प्रोफाइल मुंबई में दिनदहाड़े, रेलवे स्टेशन जैसी भीड़-भाड़ वाली जगह में एक लड़की पर एसिड उड़ेला गया तो मीडिया भी इस खबर पर टूट पड़ी।

इस केस की मीडिया में तफ्तीश होने लगी, डेली अपडेट छपने लगे, आरोपी को लेकर कई किस्म की थ्योरी आने लगी। इस सबका असर ये हुआ कि पुलिस और प्रशासन को हरकत में आना पड़ा। लेकिन इस सबसे परे प्रीति की पीड़ा दिन-ब-दिन बढ़ती जा रही थी। शारीरिक और दिमागी दोनों स्तरों पर उसे अथाह तकलीफ का सामना करना पड़ रहा था।

खतरनाक है सपनों का मर जाना

प्रीति न देख सकती थी, न बोल सकती थी, लेकिन उसकी समझ और संवेदना ने तब भी उसका साथ नहीं छोड़ा था। अपने दिल की बात वो घरवालों को कागज पर लिखकर बताती रहती। बंद आँखों से सादे कागज पर लिखी आड़ी-तिरछी उन पंक्तियों में प्रीति का अथाह दर्द झलकता, "मुझे अब सुंदर नहीं दिखना, मैं नहीं चाहती मेरी बहनों के साथ भी ऐसा हो।" कागज के टुकड़े पर उकेरे गए ये शब्द बताते हैं कि हादसे से वो बच्ची किस तरह टूट गई थी।

टूट चुके सपनों के टुकड़े प्रीति को जख्मी कर रहे थे। मुकाम तक पहुँचकर मंजिल से महरूम रह जाने का मलाल उसे कचोट रहा था। एक दिन उसने लिखा, "आज मैं ज्वाइन करती और सब लोग जुहू बीच जाते। मेरा पूरा फ्यूचर खराब कर दिया।" अपनी बदकिस्मती पर उसकी बेचैनी विचलित कर देनीवाली थी।

उसने लिखा, "सबकुछ इतना अच्छा जा रहा था···किस्मत ने ऐसा क्यों किया?" अपनी पीड़ा के बीच भी वो अपने पिता के दुःख-दर्द से उतनी ही जुड़ी रही। एक दिन उसने लिखा, "पापा को बोलो, ज्यादा खर्च ना करें। मेरे अकाउंट में पैसे हैं, बैग में कार्ड है।" कितनी अजीबोगरीब रही होगी प्रीति की मनोदशा, कितने मोर्चों पर उसे खुद से मुकाबला करना पड़ रहा होगा!

मनोचिकित्सक और प्रोफेसर राजेश सागर बताते हैं कि ऐसी स्थिति में इंसान पर जबरदस्त मानसिक आघात पहुँचता है। वह अपने मौजूदा हालात से संघर्ष करता है और चाहता है कि समय को पीछे ले जाए, जिससे कि सब पहले की तरह ठीक हो जाए। कुछ नहीं बोल पाने की मजबूरी मरीज को अंदर से और बेचैन करती है।

मुश्किल के उस दौर में भी पिता और परिवार के लिए अपने पैरों पर खड़े होने की उम्मीद प्रीति के जेहन में जिंदा थी। प्रीति बार-बार लिखती रही, "मेरी एम.एन.एस. की जॉब तो गई ना? मैंने बहुत तैयारी की थी, मैं यह जॉब नहीं छोड़ना चाहती।"

मसीना अस्पताल में इलाज आगे बढ़ा तो प्रीति की हालत में सुधार भी हुआ और परिवार की उम्मीदें भी मजबूत हुईं। राठी एक दिन कोलाबा के आर्मी दफ्तर गए और कमांडिंग अफसर को ज्वाइनिंग डेट बढ़ाने की अर्जी भी दे आए। उन्हें क्या पता कि उनकी बेटी की जिंदगी के पन्ने पर मौत ने अपनी अर्जी पहले ही दर्ज करा दी है!

वो मौत से भी दिलेरी से लड़ी

इधर हॉस्पिटल में प्रीति की हालत उतार-चढ़ाव के दौर के बीच कभी सुधरती तो कभी बिगड़ती रही। एक वक्त ऐसा भी आया जब डॉक्टरों ने वेंटिलेटर हटाने का फैसला किया, लेकिन जख्म इतने गहरे थे कि उसकी अंदरूनी सर्जरी संभव नहीं हो पा रही थी।

18 मई, 2013

प्रीति को मसीना अस्पताल से बड़े और अत्याधुनिक बॉम्बे अस्पताल शिफ्ट किया गया। इलाज का जिम्मा सीनियर कंसल्टेंट और प्लास्टिक सर्जन डॉ. अशोक गुप्ता के हाथों में आया। डॉ. अशोक गुप्ता देश के जाने-माने प्लास्टिक सर्जन हैं और इस विधा में उनका कोई मुकाबला नहीं। लेकिन हालात ने उन्हें भी मजबूर कर दिया।

डॉ. गुप्ता बताते हैं, ''ये बेहद पेचीदा केस था। प्रीति की हालत बहुत नाजुक थी। एसिड ने उसके शरीर के अंदरूनी हिस्से को जला दिया था, घटना के दौरान एसिड उसके मुँह में चला गया था, जिससे उसका वोकल कॉड पूरी तरह खराब हो गया और वह बोल नहीं पा रही थी। शरीर के बाकी अंगों ने काम करना बंद कर दिया था, उसकी हालत बिगड़ती जा रही थी। घावों से खून लगातार निकल रहा था, यह हमारे लिए बेहद चुनौतीपूर्ण बना हुआ था।''

25 मई, 2013

प्रीति की किडनी और एक फेफड़े ने भी काम करना बंद कर दिया। जाँच में दोनों फेफड़ों में पानी भर जाने का पता चला। वो केमिकल निमोनाइटिस की शिकार हो गई। उसकी भोजन और श्वास नली एसिड की वजह से आपस में चिपक गई, जिससे उसे साँस लेने में समस्या होने लगी।

28 मई, 2013

उसकी हालत बिगड़ती रही। बॉम्बे अस्पताल प्रशासन ने 14 डॉक्टरों की टीम गठित की। प्रीति को बचाने की पूरी कोशिश की जा रही थी, लेकिन हालत सुधरने के कोई निशान नजर नहीं आ रहे थे। वोकल कॉर्ड, किडनी, फेफड़े तमाम अंग साथ छोड़ने लगे।

1 जून, 2013

आखिरकार 1 जून, 2013 को वो घड़ी आ ही गई, जब प्रीति राठी को न बचाने की दु:खद घोषणा डाक्टरों ने की।

डॉ. गुप्ता याद करते हुए कहते हैं, ''28 मई को हमने प्रीति की ब्रॉकोस्कोपी की, जिससे हमें स्थिति की गंभीरता का पता चल गया था, लेकिन अपने मेडिकल कॅरियर में हमने एक से बढ़कर एक चमत्कार होते देखा था। उस लड़की का जज्बा देखकर हमें बेहद आशा भी थी। वह हमारे पास एक महीना रही, लेकिन मौत के आगे मेडिकल साइंस हार गई।

जिंदगी हारी, हिम्मत नहीं

प्रीति की मौत के साथ ही एक परिवार अपनी बदकिस्मती से परास्त हो गया। खुशियाँ और उम्मीदें बिखर गईं। लेकिन इन सबके बीच इस परिवार के दिलोदिमाग में ये संकल्प मजबूत होता गया कि चाहे जो हो जाए, बेटी के हत्यारे को बख्शेंगे नहीं और ये भी कि प्रीति के बाद कोई और बेटी ऐसे हादसे का शिकार ना हो पाए, इसकी जंग भी वो जरूर लड़ेंगे।

इसी संकल्प ने राठी परिवार को महाराष्ट्र के सत्ता प्रतिष्ठान के सामने ला खड़ा किया। परिवार ने प्रीति का शव लेने से इंकार कर दिया। ये शर्त रख दी कि जब तक सी.बी.आई. को जाँच नहीं सौंपी जाती, वो बेटी का अंतिम संस्कार नहीं करेंगे।

राठी कहते हैं, ''हमने खुद को समझा लिया कि अपनी बेटी से हमारा रिश्ता बस यहीं तक था। हम मुंबई किस मकसद आए थे और यहाँ हमें क्या मिला, ये सोचकर ही हमारा दिल दहल जाता है। लेकिन हम चाहते थे कि जो कुछ हमारे साथ हुआ, वो किसी और के साथ न हो। यही सोचकर हम तब के महाराष्ट्र के गृहमंत्री आर.आर. पाटिल से मिले। हमने उनसे यही कहा कि मामले की सी.बी.आई. से जाँच कराई जाए। वो तैयार भी हुए, लेकिन साथ ही

ये मजबूरी भी बता दी कि सी.बी.आई. जाँच का फैसला तो केंद्र सरकार ही कर सकती है। हम केंद्रीय गृहमंत्री सुशील कुमार शिंदे से भी मिले, लेकिन जाँच की माँग आगे नहीं बढ़ सकी।

प्रीति एक आम लड़की थी। लेकिन जिस दिन उसका शव मुंबई से दिल्ली आया, नरेला के उस इलाके में आक्रोश का असाधारण उबाल दिखा। उस दिन के वीडियो फुटेज इस बात की तस्दीक करते हैं कि कैसे प्रीति की मौत ने पूरी दिल्ली को अंदर तक झकझोरा था! अंतिम संस्कार के लिए सड़क पर सैकड़ों की भीड़ उमड़ पड़ी थी। लोग नारे लगा रहे थे, पुलिस, प्रशासन और सरकार को कोस रहे थे, आरोपियों को सलाखों के पीछे भेजने की माँग उठ रही थी।

लेकिन बड़ा सवाल अब भी सामने खड़ा था कि आखिर उसकी असमय मौत का जिम्मेदार कौन है? रेलवे पुलिस के पास इस सवाल का कोई जवाब नहीं था। लेकिन परिवार को हर सूरत में इस सवाल के जवाब की तलाश थी। प्रीति के पिता के लिए अब जिंदगी का एक ही मकसद बचा था—प्रीति को इंसाफ दिलाना है।

5 अगस्त को राठी परिवार फिर से मुंबई में मौजूद था। इंसाफ की आस में परिवार ने हाईकोर्ट के दरवाजे पर दस्तक दी। कोर्ट से गुहार लगाई कि जाँच का जिम्मा सी.बी.आई. को सौंपी जाए। अदालत ने परिवार की फरियाद सुनी। सी.बी.आई. तो नहीं, 28 नवंबर को केस मुंबई पुलिस की क्राइम ब्रांच को सौंपने का आदेश दिया।

राज खुलते गए, गुत्थी सुलझती गई

अब जाँच की जिम्मेदारी मुंबई पुलिस की तेज-तर्रार क्राइम ब्रांच के कंधों पर थी, जिसके सामने इस केस को सुलझाने के रास्ते में तमाम सवाल थे। सी.सी.टी.वी. फुटेज और प्रीति से पूछताछ के आधार पर रेलवे पुलिस ने तीन आरोपियों की शिनाख्त की थी। पहला प्रीति का क्लासमेट पवन गहलान था, जिसे प्रीति के परिवारवाले ही कसूरवार मानने को तैयार नहीं थे। रेलवे पुलिस ने पवन को गिरफ्तार भी किया।

राठी कहते हैं, "पवन ने प्रीति का हाल-चाल जानने के लिए फोन किया था और बस इसी बुनियाद पर रेलवे पुलिस ने उसे आरोपी मान लिया।" पुलिस ने पड़ोसी अंकुर पंवार को भी रडार पर रखा, लेकिन उसके पिता का कहना था कि वारदात के दिन वो हरिद्वार में था। एक और साथी सत्यम वर्गीज से भी

रेलवे पुलिस ने पूछताछ की।

पवन गहलान को बाद में कोर्ट से जमानत मिल गई, वर्गीज के खिलाफ भी पुलिस को कुछ भी ठोस नहीं मिला और अंकुर पंवार के पिता के बयान को सही मानकर रेलवे पुलिस ने उसकी तरफ से भी आँखें बंद कर लीं। वो कहते हैं कि रेलवे पुलिस ने निजामुद्दीन रेलवे स्टेशन के सी.सी.टी.वी. फुटेज को नहीं देखा था।

तो कुल मिलाकर करीब आठ महीने की तफ्तीश के बाद भी रेलवे पुलिस एक कदम आगे नहीं बढ़ सकी थी। अब इस बेहद सनसनीखेज और भयानक अपराध कथा की गुत्थियाँ सुलझाने के लिए क्राइम ब्रांच ने 11 अफसरों की टीम गठित की। टीम ने दिल्ली का रुख किया और फिर परतें उधेड़ने और किरदारों को परदे से बाहर लाने की कवायद शुरू हुई।

मुंबई क्राइम ब्रांच की टीम ने दिल्ली के 'महाराष्ट्र भवन' को अपना कैंप ऑफिस बनाया। हर रोज टीम के अफसर नरेला आते, संदिग्धों से पूछताछ होती, राठी परिवार के करीबी और रिश्ते की जद में आनेवालों का बैकग्राउंड खँगाला जाता, क्राइम की कड़ियाँ जोड़ने की कोशिश की जाती, लेकिन कड़वी हकीकत ये थी कि पुलिस तिल भर आगे बढ़ पाने में कामयाब नहीं हो पाई थी। जैसे-जैसे दिन बीत रहे थे, मुंबई पुलिस की क्राइम ब्रांच की बेचैनी भी बढ़ रही थी।

17 जनवरी, 2014 को अचानक एक दिन पुलिस टीम का सामना एक ऐसे शख्स से हुआ, जिससे प्रीति केस की पहली कड़ी जुड़ती दिखी। उस शख्स का नाम था—अंकुर पंवार। वही अंकुर, जिसके पिता के बयान को रेलवे पुलिस ने आँख मूँदकर सही मान लिया था। वह उसी कॉलोनी का रहनेवाला था, जहाँ प्रीति का परिवार रहता था। अंकुर के पिता अमर सिंह राठी के दफ्तर में ही मुलाजिम थे।

अब अंकुर शक के दायरे में था। लेकिन क्यों? क्योंकि पुलिस ने उससे यूँ ही पूछताछ की और पूछताछ के क्रम में उसने कुछ ऐसी बातें बताईं जो शक पैदा करनेवाली थीं।

इस केस की जड़ तक पहुँचनेवाले क्राइम ब्रांच के तेज-तर्रार अफसर ए.सी.पी. प्रफुल्ल भोंसले कहते हैं, ''हमारी टीम ने अंकुर को पहली बार कॉलोनी में देखा और उससे पूछताछ की। उसने कहा कि वारदात के दिन वो हरिद्वार के एक होटल में इंटरव्यू देने गया था। हमने उस होटल से बात की तो ये साफ हो गया कि उस दिन वहाँ कोई इंटरव्यू नहीं था। अंकुर के एक हाथ में जख्म के

निशान थे, जिससे हमारा शक और पुख्ता हो रहा था। बाद में टेक्निकल ग्राउंड पर **हमने उसे गिरफ्तार किया। यानी** उसके मोबाइल फोन के लोकेशन को चेक **करने पर साफ पता चला** कि वह उस दिन मुंबई में ही था।

अंकुर को अहमदाबाद के एक होटल में नौकरी मिली थी। होटल प्रशासन ने सभी कर्मचारियों को अपने स्थानीय थाने से 'नो ऑब्जेक्शन सार्टिफिकेट' लाने को कहा था। इसी सिलसिले में वह दिल्ली आया और यहाँ मौजूद मुंबई पुलिस की निगाह में आ गया।

क्राइम ब्रांच को वो पहली कामयाबी हाथ लग गई, जिसका उसे बेसब्री से इंतजार था। कोर्ट में प्रीति के मौसा ने भी इस बात की तस्दीक कर दी कि जिस शख्स से मुंबई के बांद्रा स्टेशन पर उनका सामना हुआ था, वो अंकुर ही था।

इस केस के सरकारी और दिग्गज वकील उज्ज्वल निकम ने विटनेस बॉक्स में प्रीति के मौसा से पूछा था, "क्या आप इस शख्स को पहचानते हैं?" वो थोड़ी देर ठहरे और फिर सहमति में सिर हिलाया।

खुद दहिया बताते हैं, "शक की कोई गुंजाइश नहीं थी। इस लड़के से मेरा सामना ट्रेन में हो चुका था। बाथरूम जाने के दौरान मेरी उससे मामूली बहस भी हुई थी। सुबह साढ़े चार बजे करीब मैंने उसे बाथरूम के पास खड़ा देखा तो उससे यूँ ही वहाँ खड़े होने का कारण पूछ लिया। उसने कहा, 'अंदर बोर हो रहा था, इसलिए दरवाजे के पास आ गया।' तब भी उसके हाथों में एक बैग था, लेकिन मैं उसकी मंशा भाँप नहीं पाया। बाद में मुझे महसूस हुआ कि उसी बैग में उसने एसिडवाला डिब्बा छिपाकर रखा था। मैंने उससे ये भी पूछा था कि वो कहाँ तक जाएगा? उसका जवाब था—'जहाँ तक ट्रेन जाएगी।' "

अंकुर के खिलाफ उसके चचेरे भाई रवि ने भी बयान दिया और फिर पुलिस ने वो तमाम कड़ियाँ भी जोड़ लीं, जिनसे इस रोंगटे खड़ा कर देनेवाली अपराध कथा से सस्पेंस का परदा हटता चला गया।

ऐसी ईर्ष्या देखी नहीं

अगर पुलिस की ये थ्योरी सही है तो जाहिर है ये सवाल आपको भी परेशान कर रहा होगा कि आखिर अंकुर की अपने पड़ोस में रहनेवाली एक लड़की से ऐसी क्या दुश्मनी थी कि उसने [illegible] पर एसिड फेंकने का भयानक फैसला कर लिया? इसका जवाब है—जलन। एक लड़की से पिछड़ जाने की ईर्ष्या ने उसे

बदला लेने की इस हद तक जाने पर मजबूर कर दिया।

मुंबई पुलिस की थ्योरी कहती है कि प्रीति और अंकुर एक ही पीढ़ी के दो बच्चे थे। दोनों के पिता एक ही दफ्तर में मुलाजिम थे, परिवेश भी एक ही था, कॉलोनी एक थी तो इस नाते सामाजिक दायरा भी एक था। लेकिन जिंदगी की दौड़ मे एक आगे निकल रही थी तो दूसरा पीछे छूट रहा था।

अंकुर के घरवालों ने बेटे को उड़ीसा के एक मैनेजमेंट कॉलेज से एम.बी.ए. का कोर्स कराया। हैसियत ना होने के बावजूद उसकी पढ़ाई पर अच्छी-खासी रकम खर्च की, लेकिन नौकरी का बुलावा राठी परिवार के पते पर आया था। घर से चंद कदम दूर, एक दूसरे घर में बेटी की नौकरी पर खुशियाँ मनाई गईं, मिठाइयाँ बँटी तो अंकुर की माँ से रहा नहीं गया। बेटे के लिए ताने के तीर निकले और अंकुर के दिलोदिमाग में वो तीर धँसते चले गए।

माँ के रोज-रोज के ताने से आजिज आकर अंकुर ने एक ऐसा खतरनाक फैसला कर लिया, जिसने प्रीति की जिंदगी तबाह कर दी।

उज्ज्वल निकम कहते हैं, ''केस हाथ में लेने के बाद जब मैंने इस पर गौर किया तो देखा कि एक लड़के ने एक महत्त्वाकांक्षी लड़की को अपनी ईर्ष्या का शिकार बनाने के लिए जाल बुना था। ये केस जरा हटकर था। एसिड हमले के ज्यादातर मामलों में वजह—'तू मेरी नहीं तो किसी और की नहीं, वाली होती है। लेकिन प्रीति के मामले में जिद ये थी कि अगर मेरी नौकरी नहीं तो तेरी भी नहीं।''

उज्ज्वल निकम ने कोर्ट में कई गवाहों को उतारा। 1,322 पेज की भारी-भरकम चार्जशीट भी कोर्ट में पेश की गई, जिसमें अंकुर के चचेरे भाई रवि की गवाही भी दर्ज है। प्रीति पर एसिड डालने के बाद अंकुर ने उसी दिन मुंबई से दिल्ली आनेवाली ट्रेन पकड़ ली। वह अपने घर जाने के बजाय गुड़गाँव में रहनेवाले रवि के घर पहुँचा था।

रवि ने पुलिस को बताया कि कैसे टी.वी. पर प्रीति केस की खबर देखकर उसने कहा था कि उसी ने प्रीति पर एसिड डाला है। उसने जब सच जानना चाहा तो वो चुप्पी लगा गया।

उज्ज्वल निकम कहते हैं कि यदि पुलिस ठीक से तफ्तीश करती तो आरोपी को पहले भी पकड़ा जा सकता था। वह कहते हैं, ''हमारी पुलिस किसी भी तरह का अपराध होने पर वैज्ञानिक तरीके से उसकी जाँच नहीं करती है। एसिड हमले

के मामले में भी ऐसा ही होता है। कैसे सबूत जुटाने हैं? जिस बरतन से एसिड डाला गया है, उसे कैसे समय पर जब्त किया जाए, इस पर ध्यान नहीं देती।''

करीब 45 दिनों की तफ्तीश के बाद मुंबई पुलिस की क्राइम ब्रांच ने प्रीति राठी केस पूरी तरह सुलझा लेने का दावा किया। पुलिस की मानें तो वो अंकुर की माँ थी, जिसके तानों ने अपने ही बेटे को इतना ईर्ष्यालु बना दिया।

माँ ने ही बातों-बातों में 'गरीबरथ' से प्रीति के मुंबई जाने की खबर उसे दी थी, तभी अंकुर ने अपनी योजना बना ली। बिजली विभाग के दफ्तर से एसिड की चोरी की, 'गरीबरथ' में बिना टिकट चढ़कर मुंबई तक प्रीति का पीछा किया और फिर बांद्रा स्टेशन पर ट्रेन रुकते ही एसिड उड़ेलकर भीड़ में गायब हो गया।

पुलिस ने गुत्थी सुलझा ली, लेकिन राठी परिवार को अब भी यकीन नहीं हो रहा कि आखिर ये कैसी जलन थी, जिसने उसकी बेटी की जिंदगी लील ली? क्या सिर्फ इसलिए एक इंसान दूसरे की जान ले सकता है कि जिंदगी की दौड़ में उसे देर से कामयाबी मिली?

मनोचिकित्सक समीर पारीख कहते हैं, ''मानव स्वभाव की एक फितरत होती है कि यदि वह जीवन में असफल हो जाता है तो वह अपने आस-पास सौ बहाने ढूँढ़ता है, जबकि खुद के अंदर नहीं झाँकता। 'तुम्हारी कमीज मुझसे सफेद कैसे?' यही सोचकर इंसान खुद में परिवर्तन लाने के बजाय दूसरों को दोष देता है।

बहरहाल तीन साल की कानूनी लड़ाई के बाद प्रीति को न्याय मिला है। मुंबई की विशेष महिला आदालत ने अभियुक्त अंकुर पंवार को फाँसी की सजा सुनाई है। 8 सितंबर, 2016 को अदालत ने अंकुर को भारतीय दंड संहिता की धारा 302 (हत्या) और बी 326 (स्वेच्छा से गंभीर चोट पहुँचाने) के तहत दोषी माना है। अतिरिक्त सत्र न्यायधीश अंजु शेंडे ने अभियोजन पक्ष के वकील उज्ज्वल निकम की माँग को स्वीकार करते हुए उसे दुर्लभ में दुर्लभतम मामला माना है और अंकुर को फाँसी की सजा दी है।

फैसले के बाद उज्ज्वल निकम ने कहा कि एसिड फेंके जाने के कारण प्रीति की क्या हालत हुई थी, उसे शब्दों में बताया नहीं जा सकता। इसलिए हमने अदालत से कहा कि इस तरह की शैतानी प्रवृत्ति को अगर हटाना है तो उसे कड़ी सजा मिलनी चाहिए। अदालत ने उसे फाँसी की सजा सुनाई है और प्रीति को न्याय मिला है।

राठी परिवार ने नम आँखों से अदालत का आभार जताया है। वे जानते हैं

कि अब उनकी बेटी कभी वापस लौटकर नहीं आएगी, लेकिन वे चाहते हैं कि अब किसी माँ-बाप के उम्मीदों की मौत न हो। इस तरह किसी होनकार लड़की की अकाल मौत मरना समाज और सिस्टम पर कई सवाल खड़े करता है।

hitesh.rathi@gmail.com

□

4

आईना मेरी पहली सी सूरत माँगे

प्रज्ञा सिंह

बैंगलोर के सी.वी. रमन नगर कॉलोनी में प्रज्ञा सिंह के घर पहुँचने पर कुछ ही मिनटों के अंदर मुझे स्वादिष्ट केक खाने को मिला। अपनी शादी की दसवीं सालगिरह के मौके पर उन्होंने यह खास केक बनाया था। केक खिलाते समय कहने लगीं, ''आप बहुत अच्छे दिन हमारे घर आई हैं, आज का दिन मेरे लिए बहुत मायने रखता है।''

मुझे भी बेहद अच्छा महसूस हुआ उनकी खुशी में शरीक होते हुए। उनकी दोनों बेटियाँ जिया-हिया भी दौड़ती हुई मुझसे मिलने आ गई थीं। पति घर पर नहीं थे, काम के सिलसिले में अमेरिका गए थे, लेकिन उस घर की एक-एक ईंट और एक-एक इंच दीवार पर मुझे उनकी मौजूदगी महसूस हो रही थी। घर का कोना-कोना इस दंपति के अथाह प्रेम और निष्ठा की गवाही दे रहा था।

बैंगलोर में अब उसकी भरी-पूरी खुशहाल गृहस्थी है। मगर एक ऐसा दौर भी था, जब उनकी जिंदगी तकरीबन तबाह हो गई थी। वक्त के झंझावात में फँसी प्रज्ञा का जिंदगी से भरोसा खत्म हो गया था। उस दौर को याद करते हुए वह आज भी सिहर उठती है, ''जहाँ भी जाती, लोग घूर-घूरकर देखते, बच्चे मुझसे डरते। एक बार एक पड़ोस के बच्चे ने अपनी माँ से कहा कि वो मुझे बिल्कुल पसंद नहीं करते हैं। वो कहता कि मैं गंदी हूँ। अभी भी अक्सर कई बार ऐसा होता है कि लोग मुझे अजीब नजरों से देखते हैं।''

तब बहुत खूबसूरत थी प्रज्ञा

बैंगलोर शहर से 10 साल पुराना नाता है प्रज्ञा का। बैंगलोर आकर उसे वो संबल मिला, जिसकी बुनियाद पर वो अपनी जिंदगी को सहेजने में सफल हो पाई। वरना उस हादसे ने तो उसे हिला ही दिया था। 30 अप्रैल, 2006 का वो दिन आज भी याद है, जब वो अपने शहर बनारस से दिल्ली आ रही थी।

हाथों में मेंहदी, चमकती चूड़ियाँ, माँग में सिंदूर देखकर कोई भी बता सकता था कि उसकी नई-नई शादी हुई है। सच ही तो था, अभी महज 12 दिन पहले यानी 18 अप्रैल को वह बैंगलोर में काम करनेवाले सॉफ्टवेयर इंजीनियर संजय सिंह के साथ विवाह बंधन में बँधी थी। कितनी खुश थी वह! शादी के दस दिन बाद ससुराल से लौटने पर बनारस के एक-एक मंदिर में जाकर ईश्वर का आशीर्वाद लिया था। गंगा किनारे बैठकर नए जीवन के सतरंगी सपने बुने थे। घर, परिवार, बच्चे, नौकरी, भविष्य के तमाम आनेवाले पल के बारे में सोचकर रोमांचित थी।

प्रज्ञा बनारस से दिल्ली आ रही थी नौकरी के मकसद से। दो मई को दिल्ली की पर्ल एकेडमी में कैंपस इंटरव्यू था। इसी संस्थान से प्रज्ञा ने फैशन मैनेजमेंट का कोर्स किया था। शादी की व्यस्तता के बीच भी वक्त निकालकर उसने इस इंटरव्यू की अपनी तरफ से पूरी तैयारी की थी। पति भी चाहते थे कि प्रज्ञा नौंकरी करे, अपने पैरों पर खुद खड़े होने की कोशिश करे।

जिस रोज इंटरव्यू के लिए निकलना था। उसी दिन दादा जी की मृत्यु की खबर

शादी से पहले की तस्वीर

आ गई। इस खबर ने मानो उसके पैर रोक लिए थे। प्रज्ञा बताती हैं, ''तमाम तैयारियों के बाद भी मेरा दिल्ली जाने का मन नहीं था, क्योंकि जिस दिन मैं इंटरव्यू के लिए निकलनेवाली थी, उसी दिन मेरे दादाजी की मृत्यु हो गई थी। सब लोग उनके अंतिम संस्कार के लिए गाँव जानेवाले थे, लेकिन मुझे जाने से रोक दिया गया था, क्योंकि हमारे समाज में नवब्याहताओं को शोक कार्यक्रमों में नहीं जाने दिया जाता है। मैं बेहद दु:खी थी और घर लौट जाना चाहती थी।''

पटरी पर दौड़ी तबाही

भारी मन से वह 'शिवगंगा एक्सप्रेस' से दिल्ली के लिए रवाना हुई। नींद के आगोश में जाने से पहले तक उसकी आँखों में शादी की तस्वीरें तो कभी दादाजी की याद आती रही। रात के करीब दो बजे जब 'शिवगंगा एक्सप्रेस' ने कानपुर स्टेशन को पीछे छोड़ा तो वह गहरी नींद में थीं। ट्रेन के बाकी मुसाफिर भी गहरी नींद में थे।

ट्रेन अपनी रफ्तार में थी, तभी अचानक प्रज्ञा के चीखने की तेज आवाज आई। अगल-बगल के यात्री चीख सुनकर जाग गए। पूरे कोच में खलबली मच गई। 'क्या हुआ-क्या हुआ' का शोर होने लगा। उधर वह दर्द से छटपटा रही थी। पीड़ा इतनी तेज थी कि खुद को सँभालना मुश्किल हो गया और वो बर्थ से नीचे गिर गई।

प्रज्ञा बताती हैं, ''मैं बस इतना समझ पाई कि मेरे ऊपर किसी ने कुछ फेंक दिया है। मेरे चेहरे से धुआँ निकल रहा था, जैसे टायर के जलने की बदबू आती है, वैसे ही बदबू मेरे शरीर से निकल रही थी। मुझे अपने चेहरे और शरीर पर तेज जलन महसूस हो रही थी। मैंने अपना हाथ चेहरे पर रखा था, जोर-जोर से अपने पैर पटक रही थी और दर्द से छटपटा रही थी। उस समय ट्रेन में मौजूद मेरे सहयात्रियों को समझ में ही नहीं आ रहा था कि मुझे क्या हुआ है और क्या करना चाहिए, किसी ने ट्रेन की चेन खींच दी।''

प्रज्ञा की किस्मत थोड़ी अच्छी थी कि इस वाकये की खबर बगल के कोच में सफर कर रही एक लेडी डॉक्टर तक पहुँच गई। डॉक्टर ने जैसे ही देखा, वो समझ गई कि उस पर एसिड डाला गया है। उन्होंने वहाँ मौजूद मुसाफिरों से कहा कि ट्रेन को रोकिए मत, चलने दीजिए और जितना हो सके इसके चेहरे पर पानी डालिए। डॉक्टर बार-बार आँखें बंद रखने की हिदायत दे रही थी, लेकिन तब तक एसिड अपना असर दिखाने लगा था।

प्रज्ञा अब भी उस डॉक्टर को एक फरिश्ते की तरह याद करती है, ''वो नहीं होतीं तो मैं अपनी दूसरी आँख भी खो देती। उन्होंने मेरी जान बचाई और लाज भी। एसिड से मेरे कपड़े बुरी तरह जल गए थे, उस लेडी डॉक्टर ने मुझे अपना दुपट्टा ओढ़ा दिया। एक डॉक्टर के फर्ज पर वो पूरी तरह खरी उतरीं। मैं ताउम्र उस अनजान लेडी डॉक्टर की अहसानमंद रहूँगी।''

जिस जगह ये वारदात हुई, वहाँ इलाज का कोई इंतजाम नहीं था। ऐसे में ये जरूरी था कि ट्रेन जल्द-से-जल्द किसी ऐसी जगह पहुँचे, जहाँ प्रज्ञा को अस्पताल में भर्ती कराया जा सके। मुसाफिरों ने उसके घरवालों को फोन से वारदात की सूचना दे दी थी। उसका परिवार बनारस में था, लेकिन कानपुर में मौसी-मौसा रहते थे। उन्हें खबर भेजी गई। खबर सुनते ही प्रज्ञा के मौसा इटावा की तरफ भागे।

उधर ट्रेन में उसकी हालत खराब होने लगी थी। ट्रेन छोटे-छोटे स्टेशनों पर रुकती जा रही थी, लेकिन वहाँ फर्स्ट एड का इंतजाम नहीं था। अगला बड़ा स्टेशन इटावा था, वहाँ के स्टेशन मास्टर को फोन करके वारदात की सूचना दे दी गई। ट्रेन इटावा में रुकी तो प्रज्ञा को अस्पताल तक ले जाने के लिए एंबुलेंस तैयार मिली। रेलवे के मेडिकल विभाग ने फौरन फर्स्ट एड किया, मगर उसकी हालत देखने के बाद डॉक्टरों को गंभीरता समझ में आ गई। उसे आगरा के पुष्पांजलि हॉस्पिटल रेफर कर दिया गया। अब तक उसने पूरे साहस से अपना होश सँभाले रखा था, लेकिन अब उसकी हिम्मत जवाब देने लगी थी, वो बेहोश होने लगी थी।

प्रज्ञा के साथ हुई इस घटना की खबर धीरे-धीरे बाकी रिश्तेदारों तक भी पहुँची। दिल्ली में रिश्ते की एक बहन और उनकी पत्रकार दोस्त आस्था तक भी यह बात पहुँच गई। आस्था उस समय 'टाइम्स ऑफ इंडिया' अखबार के लिए काम करती थी।

आस्था उस दिन को याद करके बताती है, ''मेरी दोस्त ने मुझे पाँच बजे सुबह उठाया और प्रज्ञा के साथ हुई खौफनाक घटना की जानकारी दी। खबर सुनने के बाद हमें पहले तो समझ में ही नहीं आया कि क्या करना चाहिए? हमारे पास

जितने पैसे थे, सब उठाए, टैक्सी बुलाई और आगरा निकल गए। मुझे याद है कि जब हम पहुँचे तो वहाँ पुलिस और सनसनीखेज खबर की तलाश में मीडिया भी पहुँची थी। मीडियावालों से मेरी झड़प भी हुई।

प्रज्ञा को पुष्पांजलि हॉस्पिटल के आई.सी.यू. में रखा गया था। उसका सुंदर चेहरा पूरी तरह बिगड़ गया था। उसे देखते ही मेरे दिमाग में पहली बात यही आई कि अच्छा होता कि इसकी मौत हो जाती। हम आई.सी.यू. के बाहर उसके परिवारवालों के आने का इंतजार कर रहे थे, अचानक मैंने एक ऐसे शख्स को देखा, जो आई.सी.यू. के अंदर जाने की कोशिश कर रहा था।

उसे देखते ही मुझे उस पर शक हुआ और लगा जैसे हमलावर यही है। उसके हाथ पर कुछ ऐसे घाव के निशान थे, जैसे गरम तेल या पानी के छींटे गिरने से हो जाते हैं। मैं डर से चिल्लाई या गुस्से से, मुझे याद नहीं, पर मैं जोर से चीखी। मैंने पुलिस को बताया और आशंका जताई कि इसी आदमी ने प्रज्ञा पर एसिड फेंका है। उसी समय हमलावर को शक के आधार पर गिरफ्तार कर लिया गया। बाद में मुझे पता चला कि मेरा शक सही था।''

प्रज्ञा बताती हैं, ''जब मैं होश में आई थी तो मुझे बताया गया कि वह इटावा से मेरे पीछे-पीछे आगरा अस्पताल तक आ गया था। उसके हाथ में एसिड की बोतल भी पाई गई थी।''

आगरा के पुष्पांजलि अस्पताल में प्रज्ञा को इलाज तो मिला, लेकिन डॉक्टरों की राय ये बनी कि हमले की गंभीरता को देखते हुए प्रज्ञा का इलाज किसी स्पेशलिस्ट अस्पताल में कराना जरूरी है। डॉक्टरों ने उसे दिल्ली रेफर कर दिया। 1 मई, 2006 को उसे लेकर दिल्ली के सफदरजंग अस्पताल लाया गया। रात 12 बजे वह अस्पताल पहुँची, लेकिन साथ आए लोगों को अस्पताल ने ये बुरी खराब सुना दी कि आई.सी.यू. में कोई जगह खाली नहीं है। बिस्तर कम थे, मरीज ज्यादा। आई.सी.यू. में जगह की जंग एक बार फिर जारी थी।

आस्था को आई.सी.यू. में एडमिट कराने की वो लड़ाई अब तक याद है। वो बताती हैं, ''प्रज्ञा पर फेंके गए एसिड की गंध को आज भी मैं भूल नहीं पाई हूँ। वह दर्द से तड़प रही थी, उसे साँस लेने में दिक्कत हो रही थी, पर उसे आई.सी.यू. में नहीं रखा गया। हम अस्पताल से लड़े और किसी तरह उसे आई.सी.यू. में शिफ्ट कराने में कामयाब हो पाए।''

आस्था प्रज्ञा के साथ-साथ उसके परिवारवालों के संघर्ष की भी गवाह रहीं।

घरवालों का रात-रात भर जागना, लॉन में सोना और डॉक्टरों का इंतजार करना और प्रज्ञा को सँभालना। उस परिवार की तमाम पीड़ा आस्था की जेहन में दर्ज है।

प्रज्ञा सिंह पर मुसीबतों का पहाड़ टूटा था। उनकी खुशियों में किसी ने आग लगा दी थी। जो दर्द वो भोग रही थीं, उसका अहसास सिर्फ उसे ही हो सकता था। लेकिन एक शख्स ऐसा भी था, जो उस पीड़ा को बराबर महसूस कर रहा था और वो थे उसके पति संजय सिंह।

संजय सिंह बताते हैं, ''उस दिन मैं बैंगलोर में था। शादी की छुट्टियों के बाद ऑफिस पहुँचा ही था। 01 मई की सुबह मुझे इतना बताया गया कि प्रज्ञा के साथ कोई दुर्घटना हो गई है। उस पर एसिड से हमला हुआ है मुझे किसी ने इस बारे में नहीं बताया। उसी रात मैं दिल्ली पहुँचा। वह बेहोश थी, मैं उससे बात करने को तड़प रहा था।''

करीब तीन दिन बाद प्रज्ञा को होश आया। संजय तेजी से आई.सी.यू. की तरफ भागे। प्रज्ञा का हाथ अपने हाथों में लिया और ये यकीन दिलाने में लग गए कि अब सब ठीक हो जाएगा। प्रज्ञा की आँखों पर पट्टी थी। वो देख तो नहीं पाई, लेकिन पति के प्यार भरे स्पर्श को फौरन पहचान गई। पति और परिवारवालों का साथ और संबल मिला तो हालत में तेजी से सुधार आने लगा। इस बीच पुलिस ने भी एसिड फेंकनेवाले शख्स के खिलाफ मामला दर्ज कर कार्रवाई आगे बढ़ा दी थी।

प्रज्ञा के माँ-पापा ने बेटी के ठीक होने तक सफदरजंग अस्पताल में बहुत कठिनाई भरे दिन बिताए। चार महीने तक सफदरजंग अस्पताल में इलाज चलता रहा। शुरू में घरवालों को लगा कि प्लास्टिक सर्जरी से खोया चेहरा वापस मिल जाएगा। बचपन में एक बार ट्रेन से सफर के दौरान पत्थर लगने से प्रज्ञा की नाक टूट गई थी। टूटी नाक की प्लास्टिक सर्जरी हुई तो उसकी खूबसूरती और बढ़ गई थी।

इसलिए पूरे परिवार को उम्मीद थी कि प्रज्ञा का चेहरा पहले की तरह ही सुंदर हो जाएगा। पर शायद वे इस हकीकत को भूल गए थे कि इस बार चोट पत्थर से नहीं एसिड से की गई थी, जिसके निशान से निजात मिल पाना नामुमकिन था।

सीनियर प्लास्टिक सर्जन डॉ. समेंद्रू कहते हैं, ''सर्जरी से केवल बिगड़े हुए अंगों को दुरुस्त किया जा सकता है, जैसे यदि नाक चिपक गई हो तो उसे ठीक कर सकते हैं, कान, होंठ नहीं हैं, तो बनाए जा सकते हैं, आईब्रो बनाई जाती है, पर वैसा चेहरा वापस नहीं लाया जा सकता, जो ईश्वर ने बनाया है। प्लास्टिक सर्जरी केवल

अंगों को सामान्य बनाने की कोशिश करती है। जिससे कि मरीज को सुनने, साँस लेने, बोलने और खाने-पीने में दिक्कत नहीं हो। सफदरजंग अस्पताल में इलाज से प्रज्ञा की जिंदगी खतरे से बाहर हो गई, लेकिन जिंदगी सिर्फ जीना भर नहीं है।''

सब्र का इम्तिहान

बकौल संजय, ''एक-एक दिन पूरे परिवार पर भारी गुजर रहा था। कुछ ही दिन पहले मेरी शादी हुई थी, अचानक इस तरह की घटना से मेरे परिवारवाले मुझसे तरह-तरह के सवाल पूछ रहे थे। मेरे अपने मुझसे नाराज हो गए, लेकिन मेरा फोकस मेरी पत्नी का इलाज था। मैं उसे जल्दी ठीक होते देखना चाहता था।''

प्रज्ञा का लंबा इलाज होना था। वे अपनी पत्नी को इस हाल में छोड़कर नहीं जाना चाहते थे। पर कब तक छुट्टी ले सकते थे, भारी मन से बैंगलोर लौट गए। ऑफिस में सिवाए अपने एक सीनियर को छोड़कर उन्होंने यह बात किसी को नहीं बताई। प्रज्ञा की हालत देखकर वे घुट रहे थे। वे उस इंसान के बारे में सोच रहे थे, जिसने उनकी अभी-अभी शुरू हुई जिंदगी में आग लगा दी थी।

सफदरजंग में बाकी इलाज होने के बाद, अब प्रज्ञा की आँखों को लेकर परिवारवालों की चिंता बनी हुई थी। किसी परिचित से पता चला कि चेन्नई के 'शंकर नेत्रालय' में आँखों का अच्छा इलाज होता है। प्रज्ञा को चेन्नई लाने का फैसला किया गया। जहाँ आँखों की सर्जरी की गई। बैंगलोर से चेन्नई जाना संजय के लिए भी आसान था। वह अक्सर उससे मिलने जाते रहते।

इलाज के साथ-साथ प्रज्ञा और उनके परिवार की कानूनी लड़ाई भी चलती रही। इटावा की निचली अदालत में केस चलता रहा। प्रज्ञा बताती है कि केस की सुनवाई के दौरान भी मेरा परिवार सदमे से गुजर रहा था। जब भी सुनवाई के लिए जाते, उसका परिवार हमारे ऊपर दबाव बनाता। मम्मी-पापा को धमकाया भी गया, तरह-तरह से दबाव बनाए गए, पर वह डरे नहीं, केस लड़ते रहे।

प्रज्ञा को याद है कि, ''एक बार सुनवाई के दौरान जब वह कोर्ट में गवाही दे रही थी, उस समय वो लड़का और उसका परिवार पीछे खड़ा था। अचानक वह गिर गया। मुझे यह दिखाने की कोशिश की गई कि वह बीमार है। उससे पहले उसके वकील ने मुझसे कहा कि तुम उसे माफ कर दो, वह बहुत शर्मिंदा है, जेल में उसकी तबीयत बहुत खराब रहती है। एक बार तो गवाही के दौरान मुझे उसकी सिसकियाँ सुनाई दे रही थीं।

यह सब मुझ पर दबाव बनाने की कोशिश थी, ताकि मैं केस वापस ले लूँ। मैं कैसे उसे माफ कर देती ? पूरे दो साल तक नौ सर्जरी कराने के बाद भी मैं सामान्य नहीं हो पाई कितने दर्द, बेचैनी और अवसाद से गुजरी हूँ, एसिड फेंकनेवालों को इसका अंदाजा भी नहीं। मौत से बदतर जिंदगी लगने लगी थी। मेरी एक आँख की रोशनी चली गई, पूरा चेहरा बिगड़ गया, मेरा आत्मविश्वास हिल गया था। मैं रात-रात भर हॉस्पिटल में रोती थी, दहशत के मारे अक्सर सोते हुए भी मेरी चीख निकल जाया करती और बेड से उछल जाती थी। मेरे परिवार ने मेरे इलाज पर लाखों रुपए खर्च कर दिए। क्या गलती थी उनकी ? मुझे और मेरे परिवार को किस बात की सजा दी गई ?''

प्रज्ञा का सवाल जायज था। आखिर उस शख्स की प्रज्ञा से कैसी दुश्मनी थी ? इसके पीछे भी लंबी कहानी है।

प्रज्ञा के पिता 'कोल इंडिया' में नौकरी करते थे। उनकी पोस्टिंग धनबाद में थी, पर उनकी पत्नी और चारों बच्चे बनारस के सुंदरपुर इलाके में रहते थे। प्रज्ञा ने इकोनॉमिक्स में बनारस हिंदू विश्वविद्यालय से ग्रेजुएशन किया, आगे की पढ़ाई उसने दिल्ली से की। बनारस में ही उसके दूर के रिश्तेदार आशुतोष ने प्रज्ञा से शादी के लिए प्रस्ताव भेजा, जिसे उसके घरवालों ने ठुकरा दिया था। इस बात से नाराज आशुतोष बदले की साजिश रचने लगा। 'शिवगंगा एक्सप्रेस' में प्रज्ञा पर एसिड डालकर उसने पुराना इंतकाम ले लिया।

प्रज्ञा याद करती है, ''उसने एसिड फेंकने के बाद, ट्रेन से ही मेरी माँ को फोन किया और कहने लगा, 'शादी के लिए मना किया था ना, अब देखते हैं कौन रहता है इसके साथ ?' उसकी बात सुनकर मेरी माँ घबरा गई थी, उन्हें लग गया था कि उनकी बेटी के साथ कुछ बुरा हुआ है। पर इतना बुरा हुआ है, इसका अंदाजा नहीं था। 2008 में आशुतोष को साढ़े चार साल की सजा सुनाई गई और 2010 में वह रिहा भी हो गया।''

वे मानती हैं, उसने जितना बड़ा अपराध किया, उस हिसाब से उसे सजा नहीं मिली। जब भी मैं अपने विकृत चेहरे को देखती थी तो व्यग्र होकर यह सोचती थी—उसकी सजा भी यही होती, जब उसके ऊपर एसिड फेंक दिया जाता और वो भी इसी दर्द से गुजरता, जिससे मैं गुजरी, लेकिन समझदारी से सोचने पर लगा कि यदि हाथ के बदले हाथ लिया जाने लगे तो समाज में अराजकता फैल जाएगी।

प्रज्ञा और उसके घरवाले इस केस के बारे में ज्यादा विस्तार से बात नहीं

करना चाहते हैं। वो अतीत को ज्यादा कुरेदना नहीं चाहते, बल्कि जीवन में आगे बढ़ना चाहते हैं। इस परिवार ने आशुतोष की सजा बढ़ाने के खिलाफ भी अपील नहीं की। प्रज्ञा के परिवारवाले नहीं चाहते हैं कि सजा बढ़ाने के खिलाफ अपील करके फिर कई सालों तक कोर्ट के चक्कर लगाए जाएँ।

वो मेरे हीरो

इधर इस घटना के बाद बनारस में उसके पड़ोसी और रिश्तेदारों में इस बात की कानाफूसी होने लगी, संजय ने प्रज्ञा से रिश्ता तोड़ लिया है। बात यहाँ तक होने लगी कि दोनों का तलाक भी हो गया है। इस अफवाहों से सबसे ज्यादा आहत प्रज्ञा के पति संजय सिंह हुए। वो कहते हैं, ''ये तो जनम-जनम का रिश्ता है, टूटता कैसे? मैं भला अपनी पत्नी को इस हाल में कैसे छोड़ सकता था? मैंने उससे शादी की थी, वो मेरी जिम्मेदारी थी। मैंने ऐसा कभी नहीं सोचा।''

चेन्नई में प्रज्ञा के इलाज का दौर जारी रहा। इस बीच मार्च 2007 में वह

अपनी बेटियों के साथ

बैंगलोर में अपने पति के साथ रहने आ गई। प्रज्ञा कहती है, ''वो मेरे हीरो हैं। ऐसा पति, जिसे पाने की चाहत हर लड़की को होगी। हम शादी के छह-आठ महीने पहले से एक-दूसरे को अच्छी तरह जानने लगे थे। उन्होंने मेरा बहुत साथ दिया। जब लोग अफवाह उड़ा रहे थे कि संजय ने मुझे छोड़ दिया और मेरा तलाक हो गया, उस समय हर सर्जरी से पहले मुझसे मिलने चेन्नई आते थे। मेरे पति और मेरे परिवारवाले मेरे लिए फरिश्ते की तरह हैं। उनसे मिलने के बाद मन से सभी बुरे ख्याल मैंने निकाल दिए।''

बैंगलोर आने से जिंदगी थोड़ी सहज जरूर हो गई, लेकिन प्रज्ञा अब भी पूरी तरह सामान्य नहीं हो पाई थी। उस घटना ने उसका आत्मविश्वास इस कदर हिला दिया था कि वह अकेले रहना पसंद करती, किसी से ज्यादा बात नहीं करती और न ही घर से निकलना पसंद करती। जबकि संजय चाहते थे वो बाहर निकले, लोगों से बात करे, लेकिन वह उस पर किसी भी बात के लिए दबाव नहीं डालते थे।

हालाँकि संजय अपने दोस्तों और पड़ोसियों से अपनी पत्नी को मिलवाने से बचना चाहते थे। वे ईमानदारी से कबूल करते हैं कि शुरू में उन्हें प्रज्ञा को किसी से मिलवाने में बहुत हिचक होती थी। वो कहते हैं, ''उसकी की हालत देकर मुझे गहरा धक्का लगा था। खूबसूरत पत्नी की चाहत किसे नहीं होती? ये सच्चाई है कि शादी की तमाम बुनियादी बातों में पत्नी का खूबसूरत होना भी मायने रखता है, खूबसूरत प्रज्ञा का चेहरा बदल चुका था, लेकिन फिर भी उस पर हमले के बाद मैंने एक पल के लिए भी उसकी जिंदगी से दूर होने के बारे में नहीं सोचा। मैंने नियति को कबूल किया और जिंदगी को सामान्य बनाने की कोशिश की।''

18 अप्रैल को अपनी शादी की पहली सालगिरह पर संजय ने घर पर एक छोटी पार्टी रखी। कुछ दोस्तों और सहयोगियों से प्रज्ञा को पहली बार मिलवाया। ये वो दिन था, जब दोनों की जिंदगी पूरी तरह सहज हो गई थी।

जिंदगी को मिला नया चेहरा

मई 2009 में उसने पहली बेटी को जन्म दिया। गर्भावस्था के शुरुआती दिनों में अपने बच्चे को लेकर वह बहुत तनाव में रही। ज्यादा दवाइयाँ खाने और सर्जरी की वजह से उसे दो-दो बार गर्भपात कराना पड़ा था। पर इस बार अपने डॉक्टर के समझाने-बुझाने और संजय की देख-रेख ने उसके मन से दहशत निकालने में

मदद की। संजय और प्रज्ञा की माँ के लिए भी यह मुश्किल भरा दिन था। सब चाहते थे कि किसी तरह एक बच्चा उसकी गोद में आ जाए तो वह अपनी सारी तकलीफें भूलकर उसमें रम जाए।

एसिड हमले ने छीन ली प्रज्ञा की खूबसूरती

बकौल प्रज्ञा, ''संजय और माँ की चिंता को देखते हुए मैंने तय किया कि अब वह डरेगी नहीं, बल्कि हिम्मत से हर स्थिति का मुकाबला करेगी।'' ऐसा ही डर उसे अपने दूसरे बच्चे के जन्म के समय भी हुआ, लेकिन अपने डर पर उसने विजय पा ली।

फैशन मैनेजमेंट कर चुकी प्रज्ञा ने इस हादसे से धीरे-धीरे उबरने के बाद फिर से नौकरी करके अपने पैरों पर खड़े होने का फैसला किया। लेकिन जब रंग-रूप को तवज्जो दी जाने लगे तो प्रतिभाएँ दम तोड़ने लगती हैं। प्रज्ञा के साथ भी यही हुआ, शानदार डिग्री के बाद भी कंपनियों ने उन्हें नौकरी पर रखना मुनासिब नहीं समझा।

बहरहाल, प्रज्ञा अपने पति और दो प्यारी बेटियों के साथ खुशनुमा शादी-शुदा जिंदगी जी रही है। उसने अपने जीवन को ऐसी लड़कियों के प्रति समर्पित कर दिया है, जो उसकी तरह एसिड हमले की शिकार हुई हैं।

'अतिजीवन फाउंडेशन' बनाकर वह एसिड पीड़ितों के लिए काम कर रही हैं। वो कहती हैं, ''मैंने देखा है कि 20-25 सर्जरी के बाद भी एसिड हमले की

शिकार हुई लड़कियों के चेहरे वापस नहीं आते। इसे देखते हुए ही मैंने 2013 में यह संस्था बनाई है। ऑनलाइन, फोन पर काउंसलिंग करके और शिविर लगाकर एसिड पीड़ित लोगों की मदद कर रही हूँ। इस संस्था के जरिए एसिड पीड़ितों का इलाज कराने की भी कोशिश की जाती है।''

'अतिजीवन फाउंडेशन' के साथ अलग-अलग शहरों की ऐसी कई लड़कियाँ जुड़ी हैं, जो कोई निजी कंपनी में मैनेजर है तो कोई सी.ए., शिक्षक या किसी एन.जी.ओ. की कोई कार्यकर्ता। इस संस्था का हर सदस्य एसिड पीड़िताओं को कानूनी मदद देने के साथ-साथ उन्हें आत्मनिर्भर बनाने की कोशिश करता है। प्रज्ञा 'अमर उजाला फाउंडेशन' से भी जुड़ी है, जो एसिड पीड़ितों की मदद करता है। वहीं स्किन बैंक बनाने को लेकर भी उनका प्रयास जारी है।

pragyaprasunsingh@gmail.com

❑

5

बदकिस्मती की वो कविता

कविता बिष्ट

अद्भुत होता है पिता और बेटी का रिश्ता। इस रिश्ते की पवित्रता, इसकी मर्यादा और इसकी विशालता कुछ उसी तरह होती है जैसे—विस्तृत आकाश और उसमें फैले असंख्य तारे। वात्सल्य और ममता का दायरा इतना अनंत कि सारा जहाँ इसमें समा जाए, सिमट जाए। लेकिन जिस लड़की की कहानी अब हम आपको बताने जा रहे हैं, वह पहले तो एसिड हमले जैसी क्रूरता का शिकार हुई और बाद में उसे इस रिश्ते के उस स्याह पक्ष का सामना करना पड़ा, जिसने एक पिता को अपनी ही बेटी की नजर में कटघरे में खड़ा कर दिया।

कविता एक बेहद साधारण सी लड़की है। आपके आस-पास, गली, मोहल्ले, बाजारों में दिखनेवाली आम लड़कियों में से ही एक। ऐसी साधारण लड़कियों की पैदाइश कहीं की भी हो सकती है—दिल्ली, मुंबई, पटना, भोपाल जैसे महानगरों की या आजमगढ़, अलवर या अजमेर जैसे छोटे शहरों की। इस कविता की पैदाइश उत्तराखंड की पहाड़ियों के बीच हुई। रानीखेत जैसा नैसर्गिक सौंदर्य कविता बिष्ट को भी कुदरत ने जी भरकर विरासत के तौर पर दिया था।

उसकी पुरानी तसवीरें देखने के बाद उसकी खूबसूरती का अहसास किसी को भी आसानी से हो सकता है। सचमुच बेहद खूबसूरत थी वो। इतनी कि कविता की माँ को अपनी इस मँझली बेटी की खासतौर से चिंता करनी पड़ती। एक वाकया कुछ यूँ हुआ कि बड़ी बहन को देखने लड़कीवाले घर आए तो माँ को ये हिदायत तक

हमले से पहले कविता बिष्ट

देनी पड़ गई कि कविता बादामी रंग का वो सूट पहनकर लड़केवालों के सामने कतई ना जाए, जिसमें उसका सौंदर्य देखकर खुद माँ बेहद परेशान हो जाया करती।

रानीखेत के बग्वाली पोखर क्षेत्र के कनल गाँव के एक छोटे और सुविधाविहीन गाँव में दीवान सिंह बिष्ट की इस बेटी की खूबसूरती उन दिनों चर्चा में थी। दीवान सिंह 'उत्तराखंड परिवहन निगम' में ड्राइवर की नौकरी करते थे। पत्नी, चार बच्चों और बूढ़े माँ-बाप की भी जिम्मेदारी थी। चार में से तीन बेटियाँ थीं, इसलिए जिम्मेदारी का दायरा भी बड़ा था, लेकिन आमदनी बेहद सीमित।

बड़ी बेटी प्रेमा की शादी हुई तो दीवान सिंह की जिम्मेदारी का बोझ थोड़ा हल्का जरूर हुआ, लेकिन राहत भरे दिन ज्यादा लंबे नहीं रहे। बड़ी बेटी को किडनी की असाध्य बीमारी हुई और दीवान सिंह को मजबूरन उसे अपने गाँव लाना पड़ा। प्रेमा की असाध्य बीमारी को देखते हुए वे लंबे समय तक ड्यूटी पर नहीं जा पाए, इसलिए उनकी नौकरी चली गई।

पहले से ही आर्थिक तंगी से गुजर रहे इस परिवार पर दोतरफा मार पड़ी। पहले बीमार बेटी के इलाज का बोझ और अब दीवान सिंह की नौकरी छूट जाने के कारण यह परिवार तंगहाली के मोड़ पर खड़ा हो गया।

यह 2007 की बात है। दीवान सिंह की दूसरी बेटी कविता परिवार की मुश्किलों

से वाकिफ थी। वो पैसों के लिए पिता को परेशान होते देखती, माँ को चिंता में रोते। उसे दसवीं कक्षा में आए अभी पाँच महीने ही बीते थे, लेकिन उसे अपनी पढ़ाई छोड़नी पड़ी। माँ-बाप की इस दशा को देखकर वह विचलित हो जाया करती।

छोड़ आए हम वो गलियाँ

खुद को देखना, देखकर इतराना, बालों में उँगलियाँ फिराना, चुपचाप मुस्कुराना, कभी ऐसे देखना कि कोई देखता ना हो—कविता की उम्र ऐसी ही किशोरावस्था के उन नाजुक गलियों से गुजर रही थी, मगर जिम्मेदारी का अहसास मन पर भारी पड़ने लगा था। पिता के कंधों से जिम्मेदारियों का बोझ कुछ हल्का कर देने का ख्याल उसे लगातार परेशान कर रहा था।

वह खामोशी से न संभावनाओं की तलाश में जुट गई जिससे कि वह परिवार को थोड़ा सहारा दे सके। संभावना का एक सिरा दिल्ली से सटे गाजियाबाद के खोड़ा से जुड़ता दिखा, जहाँ उसकी बुआ की बेटी रहती थी। थोड़े ही दिन बाद कविता बिष्ट नाम की वो लड़की पहाड़ की खूबसूरत वादियों को छोड़, खोड़ा की तंग गलियों में अपनी नई चुनौतियों के साथ कदमताल कर रही थी। पहाड़ छोड़ना उसे अपनी माँ का गोद छोड़ने जैसा लग रहा था। भाग-दौड़ के बाद नोएडा में गाड़ी का पार्ट बनानेवाली एक कंपनी में उसे छोटी सी नौकरी मिल गई, जो उस वक्त उसके लिए बड़ी बात थी।

दिल्ली, नोएडा और गाजियाबाद के बीच एक कॉलोनी है खोड़ा। कच्ची सड़कें, सँकरे मकान, तंग गलियाँ, हर मौसम में बजबजाती नालियाँ—जाहिर है, यहाँ बसने या ठहरने का इरादा या तो वो लोग करते हैं जिनकी कहीं और ठौर लेने की गुंजाइश नहीं होती या फिर वो लोग, जिनके हालात खींच लाते हैं।

दिल्ली, गाजियाबाद, गुड़गाँव या नोएडा—राष्ट्रीय राजधानी क्षेत्र में रहनेवाली बड़ी आबादी को ये मालूम है कि इन शहरों में ढर्रे की जिंदगी क्या और कैसे होती है? सुबह घर से निकल जाना, धक्के खाते दफ्तर पहुँचना, मालिक या प्रबंधन की अंतहीन अपेक्षाओं पर खरे उतरने के लिए जी-तोड़ मेहनत करना और फिर घर पहुँचकर अगले दिन की दौड़ के लिए खुद को तैयार करना। ढाँचे में ढली यही दिनचर्या उस लड़की की भी थी।

अलबत्ता इसके साथ एक और चुनौती भी थी, जो उस जैसी निहायत अकेली लड़की के साथ कहीं भी होती है—अपनी सुरक्षा खुद करने की। बदकिस्मती से उसे अपनी सुंदरता के अभिशाप बन जाने का अहसास भी यहाँ आकर हुआ। एसिड

फेंके जाने की तमाम दूसरी कहानियों की तरह यहाँ भी घूरने, पीछा करने, धमकी सुनने की पीड़ा से कविता को दो-चार होना पड़ा।

कविता याद करती है, ''नौकरी शुरू करने के एक महीने बाद ही मैंने महसूस किया कि जगदीश नाम का लड़का मेरा पीछा करता है। मैं जब ऑफिस के लिए निकलती, वह मेरे पीछे आता, लौटते समय भी ऐसा लगता मानो वह मेरा इंतजार कर रहा हो। शुरू में कुछ दिन मैं इस बात को नजरअंदाज करती रही, पर बाद में मुझे जबरदस्त तनाव होने लगा। घर और ऑफिस से निकलते हुए डर लगता था कि कहीं वह न दिख जाए। धीरे-धीरे मेरी रूम पार्टनर के जरिए वह मुझ तक संदेश भिजवाने लगा कि वह मुझे बहुत पसंद करता है। मैंने अपनी रूममेट को डाँटा था कि वह इस तरह का संदेश लेकर मेरे पास नहीं आए, लेकिन वो नहीं मानी।''

बेटी तेरी यही कहानी

मेरे सामने स्त्री होने की त्रासदी की एक और कहानी सामने थी। फिर एक लड़की की लाचारी का फायदा उठाया जा रहा था। ज्यादती की नई जद तय हो रही थी, सिर्फ किरदार अलग थे।

घूरने, पीछा करने का सिलसिला जब रोजाना चलने लगा तो वह नौकरी छोड़ घर जाने के विकल्प पर विचार करने लगी। मानसिक द्वंद्व की हालत में वह खुद से सवाल-जवाब करती—क्यों छोड़ दूँ नौकरी? कोई मेरा पीछा करता है तो काम बंद कर दूँ? काम बंद कर दिया तो माँ को पैसे कैसे भेज पाऊँगी?

फिर दूसरा सवाल—क्या घर बदला जा सकता है, लेकिन यह कैसे संभव है? यहाँ तो रूममेट का सहारा है, दूसरे इलाके का तो किराया भी ज्यादा होगा। इतनी तनख्वाह में दूसरे इलाके में किराए का घर लेना तो उसके लिए हरगिज मुमकिन नहीं था।

धमनियों में दौड़ता डर

''कौन था जगदीश?'' मैंने कविता से पूछा तो उसका जवाब था, ''जगदीश उसी कॉलोनी में रहता था, जहाँ मैं रहती थी। मेरी गली में ही उसका मकान था। तीन भाइयों में सबसे बड़ा जगदीश अपने परिवार से अलग दूसरे घर में रहता था। एक दिन उसकी नजर मुझ पर पड़ी और उस दिन से वो मेरे पीछे पड़ गया।'' मतलब ये कि सभ्य और सामाजिक तरीके से दिल जीतने की बजाय वो कविता को जबरन

अपना बनाने की निहायत नाजायज कोशिश करने लगा। स्वाभाविक था कि जगदीश की वजह से कविता की भयावह होती मानसिक दुश्वारियाँ लगातार बढ़ने लगीं।

मनोचिकित्सक समीर पारिख कहते हैं, ''प्रेम और लगाव स्वाभाविक प्रक्रिया है। इसमें कोई जबरदस्ती नहीं चलती। किसी को जबरन हासिल करने को प्रेम नहीं कहते। यह एक ऐसी मानसिक स्थिति है, जब कोई अपने जीवन में किसी दूसरे को बहुत महत्त्व देने लगता है। दिन-रात उसी के बारे में सोचता है। इसलिए किसी विषय पर उसका इंकार सुनने के बाद वह आवेश में आ जाता है और फैसला सुनाने लगता है।''

कविता की ठंडी प्रतिक्रिया देखकर अब जगदीश की बेचैनी अनियंत्रित होने लगी थी। एक दिन उसकी बदहवासी सीमाएँ तोड़ गई। दफ्तर से घर लौटती कविता की उसने कलाई पकड़ ली—''वो बस स्टॉप पर खड़ा था। मुझे देखा तो लपककर मेरी तरफ बढ़ा। मैं बेहद घबरा गई। किसी तरह पूछा, क्या बात है?'' वो चीखने लगा, ''तुम्हें बात समझ में नहीं आती, मैं क्या चाहता हूँ? कैसे समझाऊँ कि मुझे तुमसे शादी करनी है और वह भी जल्दी।''

''बाजार में भरे बस स्टॉप पर इस तरह शादी का प्रस्ताव देना मुझे बेहद अपमानजनक लगा था। अपमान के भाव और भय ने मुझे अंदर तक हिला दिया। दोनों हाथों से अपने चेहरे को ढकते हुए मैं बिलख पड़ी थी। वह जनवरी का कँपकँपाता महीना था, लेकिन भय, अनिश्चितता और शर्म से मैं पसीने से तर-बतर थी।'' ऐसा बताते हुए कविता का चेहरा अब भी सख्त हो जाता है।

अब तक बाजार और बस स्टॉप पर खड़े तमाशबीन उन दोनों के करीब आ चुके थे। उसने लोगों की भीड़ देख अपने दोनों हाथ उसके आगे जोड़ लिये। गिड़गिड़ाकर बोली, ''अभी-अभी मेरी बड़ी बहन की मौत हुई है, शादी नहीं कर सकती, मुझे जाने दो।'' मगर उस समय तो मानो जगदीश यह तय करके आया था कि वह 'हाँ' के अलावा कुछ और नहीं सुनेगा। उसे हर हाल में कविता का जवाब चाहिए था। उसकी कलाई जोर से मरोड़ते हुए बोला, ''हाँ कहती हो या नहीं?''

किसी गंभीर परिणाम की आशंका ने उसे बेहद डरा दिया। आत्मसमर्पण की मुद्रा में वो बोली, ''यदि आप मुझसे शादी करना चाहते हैं तो मेरे घरवालों से बात कीजिए।'' हाथ छुड़ाकर काँपते पैरों से वो घर की तरफ भागी।

अपना गाँव छोड़ते वक्त उसने अपने लिए चमकदार भविष्य की कल्पना नहीं की थी। यहाँ आकर उसकी जिंदगी सँवर जाएगी, तमाम मुश्किलें हल हो जाएँगी, ऐसी उम्मीद उसे नहीं थी। उसने बस इतना सोचा था कि कोई छोटी-मोटी नौकरी

मिल जाए तो अपने परिवार का सहारा बन सके। लेकिन उस दिन के वाकये ने एक सहज जिंदगी की उसकी चाहत को चकनाचूर कर दिया।

कविता की माँ दीपा बिष्ट कहती हैं, "हमें पता ही नहीं था कि हमारी बच्ची किस दौर से गुजर रही थी। हर महीने उसके भेजे पैसे मुझे मिल जाते तो लगता कि सब ठीक है।"

फिर वही कहानी, फिर वही त्रासदी

उस वाकये के बाद घर पहुँचते-पहुँचते कविता पूरी तरह टूट चुकी थी। बदन काँप रहा था, धमनियों में डर दौड़ने लगा था। वो रात भर सो नहीं पाई। आँखें मूँदती तो जगदीश का साया सामने खड़ा हो जाता, करवट बदलती तो जेहन में उसकी धमकी गूँजने लगती। वो रात उस पर बेहद भारी पड़ रही थी। ऐसा लग रहा था, मानो उस रात की सुबह नहीं होनेवाली। आशंकाओं और असमंजस से घिरी उस मजबूर लड़की की हिम्मत ने जवाब दे दिया तो उसने चंद दिनों के लिए दफ्तर से छुट्टी ले ली।

एक सम्मान समारोह में कविता

लेकिन छुट्टी की छाँव कब तक साथ देती ? काम पर जाना जरूरत से ज्यादा

मजबूरी थी। लिहाजा एक दिन वो फिर उसी बस स्टॉप और उसी रास्ते पर खड़ी थी, जहाँ उसके साथ हौसला तोड़नेवाला हादसा हुआ था। 26 जनवरी, 2008 का दिन था। दिल्ली के इंडिया गेट पर देश के पराक्रम और शौर्य का प्रदर्शन हो रहा था तो इंडिया गेट से बमुश्किल 20-25 किलोमीटर दूर उस कॉलोनी में एक मजबूर लड़की से ज्यादती हो रही थी।

कविता के शब्दों में, ''उस दिन मैं ऑफिस से घर की ओर लौट रही थी, मेरे साथ कुछ और लोग भी थे। अचानक जगदीश ने सबके बीच में मेरा रास्ता रोक लिया। कहने लगा, ''तुमने अब तक शादी के लिए 'हाँ' क्यों नहीं की?' मैं चुप रही, बिना कोई जवाब दिए आगे बढ़ने लगी तो उसने मेरा रास्ता रोक लिया। वह हर हाल में 'हाँ' का जवाब चाहता था और मैं हर हाल में वहाँ से जाना चाहती थी। लेकिन वह जबरदस्ती बात करने की कोशिश करता रहा। दूसरों के सामने खुद को ऐसे जलील होती मैं अब खुद को रोक नहीं पाई थी। उसकी अभद्रता का जवाब मैंने थप्पड़ के जरिए दे दिया। अंजाम भुगत लेने की धमकी देता हुआ वो तेज कदमों से चला तो गया, पर भय और आशंका ने मेरे पैर जकड़ लिये। मैं कुछ देर वहाँ खड़ी रही और वापस अपने घर चली आई।''

कविता की आशंका सच साबित हुई। अगले दिन रूममेट के जरिए उसके पास जगदीश की एक चेतावनी पहुँच गई थी—'यदि शादी को तैयार नहीं हुई तो चेहरा ऐसा बिगाड़ देंगे कि किसी से शादी के लायक नहीं बचोगी।'

अगले कुछ दिन उस पर बेहद भारी गुजरे। जगदीश पर उठे हाथ का अंजाम वो जानती थी। भय और आशंकाएँ उसे घेरे जा रही थीं। जटिल परिस्थिति के उस मोड़ पर वो अकेली खड़ी थी। किसे बताए अपना दुखड़ा, किसे बताए अपनी मुश्किलें? पहले से परेशान माँ-पिता की परेशानियाँ और बढ़ाना उसे ठीक नहीं लग रहा था।

उसने मन-ही-मन अपने लिए 15 फरवरी की तारीख तय कर ली कि यदि इस समय तक उसे दूसरी नौकरी मिल जाए, जिसमें थोड़ी भी ज्यादा तनख्वाह होगी तो वह इस इलाके को छोड़कर दूसरी जगह किराए का घर ले लेगी, वरना अपने गाँव लौट जाएगी। उसे अपनी माँ और गाँव की बहुत याद आ रही थी।

वो गाँव, जिसे छोड़ने पर हालात ने उसे मजबूर कर दिया था।

उसे याद आ रहा था कि कैसे सर्दी के विदा लेते ही वसंत दस्तक देने लगता तो पहाड़ पर बसे उसके गाँव की पगडंडियाँ लाल-पीले फूलों से भरने लगतीं। उसे भेड़ों का वो झुंड याद आ रहा था, जिसे वो यूँ ही दौड़कर पकड़ने की कोशिश करती, उसे छूती, सहलाती और उनके साथ खेला करती। चरवाहा पहाड़ के गीत

गाता और वो उसके मायने समझे बिना खुश हुआ करती।

उसे वो गुजरे दिन याद आ रहे थे, जब सुविधाओं के बिना भी जिंदगी खुशियाँ और उल्लास से भरी थी। लेकिन नियति को वो नैसर्गिकता मंजूर नहीं हुई। अपना आँगन छोड़, उसे उस बेगाने शहर में आना पड़ा, जहाँ जिंदगी की सहजता सूखी थी और वो आग का दरिया बन गई थी।

2 फरवरी, 2008—आज उसकी सुबह की शिफ्ट थी। इस शिफ्ट के लिए उसे सूरज निकलने से पहले निकलना था। साढ़े चार से पाँच का वक्त था। रात आखिरी अँगड़ाई ले रहा थी, पौ बस फटने ही वाली थी। सड़क पर अभी भी सन्नाटा था। बुजुर्ग स्वेटर, टोपी, मफलर लपेटे सैर पर निकलने लगे थे। इक्की-दुक्की गाड़ियों की आवाज सुनाई पड़ रही थी।

पुरानी चिंता और नई उम्मीद के साथ वो घर से निकल पड़ी। शादी-शुदा एक नया जोड़ा पास से रिक्शे में गुजरा, उस लड़की के हाथ में नकली हाथी दाँत से बना चूड़ा कोहनियों तक भरा हुआ था। शायद वह जोड़ा बस स्टेशन जा रहा था, अपने घर जाने के लिए। मन चंचल पक्षी होता है, न जाने तुरंत कहाँ उड़ जाता है! उसके मन का पंछी भी उड़ने लगा, एक दिन वो भी अपने माँ-पिताजी के पास ऐसे ही जाएगी। वो अपने होनेवाले पति को पहले ही बता देगी कि मेरे साथ-साथ उसे मेरे परिवार को भी अपनाना होगा, क्योंकि वो उसकी जिम्मेदारी है। उनके सुख के बिना वो खुश नहीं रह सकती। उसे सिर्फ अपना घर नहीं बसाना है, अपने परिवार के हालात भी सुधारने हैं।

ख्यालों में खोई घर से महज 200 मीटर की दूरी तक पहुँची ही थी कि उसकी खुशियों और अरमानों को स्याह करने का सामान उस तक पहुँच गया। बाइक पर सवार, मुँह ढके दो युवक उसके पास से तेज हवा की तरह गुजरे और कविता के चेहरे पर एसिड फेंकते हुए बिजली की तरह गायब हो गए।

उस पल को वह कभी भूल ही नहीं पाती—"मुझे कुछ समझने का मौका नहीं मिला। मुझे असहनीय जलन हो रही थी। ऐसा लग रहा था जैसे मैं आग के बीच खड़ी हूँ। दर्द की वजह से मैं चीख रही थी। मैंने दोनों हाथों से जोर से चेहरा दबाया और वहाँ खड़े बिजली के खँभों के सहारे बैठ गई। फिर क्या हुआ, मुझे कुछ नहीं पता।"

आगे की कहानी कविता को दूसरों के जरिए बाद में पता चली। उसे बताया गया कि उसे अचेत हुए 10-15 मिनट हो चुके थे। वह स्याह पड़ती जा रही थी, लेकिन किसी ने बेहोश कविता की सुध नहीं ली। उसके ऑफिस में काम करनेवाली

एक दूसरी लड़की भी उसी इलाके में रहती थी। वह जब बस पकड़ने के लिए घर से निकली तों उसकी नजर कविता पर पड़ी और वो रिक्शे में उसे घर ले आई।

घर पहुँचते ही मकान मालिक और आस-पड़ोस के लोगों को घटना का पता चला। कविता को हॉस्पिटल में एडमिट कराने की भाग-दौड़ शुरू हो गई। इस बीच एसिड अपना असर छोड़ने लगा था। कविता की आँखें गलने लगी थीं। चेहरा चिपकने लगा था। हालत की गंभीरता को देखकर खोड़ा के दो अस्पतालों ने तो कविता को एडमिट करने से ही इंकार कर दिया। उन अस्पतालों के बाहर भी '24 घंटे इमरजेंसी', 'तुरंत इलाज' का बोर्ड टँगा था, लेकिन उसकी सच्चाई सामने थी। बदकिस्मती से उस वक्त तक सुप्रीम कोर्ट का वह निर्देश भी नहीं आया था, जिसके तहत सभी अस्पतालों को एसिड पीड़ितों का मुफ्त इलाज करना था।

खैर, अब तक कविता बेहोशी की हालत में ही थी। इस शहर में उसका अपना कोई नहीं था। लेकिन उसके मकान मालिक ने उसे अपनों की कमी महसूस नहीं होने दी। कविता को बचाने के लिए वो एक अस्पताल से दूसरे अस्पताल भाग रहे थे। दो हॉस्पिटल ने एडमिट करने से मना कर दिया तो मकान मालिक उसे दिल्ली के सफदरजंग अस्पताल ले गए।

वहाँ पहुँचते ही कविता को फौरन आई.सी.यू. में रखा गया। अब तक उसके माँ-पापा को भी इस घटना की जानकारी मिल गई थी वह भी फौरन दिल्ली पहुँचे।

माँ दीपा बिष्ट को याद है, ''घटना के चार दिन बाद वो होश में आई। एसिड ने उसकी क्या हालत कर दी, इसे बयाँ करने की हिम्मत मुझमें नहीं है। उसके दोनों आँखों की रोशनी जा चुकी थी, चेहरा और शरीर के कई अंग चिपककर सिकुड़ गए थे। वह बेहद दर्द और जलन महसूस कर रही थी। शरीर की पीड़ा का इलाज तो जारी था, पर उसके दिल में छुपे दर्द का अहसास, मैं माँ होकर भी नहीं कर पा रही थी।''

सफदरजंग अस्पताल में उसकी जान तो बच गई पर उसकी आँखों की रोशनी चली गई। वहाँ से डिस्चार्ज होने के बाद भी कविता को कई हॉस्पिटल के चक्कर काटने पड़े। कविता आँखों के इलाज के लिए मशहूर 'राजेंद्र प्रसाद अस्पताल' पहुँची, लेकिन वहाँ पहले उसे चेहरे की सर्जरी कराने की सलाह दी गई। अब तक उसका चेहरा पूरी तरह पक चुका था और उससे मवाद निकलने लगा था। एक के बाद दूसरे, दूसरे के बाद तीसरे, चौथे और पाँचवे अस्पताल में नाक और चेहरे की सर्जरी कराने के बाद एम्स में उसकी आँखों का इलाज शुरू हुआ। दाहिनी आँख की पलक काटकर लेंस लगाया गया तो कविता को हल्की रोशनी दिखाई दी।

हर जख्म का इलाज नहीं होता

सवाल सिर्फ इलाज का नहीं था, उसे जारी रखने के लिए जरूरी संसाधन का भी था। अब तक के इलाज में ही इस गरीब परिवार की कमर टूट चुकी थी। परिवार असमर्थ था, लिहाजा इलाज अधूरा ही छोड़ना पड़ा। उधर 03 फरवरी, 2008 को इंदिरापुरम थाने में कविता पर हुए हमले का मामला दर्ज हो गया। पुलिस कविता से पूछताछ करने पहुँची। उसने सिलसिलेवार अपने साथ हुई सारी घटनाओं का जिक्र किया और शक जताया कि उस पर हमले के पीछे जगदीश का हाथ हो सकता है। पुलिस ने इस जानकारी के आधार पर जगदीश के घर दबिश दी।

पहले वह इस मामले में अपना हाथ होने से इंकार करता रहा, पर उसकी नाक पर जलने के निशान ने पुलिस को बड़ा सबूत दे दिया। वो निशान उसी एसिड के छींटे का नतीजा था, जोकि कविता पर उड़ेला गया। पुलिस ने कविता को गंभीर रूप से घायल करने के आरोप में जगदीश को गिरफ्तार कर लिया था। लेकिन उसकी गिरफ्तारी कविता के लिए नई मुसीबत ले आई।

कविता बताती है, ''जिस दिन गाजियाबाद के डासना जिला कोर्ट में मेरी गवाही होनी थी, उससे एक रात पहले पापा मेरे कमरे में आए। प्यार से मेरे सिर पर हाथ फेरा और कहा, 'बेटी, हम किसी पचड़े में नहीं पड़ना चाहते। तुम यदि कोर्ट में गवाही दोगी तो हम और मुश्किल में पड़ जाएँगे। इसलिए मैं चाहता हूँ कि कल जब कोर्ट में जाओ तो जज साहब से कह देना कि जगदीश ने तुम पर एसिड नहीं फेंका'।''

पिता की ऐसी बातों से उस बेटी पर क्या गुजरी होगी, इसका अंदाजा लगाया जा सकता है। कविता की जिंदगी, उसकी खुशियों और उसके अरमानों को रौंद देनेवाले आरोपी को बचा लेने की दलील उसके अपने ही पिता दे रहे थे।

किताब लिखने के सिलसिले में मेरी मुलाकात कई पिताओं से हुई। कुछ ने तो अपनी बेटी की जंग में अपनी पूरी जिंदगी, अपनी पूरी पूँजी, अपना सुख-चैन सबकुछ दाँव पर लगा दिया, लेकिन कविता के पिता अपनी ही बेटी पर समझौता कर लेने के लिए दवाब डाल रहे थे। जिस आदमी को हाथ बढ़ाकर हौसला देना चाहिए वो जंग से पहले ही हार मान लेने की सलाह दे रहे थे।

पिता की बातों ने एक बेटी को अजीब सी उलझन में फँसा दिया। कभी वो सोचती—जिस शख्स ने एसिड फेंककर उसकी जिंदगी, ख्वाहिशें और भविष्य सबकुछ खाक कर डाला, उसे यूँ ही कैसे छोड़ दें? लेकिन अगले ही पल उसे सिर पर हाथ फेरते, याचना के भाव में मजबूरी गिनाते पिता का चेहरा याद आ जाता।

जमीर कहता अपनी लड़ाई जारी रखो, पिता साथ न दे तो अकेले आगे बढ़ो, लेकिन जज्बात पाँवों में जंजीरें डाल देते। कई दिनों के मानसिक द्वंद्व के बाद आखिरकार जज्बात की ही जीत हुई। सच कहा जाए तो एक बेटी ने अपने बाप के इमोशनल ब्लैकमेलिंग के आगे हथियार डाल दिए थे। वो टीस जिंदगी भर रहेगी, इसलिए वो आज भी कह उठती है, "मैं शायद दुनिया को कभी बता नहीं पाऊँगी कि पापा ने मेरा साथ क्यों नहीं दिया, या फिर मैं ही उनकी बातों में क्यों आ गई? शायद मैं रिश्तों को दाँव पर लगाने के जोखिम से डर गई।"

"अगली सुबह कोर्ट में वही हुआ, जो मुझे करने को कहा गया। मैंने खुद से न्याय पाने की अपनी उम्मीद खत्म कर दी। मेरे बयान के बाद, केवल चार महीने जेल में रहकर जगदीश छूट गया और इसके साथ ही केस भी वहीं खत्म हो गया।"

केस खत्म हो गया, लेकिन कविता की जेहन में बैठे वो सवाल कहाँ खत्म होनेवाले थे! एसिड के जख्म से उठा हर दर्द, उसे पिता की कही बातें याद दिला देता। हर टीस उसे कचोटती कि आखिर उसके पिता ने उसके साथ ऐसा क्यों किया?

बकौल कविता, "जल्दी ही मुझे पता चल गया कि जगदीश और उसके भाइयों ने पापा को केस वापस लेने के लिए कैसे तैयार किया था। उन्हें पापा की शराब पीने की लत का पता चल गया था। शराब के नशे में ही पापा ने चार लाख की रकम की एवज में केस वापस लेने की हामी भर दी। उसी पैसे से दीदी की शादी में लिया कर्ज चुकता किया गया।"

पैसे की लालच के आगे पिता ने घुटने टेक दिए। वह आगे बढ़ती भी तो किसके भरोसे? पिता का साथ देने की लाचारी माँ की भी थी। उसे अपनी माँ की लाचारी का भी अहसास था। वो बचपन से देखती आई थी कि अपने पति के आदेश का विरोध उसकी माँ पर कितना भारी पड़ता। अपनी माँ की अंतहीन पिटाई को बच्चे मूकदर्शक बनकर देखते रहते थे। लेकिन फिर भी जब अपने हालात को लेकर उसका आक्रोश उबलता, वो माँ को ही निशाना बनाती। अपनी भड़ास वो माँ पर ही निकालती, क्योंकि पिता के सामने जुबान खोलने की हिम्मत करना उसके लिए मुमकिन नहीं था।

अक्सर कविता कहती है, "एसिड ने मेरे चेहरे के साथ-साथ मेरी जिंदगी भी बर्बाद कर दी। जिसने मुझे ऐसा अंधकारमय जीवन दिया, उसे कोई सजा नहीं दे पाने का अफसोस मुझे हर वक्त सताता रहता है।"

दीपा बिष्ट को अपनी बेटी का साथ नहीं दे पाने का मलाल अब तक है। उनकी सूनी आँखों मे बेबसी और मजबूरी के मिले-जुले भाव को आसानी से पढ़ा

जा सकता है। हल्द्वानी के उस घर में मैंने उस माँ की बेबसी को करीब से उनकी आँखों में देखा।

वो मुझसे कहने लगीं, "बच्चों की खातिर माँ कितनी कुर्बानियाँ देती हैं। मैं कुछ चोट सह नहीं सकती थी क्या? यदि मैंने थोड़ा साहस दिखाया होता तो मेरी बेटी को यूँ दर्द और अपमान नहीं सहना पड़ता। जगदीश के साथ दूसरा आरोपी पुलिस की गिरफ्त से दूर था। लेकिन हमने अपनी ही बेटी की लड़ाई बीच में छोड़ दी तो दूसरों को कैसे कसूरवार कहें?"

मंजिलें अपनी जगह हैं, रास्ते अपनी जगह

परास्त और निराश कविता का अगला पड़ाव गाँव था। सुकून और आराम उसे यहाँ भी कहाँ मिलनेवाला था? सारी जमा-पूँजी खर्च हो चुकी थी। घर में फाँकाकशी की नौबत आ गई थी। परिस्थितियाँ इतनी भयावह हो चुकी थीं कि कविता ने दो बार खुदकुशी करने का भयानक फैसला भी किया, लेकिन दोनों बार उसे नाकामी ही हाथ लगी। खुदुखुशी के फैसले पर कविता ठंडी साँस भरकर कहती है, "जब प्राण ने शरीर का साथ छोड़ने से इंकार कर दिया तो मैंने जीवन को ऐसे ही स्वीकार कर लिया, जैसे नियति ने मेरे लिए सोच रखा था।"

घर की खराब माली हालत कविता के अंदर छटपटाहट पैदा करने लगी। जली, घाव-मवादों से भरी कविता इस हाल में भी घरवालों की तकलीफ सहन नहीं कर पाई। जिस वक्त उसे हॉस्पिटल में अपना इलाज करवाना चाहिए था, उस समय वह गाँव में काम ढूँढ़ने निकल पड़ी। लेकिन पहाड़ की गोद में बसे जिस गाँव में उसे बेहद लाड़-प्यार मिला था, वहीं अब उसके साथ अमानवीय व्यवहार होने लगा।

जैसे ही वह घर से निकलती, उसके विकृत रूप, जली आँखों और जख्मों को देखकर लोग कन्नी काट लेते। किसी ने उसे अंधा कहा तो किसी ने उसके चरित्र पर सवाल उठाए। लोग तो यहाँ तक कहते कि इससे अच्छा होता कि वो मर जाती। लोगों की इन बातों को सुनकर कविता अपने आँसुओं से उस दर्द को भूलने की कोशिश करती।

कठिनाइयों के बादल घिरते जा रहे थे। कोई काम देने को तैयार नहीं था। जैसे-तैसे माँ कुछ काम का इंतजाम कर पाई। माँ को नदी से रेत निकालने का काम मिला। वह भी इसी काम में माँ का हाथ बँटाने लगी। नदी से रेत निकालने के बाद जो समय बचता, उसमें माँ-बेटी गिट्टी तोड़ने का काम करतीं। सितंबर 2010 तक यही सिलसिला चलता रहा। माँ-बेटी मिलकर किसी तरह घर में चूल्हा

जलाने का इंतजाम कर पा रही थीं।

वहीं पिता इन सारी परिस्थिति के लिए सिर्फ और सिर्फ अपनी बेटी को दोषी मान रहे थे। कविता बताती है, ''पापा रोजाना कहते—'कौन करेगा इस लड़की से शादी ? इसने मेरी जिंदगी बर्बाद कर दी।' वह बात-बात पर मुझे कोसते, वे मुझसे नफरत करने लगे थे। मैं कोशिश करती घर में पिता का कम-से-कम सामना करने की, लेकिन छोटे से घर में यह संभव नहीं था। माँ रोक नहीं पाती तो बेटी को पिता के हाथों आए दिन पिटना ही पड़ता।''

हार के आगे जीत है

इलाज के अभाव में कविता का मर्ज बढ़ता गया। उसे इलाज की सख्त जरूरत थी, लेकिन परिवार के पास पैसे नहीं थे। गाँव के करीब अल्मोड़ा में डी.के. जोशी दृष्टिहीन लोगों के लिए एक संस्थान चलाया करते थे। कविता ने इस संस्थान के बारे में सुना तो अपनी माँ के साथ वहाँ पहुँची। डी.के. जोशी ने कविता को उम्मीद की नई रोशनी दिखाई। यहीं से उसे देहरादून के ब्लाइंड हॉस्टल भेजा गया।

करीब एक साल यहाँ रहने के दौरान उसने जीवनयापन करने के कई हुनर सीखे। घर में भारी आर्थिक तंगी बनी हुई थी, लेकिन माँ के मन को इस बात से थोड़ा संतोष मिल जाता कि कम-से-कम कविता को हॉस्टल में खाने-पीने को तो मिल जाता है।

वर्ष 2012 में देहरादून के एक बड़े हॉस्पिटल ने फ्री प्लास्टिक सर्जरी का कैंप लगाया। इलाज को तरस रही कविता की चार साल बाद यहाँ एक सर्जरी हुई। इसी दौरान एक मददगार के जरिए कविता ने सरकार से भी आर्थिक मदद

एसिड ने छीन ली आँखों की रोशनी

की गुहार लगाई।

सरकार से मदद मिली तो चुनौतियों का सामना करने की हिम्मत भी आई। एक बेहतर जिंदगी की तलाश में कविता अपने दो-भाई बहनों के साथ हल्द्वानी रहने चली आई, पर नई जिंदगी शुरू करना आसान नहीं था। कविता को देखकर और उसकी आपबीती सुनकर मकान मालिक किराए पर कमरा देने से इंकार कर देते। कई दिनों की मेहनत के बाद एक मोहल्ले में एक छोटा सा कमरा मिला और भाई-बहन वहाँ रहने लगे।

उधर माँ-पिता के साथ गाँव में ही रूक गई। लेकिन पिता की रंजिशें कविता के लिए खत्म नहीं हुई थीं। वो अक्सर हल्द्वानी आ धमकते और बेटी की पटरी पर आती जिंदगी को जलालत से भरकर वापस गाँव चले जाते। अपनी जवान बेटी पर गालियों की बौछार करने में उन्हें कोई संकोच नहीं होता। पिता की इस हरकत से मोहल्ले की शांति भंग हो रही थी।

अभी इस मोहल्ले में आए उन्हें कुछ अरसा बीता था, लेकिन पड़ोसियों ने मकान-मालिक से साफ कह दिया कि यदि इन भाई-बहनों से घर जल्दी ही नहीं खाली कराया तो इसका अंजाम ठीक नहीं होगा। मकान-मालिक भला पड़ोसियों से क्यों बैर लेते? कविता को फरमान सुना दिया गया कि वह जल्दी ही अपना नया ठिकाना ढूँढ़ ले। एक बार फिर वही जद्दोजहद शुरू हुई।

जैसे-तैसे कविता ने अपना संघर्ष जारी रखा। इस दौरान कई स्वंयसेवी संस्थाएँ और व्यक्तिगत तौर पर लोग कविता के इलाज के लिए आगे आए। आर.टी.आई. एक्टिविस्ट गुरविंदर सिंह चड्ढा ने उसकी मदद की। कहीं-कहीं से मिली आर्थिक मदद के जरिए नौ ऑपरेशनों से गुजरकर उसने अपने अंदर के साहस को बचाए रखा। इसकी बदौलत ही वह दूसरों की दुःख-तकलीफों में भी आगे बढ़कर मदद देती।

कमल बिष्ट एक छोटा सा मासूम बच्चा। बेहद गरीब परिवार के इस बच्चे के सिर में ट्यूमर था। माँ-बाप इलाज करने में असमर्थ। कविता ने इस बच्चे के इलाज के लिए लोगों से मदद माँगी और देखते-ही-देखते डेढ़ लाख रुपए का इंतजाम हो गया। जरूरतमंदों की मदद करने से उसे वही हिम्मत और हौसला मिलता, जिसकी उम्मीद अपने घर के लोगों से थी। उसके प्रयासों को देखते हुए एक संस्थान ने उसे 'महिला दिवस' के मौके पर सम्मानित भी किया। इस बीच वह 'अमर उजाला फाउंडेशन' के साथ भी जुड़ गई, जो एसिड पीड़ितों के लिए काम करता है।

इसी दौरान एक अनजान बीमारी से उसकी छोटी बहन की भी मौत हो गई। बेरोजगार पिता कोई और काम नहीं कर पा रहे थे तो कविता उनकी नौकरी

वापस दिलाने की मुहिम में जुट गई। इसी सिलसिले में 2012 में महिला और बाल विकास विभाग की वरिष्ठ अधिकारी राधा रतूड़ी से मिली। उनकी कविता से पहले भी मुलाकात हो चुकी थी। इस वरिष्ठ अधिकारी से हुई मुलाकात ने उसके जीवन को एक नई राह दी।

राधा रतूड़ी बताती हैं कि नैनीताल की पूर्व जिलाधिकारी निधिमणि त्रिपाठी ने मुझे एक बार कविता से मिलवाया था। उन्होंने पहले उसकी बहुत मदद की थी। हम उसके साथ हुए अपराध और उसके संघर्ष से वाकिफ थे, इसलिए हमारे विभाग ने उसे गोद ले लिया और 'मुख्यमंत्री विवेकाधीन कोष' से उसे सहायता राशि दिलाई गई। उसके पिता की नौकरी और स्वयं कविता को 'निर्भया कोटे' से नौकरी दिलाने में भी मदद की गई।

8 अक्तूबर, 2013 को वह उत्तराखंड के मुख्यमंत्री हरीश रावत से मिली। मुख्यमंत्री ने उसकी कहानी सुनने के बाद उसके पिता को परिवहन विभाग में ड्राइवर की नौकरी पर फिर से बहाली के निर्देश दिए। साथ ही कविता को अपने पैरों पर खड़े रहने के लिए 'महिला एवं बाल विकास विभाग' की ओर से शुरू हुई 'निर्भया योजना' में नौकरी देने और उसके इलाज के खर्च के लिए 6 लाख रुपए देने का भरोसा भी मिला।

इस मुलाकात के कुछ दिन बाद ही शासन ने कविता को 'निर्भया योजना' में पी.आर.डी. कोटे से नौकरी पर रखे जाने का आदेश निकाल दिया।

अनुसेवक पद पर अपनी बहाली के बाद कविता एक बार फिर अपने परिवार का सहारा बन गई। लेकिन अभी भी समाज का नजरिया उसके प्रति नहीं बदला है। आस-पास और राह चलते लोगों की नजरों से घृणा खत्म नहीं हो पाई है।

चेहरा बिगड़ने के बाद उसने आईना देखना बंद कर दिया था और चेहरे को ढककर रखती थी। पर अब उसमें एक आत्मविश्वास आया है। उत्तराखंड सरकार ने उसे महिला सशक्तीकरण का 'ब्रांड अंबेसडर' बनाया है। कविता का संघर्ष अभी खत्म नहीं हुआ है। अधूरी जंग को नई ताकत से लड़ने का वो इरादा बना रही है। वो अपना केस दोबारा खुलवाना चाहती है, लेकिन कोई सही कानूनी मदद उसे नहीं मिली है।

अपनी पिता की ज्यादतियों से दूर रहने के लिए उसने अलग ठिकाना ढूँढ लिया। पर मई 2016 में पिता की अचानक मौत ने उसे हमेशा के लिए अब उनसे दूर कर दिया है।

यह खबर मुझे सुनाते वक्त उसका गला बार-बार भर रहा था। पिता की मौत पर हर बेटी की आँखों का नम हो जाना स्वाभाविक ही है।

दुआ करिए कि वो जंग वो जरूर जीते, क्योंकि जो कुछ कविता के साथ हुआ, वो किसी के साथ, कहीं भी हो सकता है। ये जंग सिर्फ उसकी नहीं, तमाम बेटियों की है।

kavitabisht483@gmail.com

□

6

डरना मुझे आता नहीं

रेशम फातिमा

जनवरी 2015 का वह बेहद ठंडा दिन। दिल्ली में 'इंडियन कांउसिल फॉर चाइल्ड वेलफेयर' (ICCW) के प्रांगण में 'राष्ट्रीय वीरता पुरस्कार' के लिए चयनित बच्चों का मीडिया से परिचय कराया जा रहा था। देश के अलग-अलग हिस्सों से आए बहादुर बच्चे मीडिया, कैमरे के सामने पोज और इंटरव्यू दे रहे थे। दिल्ली आने और राष्ट्रपति, प्रधानमंत्री से मिलने की खुशी इन बच्चों के चेहरों से छुप नहीं रही थी।

मैरुन रंग की ब्लेजर पहने ये सारे बच्चे बेहद खास थे, लेकिन उन सबके बीच एक प्यारी मुस्कुराहट सबका ध्यान अपनी ओर खींच रही थी। वो मुस्कुराहट थी लखनऊ की रहनेवाली रेशम फातिमा की। रेशम को 'भारत अवॉर्ड-2014' के लिए चुना गया था। इस बहादुर लड़की से मेरी पहली मुलाकात यहीं हुई थी।

रेशम अपने सगे मामा इरफान अहमद सिद्दकी के साथ 'राष्ट्रीय वीरता पुरस्कार' लेने दिल्ली पहुँची थी। भारत अवॉर्ड से पूरे देश से सिर्फ एक बच्चे को सम्मानित किया जाता है। जाहिर है ये अवॉर्ड बेहद खास होता है। रेशम के चेहरे पर चमक रही मुस्कुराहट बता रही थी कि उसे अपनी उपलब्धि का अंदाजा था।

उसे अंदाजा था कि वो दूसरे बच्चों से किस तरह अलग है। पर रेशम की उस मुस्कुराहट के पीछे एक दर्द छिपा है, जिसे भूलकर वह अपनी जिंदगी में आगे

बढ़ने की कोशिश कर रही है और जिसे जानने के बाद किसी के भी रोंगटे खड़े हो सकते हैं। रेशम की दिलेरी को पूरे देश ने सलाम किया। इस बहादुर बच्ची

सदमे से उबरने की कोशिश में रेशम

को उत्तर प्रदेश सरकार ने 'रानी लक्ष्मीबाई पुरस्कार' दिया। उस साहस की सबने सराहना की, लेकिन ये तमाम मान-सम्मान, तारीफें उसके जेहन से खौफनाक यादों को मिटा न सकी।

रेशम को खौफनाक यादों का नजराना देनेवाला कोई और नहीं बल्कि उसका चचेरा मामा, रियाज अहमद था। वो मामा, जिस पर उसने यकीन किया था, जिसकी गोद में वो बचपन में खेलती थी, वो मामा, जिस पर उसने भरोसा जताया था, लेकिन उसी ने रेशम के भरोसे को तार-तार कर दिया था।

1 फरवरी, 2014 को रेशम कोचिंग क्लास करने जा रही थी। वह बारबिरवा स्थित अवध अस्पताल के पास पहुँची ही थी कि उसके 38 साल के मामा रियाज अहमद ने बीच सड़क पर उसका रास्ता रोक लिया। रियाज ने जबरन उसे कार में बिठाया और कार की रफ्तार बढ़ा कर दी।

उसे अच्छी तरह याद है, ''उनके हाथ में एक बड़ा चाकू था। चाकू दिखाकर

उन्होंने मुझे कार के अंदर बैठने के लिए मजबूर कर दिया। इसके बाद वह मुझे हाईवे की तरफ ले गए। कार के अंदर मामा लगातार धमकी दे रहे थे कि मैं उनसे शादी के लिए राजी हो जाऊँ। अगर ऐसा नहीं किया तो मुझे इसके गंभीर नतीजे भुगतने होंगे।''

अचानक मामा के इस बर्ताव को देखकर रेशम हक्की-बक्की रह गई। हाईवे पर दौड़ती कार के अंदर जैसे उसका दिमाग सुन्न हो चुका था।

हालाँकि मामा रियाज की बदनीयती का उसे अंदाजा था, लेकिन वो इस स्तर तक गिर जाएगा, इस बारे में वो कभी सोच भी नहीं सकती थी।

कुछ मिनटों के बाद जब दिमाग ने काम करना शुरू किया तो रेशम रियाज का विरोध करने लगी। वो गाड़ी से बाहर निकलने के लिए हाथ-पाँव मारने लगी। उसने दरवाजा खोलने की कोशिश की, लेकिन कामयाब नहीं हुई, क्योंकि रियाज ने उसके बालों को कसकर पकड़ रखा था। मजबूत कद, काठी के रियाज की पकड़ इतनी मजबूत थी कि वह चाहकर भी कुछ नहीं कर सकी।

उसके विरोध का एक असर हुआ, रियाज डर गया। उसे लगा कि कहीं वह गाड़ी के बाहर न कूद जाए या फिर कहीं दुर्घटना न हो जाए। चूँकि गाड़ी खुद रियाज चला रहा था, इसलिए उसने तुरंत रेशम को काबू में करने का फैसला किया।

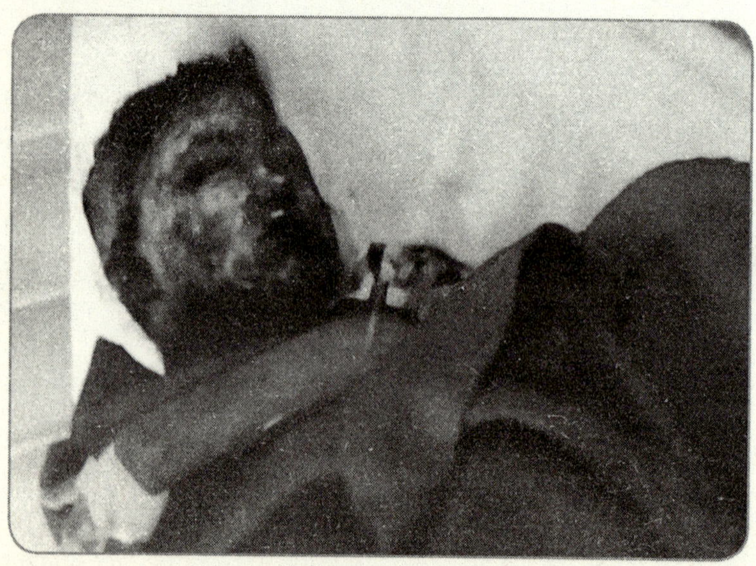

हमले के बाद अस्पताल में रेशम

हिम्मत टूटने न दी

रेशम बताती है, "मामा मुझ पर चिल्ला रहे थे, गालियाँ दे रहे थे। कुछ ही सेकंड के बाद उन्होंने मेरे सिर पर कोई ऐसी चीज डाल दी, जिससे जलन होने लगी। मुझे लगा कि शायद वो मेरे ऊपर पेट्रोल डालकर आग लगाने की कोशिश कर रहे हैं, लेकिन ऐसा नहीं था। अगले कुछ सेकंड में मैंने महसूस किया कि मेरी चमड़ी पिघल रही है। ऐसा लगा, जैसे किसी ने पिघलता हुआ आग का दरिया मेरे चेहरे और सिर की खाल के नीचे डाल दिया है। दर्द के मारे मैं चिल्लाती रही और अपनी आँखें कसकर बंद कर लीं।"

रेशम कहती है खौलता हुआ आग का जो दरिया उन्होंने मेरे सिर पर डाला था, वो एसिड था। ये बात मुझे अस्पताल पहुँचने पर पता चली। उसका असर ऐसा था मानो मैं कार के अंदर ही बेहोश हो जाऊँगी। पर मैंने अपने दिमाग पर पूरी तरह काबू रखा।

मौत से पहले जीने की आखिरी कोशिश करना चाहती थी वो। उसने आँखें बंद करके ही तेजी से हाथ-पाँव मारना शुरू किया। उसकी हिम्मत देखकर रियाज का गुस्सा और बढ़ गया। एसिड डालने के बाद उसने चाकू से हमला किया। हालाँकि कार की स्पीड और हिलने-डुलने की वजह से उसका वार चूक गया।

पुलिस के मुताबिक, रियाज के पास सिर्फ चाकू ही नहीं बल्कि उस्तरा भी था। कसाइयों के यहाँ माँस काटने के लिए इस्तेमाल किया जानेवाला चाकू मौजूद था।

जाहिर है, वह पूरी तैयारी से आया था। उसकी मंशा रेशम को एसिड से जलाकर टुकड़े-टुकड़े कर फेंक देने की थी। वह अपनी मंशा में कामयाब हो जाता, लेकिन रेशम की आखिरी कोशिश ने चलती कार का दरवाजा खोल दिया। उसने पूरी ताकत लगाकर धक्का मारा और निढाल होकर सड़क पर गिर गई।

रियाज इसके बाद भी नहीं रूका। वो चाकू लेकर उसे हमेशा-हमेशा के लिए खत्म करने ही जा रहा था कि तभी एक ऑटो ड्राइवर वहाँ आ पहुँचा। ऑटो ड्राइवर को आते देखकर रियाज डर गया और वहाँ से भाग निकला।

ड्राइवर ने रेशम की हालत भाँप ली। वह तुरंत उसे अपने ऑटो में डालकर नजदीक के रमाबाई पुलिस स्टेशन लेकर पहुँचा। पुलिस ने रेशम को लखनऊ के लोकबंधु सरकारी हॉस्पिटल में भर्ती करा दिया। अब तक परिवारवालों को भी उसके साथ हुए इस खौफनाक घटना की खबर मिल गई थी।

दो घंटे बाद ही डॉक्टरों ने उसे सिविल हॉस्पिटल में रेफर कर दिया। लेकिन यहाँ इलाज के दौरान ही उसके शरीर में इंफेक्शन फैल गया। सिर पर

एसिड डाले जाने के कारण उसके सिर का दाहिना हिस्सा बुरी तरह जख्मी हो गया। सिर चिपक गया और बाल पूरी तरह झुलस गए।

जिंदगी और मौत के बीच की रेस

फरवरी की उस ठंड में नवाबों के शहर लखनऊ में रेशम की जिंदगी और मौत के बीच रेस चल रही थी। दोनों एक-दूसरे को मात देने में लगी थीं। सहारा था तो बस अपनी जिंदगी बचा लेने के जज्बे का। घरवालों का रो-रोकर बुरा हाल था, लेकिन खुद पर रेशम का जबरदस्त नियंत्रण था। आँखों से आँसू की एक बूँद भी नहीं टपकने दी उस बच्ची ने। डॉक्टर भी उसकी बहादुरी देखकर हैरान थे। हालाँकि इस अस्पताल में उसकी हालत में कोई सुधार नहीं हुआ तो परिवारवाले दूसरे विकल्प पर विचार करने लगे। वे उसके बेहतर इलाज के लिए रेशम को लखनऊ के स्पेशलाइज्ड हॉस्पिटल 'सुश्रुत इंस्टीट्यूट ऑफ प्लास्टिक सर्जरी' (सिप्स) लेकर पहुँचे।

रेशम बताती है, ''पता नहीं कहाँ से मुझमें वह हिम्मत आई थी कि मैं रो नहीं पाई। मेरे डॉक्टर ने भी मुझसे कहा कि अपनी हिम्मत और हौसले की वजह से मैं जल्दी ठीक हो सकती हूँ। मैं जल्दी ठीक होना चाहती थी। मेरे साथ जो हुआ था, उससे मेरी हिम्मत और बढ़ गई थी। मैंने मन-ही-मन अपनी जिंदगी का लक्ष्य तय कर लिया था। इसलिए फैसला किया कि अब तक नहीं रोई तो आगे भी नहीं रोऊँगी।''

हालाँकि अस्पताल में रहते हुए उसे अपनी 11वीं की फाइनल परीक्षा की चिंता सता रही थी। रेशम आशियाना स्थित 'स्टेला मैरिस कॉलेज' की छात्रा थी। इन दिनों उसकी फाइनल परीक्षा चल रही थी और परीक्षा नहीं दे पाने की बेचैनी उसे परेशान कर रही थी। वह बेहद हताश हो रही थी, लेकिन स्कूल प्रबंधन ने यह कहकर उसकी चिंता खत्म कर दी कि उसकी हालत को देखते हुए कोशिश की जा रही है कि उसे 12वीं में एडमिशन दे दिया जाए। स्कूल प्रबंधन के इस वादे ने रेशम को बड़ी राहत पहुँचाई।

शुरुआती हील-हुज्जत के बाद पुलिस भी हरकत में आई। रियाज के खिलाफ मामला दर्ज कर पुलिस उसको पकड़ने के लिए दबिश देने लगी, लेकिन वह सबको चकमा देकर भागने में कामयाब हो गया था। वह कहाँ छिपा था, ये जानने के लिए पुलिस उसके रिश्तेदारों से लेकर जान-पहचान के लोगों और दोस्तों सबसे पूछताछ कर रही थी।

11वीं कक्षा में पढ़नेवाली एक बच्ची पर हुए एसिड हमले से पूरे लखनऊ में खलबली मच गई थी। मीडिया में ये खबर प्रमुखता से छाई हुई थी। रियाज को पकड़ने के लिए पुलिस पर दबाव लगातार बढ़ रहा था। इसी बीच पुलिस को सूचना मिली की रियाज अपने रिश्तेदार के यहाँ मुंबई में छिपा है। पुलिस को ये भी पुख्ता जानकारी मिल चुकी थी कि वो दुबई भागने की फिराक में था।

रियाज को दुबई जाने से रोकने के लिए पुलिस ने सबसे पहले एयरपोर्ट अथॉरिटी को सूचित किया। इसके बाद उसके रिश्तेदारों के फोन को सर्विलांस पर लगा दिया। कॉल डिटेल के आधार पर पुलिस को रियाज की लोकेशन पता करने में ज्यादा दिक्कत नहीं हुई।

लोकेशन पता करने के बाद उसकी पहचान का सवाल था। उसके एक करीबी व्यक्ति को साथ लेकर लखनऊ पुलिस की एक टीम उसे पकड़ने के लिए मुंबई रवाना हो गई। अपने आप को चारों तरफ से घिरता देख रियाज समझ चुका था कि उसके लिए आत्मसमर्पण करने के अलावा कोई चारा नहीं बचा है। उसने अपने भाई और अन्य करीबी लोगों से संपर्क करके आत्मसमर्पण की बात कही। घटना के करीब 15 दिनों बाद उत्तर प्रदेश पुलिस ने उसे लखनऊ के हजरतगंज इलाके से गिरफ्तार कर जेल भेज दिया।

रियाज के जेल जाने से रेशम के मन में इंसाफ की उम्मीद जगी थी। एक तरफ पुलिस की कार्रवाई आगे बढ़ रही थी, दूसरी ओर इलाज के बाद उसकी हालत में भी धीरे-धीरे सुधार होने लगा था। कम-से-कम ये तय हो चुका था कि उसकी जान को खतरा नहीं है, लेकिन उसके दिमाग में रह-रहकर उसका खौफनाक चेहरा घूम जाता था। जब रियाज पहली बार रेशम के घर आया था, तब उसकी उम्र महज दो साल की थी और उस छोटी सी उम्र से वह उसके नापाक इरादों को भाँपे बिना उससे बहुत घुल-मिल गई थी।

भरोसे का टूट जाना

रेशम के अपने मामा इरफान सिद्दकी बताते हैं, ''रियाज मेरा चचेरा भाई था। वह मेरे घर पर रहकर पढ़ाई कर रहा था। उसकी उम्र रेशम की माँ के बराबर थी। वह दूसरे मामाओं की तरह रेशम के लिए टॉफी और चॉकलेट लाया करता, वह उसके गोद में खेलती थी। हम उस पर बहुत भरोसा करते

थे, नहीं जानते थे इतनी छोटी बच्ची के लिए उसके अंदर इतने खतरनाक इरादे पल रहे थे।''

रेशम के माँ-बाप जमशेदपुर में रहते थे, लेकिन वो हमेशा अपने नाना-नानी के पास लखनऊ में ही रही। मूल रूप से रायबरेली का रहनेवाला रियाज दुबई में एक इटली की कंपनी में सॉफ्टवेयर इंजीनियर था। वह 2010 में नौकरी करने दुबई गया था, पर उसके दिल से रेशम का ख्याल नहीं उतरा।

पुलिस को दिए बयान में रियाज ने कबूल किया था, ''मैंने कई बार रेशम से अपने प्यार का इजहार किया था, लेकिन वह नहीं मानी। उसकी बेरुखी से मुझे उस पर बहुत गुस्सा आया था।''

रियाज के गुस्से को बढ़ाने में आग में घी डालने का काम किया रेशम के घरवालों की पाबंदी ने। उसके इरादों को जानने के बाद रेशम के घरवालों ने उसके आने-जाने पर पाबंदी लगा दी। इसी के बाद से उसने तय किया कि वो अपनी मोहब्बत की बर्बादी का बदला लेगा।

पुलिस का दावा है कि इसी के बाद ही रियाज ने रेशम का खात्मा करने का फूल-प्रूफ प्लान तैयार किया। योजना के तहत उसने रायबरेली के अपने एक रिश्तेदार से उसकी कार ली। चाकू, एसिड खरीदकर वह एक फरवरी की दोपहर लखनऊ पहुँचा और रेशम के घर से बाहर निकलने का इंतजार करने लगा। जैसे ही वह घर से बाहर निकली, रियाज ने उसका अपहरण कर लिया और जबरन कार में बिठा लिया। इसके बाद जो कुछ भी हुआ, उसका जिक्र ऊपर किया जा चुका है।

रेशम की जिंदगी तबाह नहीं होती, अगर रियाज के दिमाग में एकतरफा प्यार का जहरीला कीड़ा नहीं लगता। लेकिन इसके पीछे कसूर पितृसत्तात्मक सोच का भी है, जो लड़कियों को अपनी चाहत का सामान मानती है। अगर रियाज की शादी वक्त पर हो गई होती तो रेशम की उम्र के बराबर उसकी बेटी होती। रियाज रेशम के साथ खेलता था, उसके लिए टॉफियाँ लाता था और बाहर घुमाने ले जाता था। लेकिन छोटी बच्ची के साथ खेलते-खेलते कब और क्यों उसके मन में रेशम के प्रति आकर्षण पैदा हो गया, इसकी खबर किसी को भी नहीं हुई।

रियाज ने अपने जिन इरादों को दुनिया की निगाह से छिपा रखा था, सबसे पहले उसकी खबर रेशम को ही लगी। 10-12 साल की होते-होते वह अपने

मामा के गंदे इरादों को भाँपने लगी थी। ईश्वर ने छोटी बच्चियों से लेकर हर उम्र की औरतों में यह ताकत दी है कि वह अच्छे और बुरे स्पर्श का फर्क समझ लेती है। वह भी समझने लगी थी। मामा की बदनीयती उसकी मासूम नजरों से छिपी नहीं रह सकी। उसने इस बारे में अपने नाना-नानी को भी बता दिया कि उसे रियाज मामा अच्छे नहीं लगते।

रियाज की हकीकत जानकर सिद्दकी परिवार के पैरों तले से जमीन खिसक गई। जिस इंसान पर भरोसा करके सिद्दकी परिवार ने उसे अपना हिस्सा बनाया था, वो रिश्तों का सबसे बड़ा कातिल निकला। रेशम के नाना कबीर अहमद सिद्दकी को याद है, ‘‘बच्ची ने इशारों-इशारों में मुझे रियाज के बारे में बताया तो मैं अपने गुस्से पर काबू नहीं रख पाया। उसी समय उसे घर से निकल जाने को कहा। लेकिन हमें नहीं पता था कि हमारी बच्ची को नुकसान पहुँचाने के लिए वह इस हद तक चला जाएगा।’’

रेशम को नुकसान पहुँचाने के लिए वह हर तरह के हथकंडे अपना रहा था। उसने रेशम का फेसबुक आई.डी. हैक कर लिया था। यहाँ तक कि वो उसके घर से बाहर निकलने के वक्त पर भी निगाह रखता था। आखिरकार जब उसे मौका मिला तो उसने अपनी घृणित हरकत को अंजाम तक पहुँचा ही दिया।

एसिड डालकर भी उसकी नफरत और बदले की आग यहीं नहीं बुझी थी। उसने जेल से निकलने के बाद भी रेशम को देख लेने की धमकी दी थी। उसके परिवारवालों ने इसकी शिकायत पुलिस से की। इसी के बाद पुलिस ने रियाज के ऊपर ‘राष्ट्रीय सुरक्षा कानून’ (एन.एस.ए.) की धाराएँ लगाईं।

परिवार का साथ

तत्कालीन एस.एस.पी. प्रवीण कुमार के मीडिया को दिए इस बयान को देखिए, ‘‘आरोपी ने गिरफ्तारी के बाद भी पीड़ित को धमकी दी है कि वह बाहर आने के बाद उसे फिर नुकसान पहुँचाएगा। चूँकि आरोपी पीड़ित का रिश्तेदार है, इसलिए इस बात की पूरी संभावना है कि वह उन्हें धमकाकर, दवाब बनाकर केस को प्रभावित करने की कोशिश करे और पीड़ित को नुकसान पहुँचाए। पीड़ित की सुरक्षा को देखते हुए ही रियाज के ऊपर एन.एस.ए. लगाया गया है।’’

इसे रेशम की खुशकिस्मती कही जाएगी कि न्याय के लिए उसके संघर्ष में उसका परिवार उसका साथ दे रहा था। रेशम के मामा इरफान की कोशिशों का नतीजा था कि रियाज के ऊपर 'प्रोटेक्शन ऑफ चाइल्ड फ्रॉम सेक्सुअल ऑफेंस' (पास्को) एक्ट लगाया गया, जबकि पुलिस ने तो इसमें चूक कर दी थी।

इरफान बताते हैं, ''मैं हैरान था पुलिस के रवैए से। घटना के वक्त मेरी बच्ची नाबालिग थी, पर पुलिस ने पास्को एक्ट नहीं लगाया था। मैंने पुलिस का ध्यान बार-बार इस ओर दिलाया, पर पुलिस चार्जशीट दाखिल कर चुकी थी, इसलिए अब पुलिस को इसमें दिक्कत आ रही थी।''

मार्च 2014 में इरफान ने पुलिस के इस ढुल-मुल रवैए और घटना के 15 दिन के अंदर मुआवजा नहीं मिलने की सुप्रीम कोर्ट से शिकायत कर दी। शिकायत की एक कॉपी इलाहाबाद हाई कोर्ट और प्रदेश के मुख्यमंत्री को भेजी। इस शिकायत से पुलिस विभाग में हड़कंप मच गया। दो दिन बाद ही पुलिस फिर से रेशम का बयान दर्ज करने पहुँची और रियाज पर पास्को एक्ट भी लगाया गया।

जिस वक्त रियाज पर 'पास्को' लगाया गया, उसके परिवारवाले जमानत की कोशिशों में लगे थे। पर पुलिस के कड़े रवैए, एन.एस.ए. और पास्को एक्ट के बाद रियाज को अहसास हो गया था कि उसका बचना मुश्किल है। वहीं

बहादुर रेशम के जज्बे का सम्मान

अखबारों के जरिए उसे यह खबर भी मिल रही थी कि प्रशासन इस मामले को अब कितनी गंभीरता से ले रहा था। जेल में ही उसे रेशम को 'वीरता पुरस्कार' दिए जाने की सूचना मिल गई थी।

28 दिसंबर, 2014 को अखबारों के जरिए रेशम के परिवारवालों को पता चला कि रियाज अहमद ने 26 तारीख को जेल में खुदकुशी कर ली। इरफान बताते हैं, ''जब से अहमद को यह पता चला कि रेशम को 'राष्ट्रीय वीरता पुरस्कार' मिलेगा और यह पुरस्कार राष्ट्रपति देंगे, तब से वह काफी मानसिक दबाव में था। शायद यही वजह है कि उसने हताशा में आकर आत्महत्या कर ली।''

मीडिया भी लगातार रेशम के मुद्दे को प्रमुखता से उठाती रही। उत्तर प्रदेश सरकार ने इस मामले को संवेदनशीलता से लिया। महिला और बाल कल्याण विभाग की तत्कालीन प्रमुख सचिव रेणुका कुमारी ने खासतौर पर रेशम के केस पर ध्यान दिया और समय-समय पर उसकी मदद की।

रेणुका कुमार ने एसिड पीड़ितों की आर्थिक मदद के लिए बनाए गए 'रानीलक्ष्मी बाई महिला सम्मान कोष'' की स्थापना करने में भी प्रमुख भूमिका निभाई थी। प्रदेश के मुख्यमंत्री अखिलेश यादव खुद एक कार्यक्रम में इस बात का जिक्र कर चुके हैं कि इस कोष की स्थापना में उनकी सांसद पत्नी डिंपल यादव और रेणुका कुमारी का खास योगदान है।

कुमार बताती हैं, ''वह बच्ची बहुत बहादुर है। जब मैंने मीडिया में उसकी

बहादुरी की कहानी पढ़ी, मैं उसकी कायल हो गई। जिस हिम्मत से उसने हालात का सामना किया, वो एक मिसाल है। समाज का और सरकार का यह फर्ज बनता है कि ऐसी बच्चियों की हौसलाअफजाई हो। सरकार ने रेशम को 'रानी लक्ष्मीबाई पुरस्कार' से सम्मानित भी किया है। उसकी पढ़ाई का खर्च भी सरकार उठाए, इसके लिए प्रयास जारी हैं।''

हालाँकि राज्य सरकार की ओर से यह तत्परता पहले नहीं दिखाई गई थी। 'इंडियन काउंसिल फॉर चाइल्ड वेलफेयर' में जब 'भारत पुरस्कार' के लिए चुनी गई, रेशम का परिचय मीडिया से कराया जा रहा था, तब तक राज्य सरकार को इस पुरस्कार के बारे में इसकी जानकारी नहीं थी।

बकौल इरफान, ''इस पुरस्कार के लिए उसकी दावेदारी मैंने व्यक्तिगत स्तर पर की थी। जिला प्रशासन को इसकी जानकारी नहीं थी। जब दिल्ली में रेशम ने मीडिया के सामने यह कहा कि उसे राज्य सरकार की ओर से अब तक कोई सहायता नहीं मिली है, तब राज्य सरकार ने इस मामले को गंभीरता से लिया।''

परिवार का साथ और सरकार का समर्थन पाने की वजह से रेशम इस हादसे को भूलने की कोशिश कर रही है। इन दिनों रेशम दिल्ली के जामिया मिलिया इस्लामिया विश्वविद्यालय से ग्रेजुएशन कर रही है। विश्वविद्यालय में उसे सबका प्यार और सम्मान हासिल है। क्या सीनियर, क्या जूनियर, सबके बीच वो उनकी स्टार है।

अब रेशम की आँखों में भारतीय प्रशासनिक अधिकारी बनने के सपने पलने लगे हैं। उसका सपना है कि वो आई.ए.एस. की परीक्षा पास कर देश की सेवा करे।

रेशम के शब्दों में, ''जहाँ भी डी.एम. बनकर जाऊँगी, उस इलाके में एसिड की बिक्री नहीं होने दूँगी, और अगर इस बारे में नीति-निर्माण की भूमिका मिलेगी तो एसिड का इस्तेमाल हिंसा के लिए बंद करने के लिए संघर्ष करूँगी।''

छोटी उम्र में एसिड हमले जैसे जघन्य अपराध का शिकार होनेवाली रेशम को लगता है कि सरकार को ऐसी घटनाओं पर तत्परता और संवेदनशीलता दिखानी चाहिए। उसका कहना है, ''सुप्रीम कोर्ट का निर्देश है कि घटना के 15 दिन के भीतर पीड़ित को मुआवजा दिया जाए, पर मुझे यह सहायता राशि

जल्दी नहीं मिली। मेरा परिवार तो फिर भी इस बात के लिए सक्षम था कि वह मेरा इलाज करा सके, लेकिन उन पीड़ितों के बारे में सोचा जाना चाहिए, जो गरीब परिवार से होती हैं और जिनके परिवारवाले इस संघर्ष में उनका साथ नहीं देते।''

इस बहादुर लड़की के जज्बे को सलाम!

sirfan@hotmail.com

❑

7

वो बार-बार मरती रही…

अनु मुखर्जी

नाम अनु मुखर्जी, उम्र 35 साल, रिहाइश दक्षिण दिल्ली की एक तंग गली में और रिश्ते के नाम पर छोटे भाई का साथ, जो उसके जीने का एकमात्र मकसद है। उसके पास ऐसा कुछ भी नहीं, जो उसकी जिंदगी की कहानी में आपकी दिलचस्पी की वजह बने। फिर इसे जाने बिना आप उसकी वह व्यथा नहीं समझ पाएँगे कि किस तरह किसी की जलन ने उसे जीने के काबिल नहीं छोड़ा।

अनु एक बार डांसर थी। ये बताने में अनु को आज भी जरा भी शर्म महसूस नहीं होती। बकौल अनु, ''आप मुझसे नफरत करने को आजाद हैं, लेकिन मुझे ये कहने में कोई संकोच नहीं कि दिल्ली के एक होटल में मैंने बार डांसर के तौर पर वो सबकुछ किया, जो शरीफों की नजर में हेय माना जाता है।''

हर रोज जब शाम का अँधेरा पसरता, होटल के बार में शरीफों और रईसजादों की महफिल सजती तेज म्यूजिक का शोर उठता, जाम से जाम टकराते, सिगरेट के कश खींचे जाते और अनु और उसके जैसी बार बालाएँ उस महफिल में जान डालने उतर जाया करतीं। संगीत की धुनों पर उनके कदम थिरकते और उनके साथ-साथ पूरी महफिल थिरकती। वो मजबूरी के ठुमके थे, जो वे लगातीं और उन पर अपनी संपन्नता का प्रदर्शन करते, अमीरजादे नोटों की बारिश करते।

अनु बताती है, ''हमारी हर अदा की कीमत थी, हमारा हर अंदाज अनमोल था। हमें पैसों की तलाश होती और उन्हें पैसे लुटाने के मौकों की। जो सबसे

हमले से पहले अनु

दिलकश, उसके ठुमकों की सबसे ज्यादा कीमत। देर रात तक महफिल चलती और महफिल के बाद उन नोटों की गिनती, जो सभी लड़कियों पर लुटाए जाते। जिस पर नोटों की जितनी बारिश, मालिक की नजर में वो उतनी ही कामयाब। यानी कि सभी लड़कियों की कीमत नोट की गड्डियों की गहराई से तय होती।''

आप सोच रहे होंगे कि अनु बार डांसर के धंधे में आखिर आई ही क्यों? दरअसल, उसे डांस करना हमेशा से पसंद रहा। बच्ची थी तो रेडियो पर गाने सुनकर नाचने लगती। आईने के आगे खड़े होकर ठुमके लगाते हुए उसे अजीब खुशी मिलती। डांस में डूब जाना उसे अच्छा लगता। लेकिन वह यह सच बताना चाहती है कि उसने पेट पालने की मजबूरी के कारण नहीं, बल्कि डांस करना पसंद होने के कारण ही यह नौकरी की थी। पेट पालने के लिए तो वह छोटी नौकरी कर ही रही थी, लेकिन डांस से जुड़ा ग्लैमर उसे होटल तक खींच लाया था।

हालाँकि यह भी सच है कि वह दिल्ली आएगी, होटल में डांस करेगी, ऐसा उसने कभी नहीं सोचा था। उसका पूरा परिवार कोलकता में रहता था— पिता, माँ, और भाई। पिता की मजबूरी उसे कोलकाता से दिल्ली ले आई। पिता वकील थे। कमाई छोटी थी, इतनी छोटी कि परिवार की जरूरतें पूरी ही नहीं हो पाती थीं। दूसरी तरफ अनु के मौसा-मौसी दिल्ली में रहते थे, पत्थरों की बिक्री का कारोबार करते थे, यानी परिवार संपन्न था, लेकिन वे बेऔलाद थे। अनु के जन्म के बाद से ही मौसी जब भी मिलती, उसकी माँ से अपनी संतान नहीं होने का रोना रोती।

गुरबत से जिल्लत तक

मौसी ने माँ से मिन्नतें करके अनु को माँग लिया था। ये कहा था कि उसे दिल्ली भेज दो अपनी बेटी की तरह दिल से लगाकर पालूँगी। माँ ने सोचा, वहाँ कमाई अच्छी है, बेटी मौसी के पास रहेगी तो सुखी रहेगी। लेकिन उसे हमेशा

यह लगता है कि उसकी माँ गलत थी। गुरबत की जिंदगी से तो वह निकल आई, लेकिन जिल्लत की गर्त में धँसती चली गई।

वह जब मौसी के पास आई तो उसकी उम्र महज तीन साल थी। दिल्ली आने पर शुरू में तो सब ठीक रहा, लेकिन धीरे-धीरे मौसी की असलियत सामने आती गई। मौसी को संतान नहीं, नौकरानी की चाहत थी। शुरू के एक-दो साल तक तो सब ठीक रहा, लेकिन अनु के पाँच साल के होते ही मौसी ने उसकी प्रताड़ना शुरू कर दी। सुबह चार बजे उठकर उससे घर के बरतन धुलवाती, साफ-सफाई का पूरा काम करवाती और सबके लिए खाना बनवाती।

धीरे-धीरे मौसी के आतंक ने उसके बालमन को इस कदर घेर लिया कि वह मौसी से खाना माँगने की भी हिम्मत नहीं कर पाती। मौसी का जुल्म बढ़ता गया। मार-पिटाई रोजाना की बात हो गई। पाँच साल की उम्र ही क्या होती है? उसी उम्र में अनु ने जिंदगी की तमाम तल्खियाँ देख लीं।

पड़ोसियों के कहने पर मौसी ने सरकारी स्कूल में दाखिला तो करा दिया, लेकिन उसकी पढ़ाई पर मौसी के घर का काम भारी पड़ जाता। मौसी काम के बहाने उसे स्कूल जाने से रोक लेती और फिर दिन भर उनकी ज्यादती चलती रहती।

सोचा, बहुत सोचा, मौसी की गिरफ्त से खुद को बाहर निकालने का। लेकिन कैसे निकलती? किससे कहती? एक बार माँ कोलकता से आई तो यह सोचकर उन्हें अपना दुखड़ा बताया कि मौसी की ज्यादती की कहानियाँ सुनने के बाद वह एक मिनट भी उसे यहाँ नहीं रहने देगी, पर उसकी सोच जिंदगी की हकीकत के आगे ठहर गई।

अनु को याद है, "मैंने माँ से कहा, यहाँ से ले चलो माँ, मौसी बहुत मारती है, मैं यहाँ नहीं रहना चाहती, लेकिन उनका जवाब सुनकर मेरा कलेजा बैठ गया था। माँ ने कहा, 'देखो तुम तो जानती हो कि तुम्हारे बाबा मुश्किल से घर चला पाते हैं। यहाँ रहने से हम तुम्हें लेकर बेफिक्र रहते हैं। भगवान् ने चाहा तो मौसी अच्छे घर में तुम्हारी शादी भी करा देंगी, इसलिए किसी तरह निभा लो।' "

आज तक अनु सोचती है, कितनी गलत थी माँ! उसकी उम्मीदें बेबुनियाद थी। मौसी के दिल में मेरे लिए कोई ममता नहीं थी। उनके लिए वह इस्तेमाल का सामान थी, जिसे मेरे माँ-पिता की मजबूरी ने उनके आसरे ला बिठाया था।

छोटी सी बच्ची ने मौसी की ज्यादतियों को ही अपनी तकदीर मान लिया। बस उसे खुशनसीबी इस बात की महसूस होती थी कि माँ-बाबा का साया तो है उसके सिर पर, जहाँ जरूरत पड़ने पर वह सुकून की चंद साँसें ले सकती थी। पर

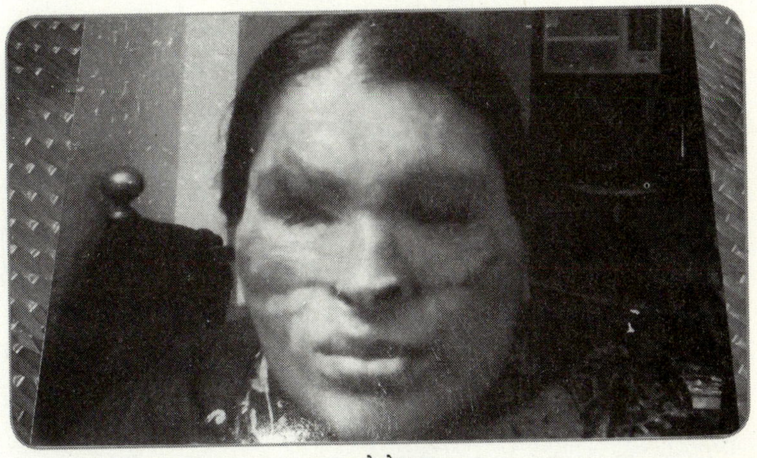

हमले के बाद

बदनसीबी उसके पीछे हाथ धोकर पड़ी थी।

एक बार माँ-बाबा दिल्ली आए। मौसा ने पत्थरों की खरीददारी करने उन्हें जयपुर भेजा। लौटते वक्त सड़क हादसा हुआ। माँ-बाबा दोनों की मौत हो गई। किस्मत अच्छी थी, सो छोटा भाई हादसे में बाल-बाल बच गया। लेकिन छोटा भाई अब अनु की जिम्मेदारी भी बन गया। अब तक वह 13 साल की हो गई थी और जिम्मेदारियों को खूब समझने लगी थी।

दोनों भाई-बहनों को अब मौसी के सहारे ही रहना था। उस हादसे के बाद मौसी पूरी तरह अमानवीय हो गई। यकीन करिए 22 साल पहले के उस हादसे को याद करते हुए आज भी अनु के रोएँ खड़े हो जाते हैं। माँ-पिता के गुजर जाने के बाद मौसी का आतंक अब दोनों भाई-बहनों पर बढ़ता गया। एक दिन तो उसने हद ही कर दी। हाथ में लाल रंग की साड़ी लेकर वो उसके पास आई और कहा, ''ठीक से नहा-धो लेना और शाम में यही साड़ी पहनना।''

दोनों भाई-बहन हैरान रह गए। समझ में नहीं आ रहा था कि आखिर यह साड़ी किसलिए है? शाम हुई तो तस्वीर साफ हो गई। 13 साल की एक बच्ची के लिए मौसी-मौसा 80 साल का दूल्हा ढूँढ़ लाए थे। अनु की शादी उसी बुड्ढे से कराने की तैयारी हो चुकी थी।

मंजिल से अंजान

वह उस समय महज एक बच्ची थी। जिंदगी का न तो तजुर्बा था और न ही

फैसला लेने की हिम्मत। लेकिन उस दिन उसके अंदर ना जाने कहाँ से ताकत आ गई। उसने एक बड़ा फैसला कर लिया। छोटे भाई का हाथ थामे वह मौसा-मौसी के घर से निकल गई। किस रास्ते जाना है, किस मंजिल तक पहुँचना है, कुछ भी पता नहीं था?

मुश्किल की उस घड़ी में एक सहेली के घरवाले मददगार बने, रहने का ठिकाना दिया और लाडो सराय में धागे की फैक्टरी में नौकरी भी लगवा दी। जिंदगी रफ्ता-रफ्ता आगे बढ़ने लगी। एक साल बाद एक अहम मोड़ आया और उसने खुद को दिल्ली के एक होटल में मौजूद पाया।

उसकी जिंदगी ने अचानक करवट ली थी। एक दिन सुबह काम पर जाते समय उसकी सहेली ने अखबार में छपा विज्ञापन दिखाया। विज्ञापन की पंक्तियाँ थीं, 'एक फाइव स्टार होटल को बार डांसर चाहिए। डांस आना जरूरी है।'

उस वक्त उसकी समझ इतनी समृद्ध नहीं थी कि वह बार डांसर की नौकरी के तमाम पहलुओं को समझ पाती या उस पर सोच पाती। उसे डांस करना पसंद था और इस नौकरी के लिए कोशिश करने की इतनी ही वजह उसके लिए काफी थी।

उसे 22 साल पहले का वो दिन आज भी याद है, ''जब मैं ऑडिशन देने घर से निकली थी, ऑडिशन के लिए टाइट-फिटिंग की पैंट और टॉप पहनना जरूरी था। मैंने पहले कभी ऐसे कपड़े नहीं पहने थे। काफी हिचकी थी मैं उस दिन उन कपड़ों को पहनते हुए। बड़ी मुश्किल से कपड़ों का जुगाड़ हुआ था। किसी ने मुझसे ये भी कहा था, 'वहाँ बड़े-बड़े लोग आते हैं, फिल्म डायरेक्टर भी आते हैं। अच्छा डांस किया तो क्या पता फिल्मों में चांस मिल जाए और तुम्हारी तकदीर खुल जाए'।''

यही सब सोचते हुए वह होटल की तरफ चल पड़ी और उसी दिन से उसकी जिंदगी भी बदल गई।

शुरु-शुरू में उसे सबकुछ अटपटा लगा, लेकिन रोज-रोज होनेवाली पैसों की बारिश उसे धीरे-धीरे अच्छी लगने लगी। बार डांस में उसकी मौजूदगी उन रईसों के लिए मायने रखने लगी, जो उस पर पैसे लुटाने को बेताब रहते। होटल के मालिक की नजरों में उसकी अहमियत बढ़ने लगी। वह बहुत खुश थी। ऐसा नहीं था कि बार में डांस करना उसे पसंद था, लेकिन पैसे आ रहे थे, उसकी जिंदगी की जरूरतें पूरी हो रही थीं और सबसे सुकून की बात ये थी कि उन पैसों से वह अपने छोटे भाई को पढ़ा पा रही थी।

सुकून के छोटे दिन

सुकून के वे दिन ज्यादा लंबे नहीं रहे। होटल में पहले से काम करनेवाली और ग्राहकों में बहुत मशहूर सिमरन उर्फ मीना खान को यह बात खलने लगी थी कि अनु के कद्रदान बढ़ने लगे हैं और उसकी पूछ कम होती जा रही है। जैसे-जैसे अनु के गुरबत के दिन ढल रहे थे, वैसे-वैसे सिमरन यानी मीना खान के दिल में उसके लिए दुश्मनी बढ़ रही थी।

वह ग्राहकों की चहेती बनती जा रही थी और मीना का वक्त ढलता जा रहा था। जब वह पहली बार बार डांसर के पेशे में आई तो मीना ही उसकी मददगार बनी थी। उसने ही उसे इस पेशे के तमाम गुर सिखाए। उसके होटल में आने से पहले बार डांसरों में मीना का ही डंका बजता था।

वो होटल की सबसे बेहतरीन बार डांसर मानी जाती थी। लेकिन उम्र के असर से कौन बच पाया है! ये बात मीना खान कभी नहीं समझ पाई कि वो अपने आप से हार रही थी, अपनी उम्र से हार रही थी, वक्त से हार रही थी। लेकिन उसका मन हकीकत को स्वीकार करने को राजी नहीं था। ग्राहकों में अपने ढलते आकर्षण की वजह उसने अनु को माना।

अनु बताती है, "धीरे-धीरे मीना मुझसे नफरत करने लगी। उसने कई बार मुझे इशारों में समझाया, 'होटल छोड़ दो, वरना तुम्हारे लिए अच्छा नहीं होगा।' मैंने शुरू-शुरू में इसे मीना का मजाक समझा और यही गलती कर दी। उसकी बातों में छिपी धमकी को मैं समझ नहीं पाई। काश, मैं उसे संजीदगी से लेती तो मेरी जिंदगी नर्क बनने से बच जाती।"

नवंबर 2004 की एक रात को जब अनु सोने की तैयारी कर रही थी, तभी फोन की घंटी बजी। फोन पर दूसरी तरफ मीना खान का भाई कयूम था। उसने उसे सीधे धमकाते हुए उसे अपनी बहन के रास्ते से हट जाने को कहा, वरना अंजाम भुगतने की चेतावनी दी। इस धमकी से वह पहली बार नर्वस हुई थी। उसे इतना डर लगा कि अगली सुबह थाने जाकर उसने इस बात की शिकायत दर्ज करा दी। थाने में शिकायत करने के बाद भी उसके मन में यह विश्वास था कि चाहे जो हो जाए, मीना खान इस हद से आगे नहीं जाएगी।

अगले दिन पुलिस होटल पहुँची, मीना को धमकाने के आरोप में गिरफ्तार करने, पर होटल के मालिक ने पुलिस को समझा-बुझा लिया। होटल की साख का सवाल था, इसलिए उसने अनु और मीना से भी बात की। उसने यही समझा कि ये मामला यहीं खत्म हो गया है और उसने अपने दिल से वो बात निकाल दी। लेकिन मीना खान ने जलन और नफरत की आग को अपने सीने में धधकाए रखा।

31 नवंबर को मीना के भाई का धमकी भरा फोन फिर आया औ‹ 19 दिसंबर को, यानी 20 दिन बाद मीना खान उसके सामने फिर खड़ी थी।

अनु को याद है, ''वह दिसंबर की शाम थी। मैं उस समय ईस्ट ऑफ कैलाश में रहती थी। अपने घर से ऑटो पकड़कर होटल के लिए निकली। गली के आखिर छोर पर मीना अपने भाई के साथ खड़ी थी। मैंने ऑटो रुकवाया और पूछा, 'आज काम पर नहीं जाना है क्या?' जैसे ही ऑटो रुका, मीना के भाई ने अपनी शॉल हटाई और मेरे ऊपर एसिड की पूरी बोतल उड़ेल दी।''

वह कुछ नहीं समझ पाई। जहाँ-जहाँ एसिड के छींटे पड़े थे, वहाँ-वहाँ नसों को सिकोड़नेवाली जलन शुरू हो गई थी। देखते-ही-देखते आँखें चिपकने लगीं और दिखना बंद हो गया। उसके शरीर से कपड़े उतरने लगे और त्वचा मोमबत्ती की तरह पिघलकर गिरने लगी। उस समय केवल ऑटो ड्राइवर ही उसके साथ था। उसने इंसानियत दिखाई और अपनी शर्ट खोलकर अनु की लाज ढक दी। वह तुरंत उसे अपोलो अस्पताल में भर्ती कराने भी लेकर गया। मोहल्ले के कुछ लड़कों ने अनु के भाई को इस घटना की खबर दी। उस समय अनु के छोटे भाई राजू की उम्र सिर्फ 14 साल थी और वो स्कूल में पढ़ रहा था।

जाने-माने मनोवैज्ञानिक समीर पारिख आमतौर पर किसी भी इंसान के अपने जज्बातों पर काबू नहीं रख पाने की प्रवृत्ति को व्यक्ति के पारिवारिक पृष्ठभूमि से जोड़कर देखते हैं। वे कहते हैं कि आमतौर पर दूसरों को तकलीफ पहुँचाने की कोशिश वही इंसान करता है, जिसके घर में पारिवारिक मूल्यों की कमी होती है। कोई भी इंसान जलन और ईर्ष्या जैसे नकारात्मक भावनाओं पर काबू पा सकता है इसके लिए परिवार में संयम, धैर्य और सहनशीलता की समझ विकसित करना जरुरी है।

मीना में इसी सहनशीलता की कमी थी जिसकी वजह से उसने अनु की जिंदगी को आग में धकेल दिया। इस घटना की खबर मिलते ही पुलिस अपोलो अस्पताल आई। उसने बयान लिया और उसी बयान के आधार पर मीना और उसके भाई कयूम खान को गिरफ्तार कर लिया गया। अपोलोवालों ने उसे बताया कि यहाँ इलाज का खर्च बहुत आएगा, इसलिए उसे सफदरजंग अस्पताल में रेफर कर रहे हैं।

उसी रात साढ़े बारह बजे के करीब उसे सफदरजंग अस्पताल भेज दिया गया, जहाँ आई.सी.यू. में उसके साथ एक ऐसा वाकया हुआ, जिसे सुनकर कोई भी काँप जाए।

बार डांसर की नौकरी में उसने खूब दौलत बनाई थी। घटना के समय वह होटल के लिए ही जा रही थी, इसलिए उसने कान में हीरे के बूँदे और और नाक

जिंदगी को पटरी पर लाने की कोशिश

में हीरे की बाली पहने हुए थे। अस्पताल में वह बेहोशी की हालत में थी। उसकी इसी हालत का फायदा उठाकर सफदरजंग अस्पताल का एक शख्स तेज धार औजार से आभूषण निकालने की कोशिश कर रहा था। साथ ही दूसरे हाथ से उसके जख्मी जिस्म को दबा रहा था। एक जख्मी महिला के साथ वो शख्स वासना पूरी करने की कोशिश कर रहा था।

मेरी आँखें बंद थीं, लेकिन मैं महसूस कर पा रही थी कि वो शख्स मेरे साथ क्या कर रहा है—''उस हालत में भी मैं बदहवासी से चीखी और उसे अपने पाँव से जोर का धक्का दिया। चीख सुनकर डॉक्टर आए तब वो वहाँ से भागा।''

जमीनी हकीकत का सामना

आनेवाला हर पल उसकी जिंदगी पर बहुत भारी गुजर रहा था। तीन महीने तक वह सफदरजंग अस्पताल में रही। डॉक्टरों की तमाम कोशिशों के बावजूद उसके जिस्म का हिस्सा गलता जा रहा था। जिस जिस्म की खूबसूरती पर नोटों की बारिश होती थी, उसी जिस्म से रिसते घावों की बदबू से लोग दूर भागने लगे थे। शरीर और रंग-रूप पर बुरे वक्त का असर पड़ गया था। सहेलियों ने फोन उठाना बंद कर दिया, पड़ोसियों ने पहचानना, नाते-रिश्तेदार तो पहले ही नहीं थे।

बस छोटे भाई राजू का साथ हर पल था। यह भाई की फ़र्ज अदायगी का वक्त था। उसने पूरे मन से अपना यह फर्ज निभाया। बहन की आँखों के इलाज के लिए वह पंजाब से लेकर हैदराबाद तक घूमता रहा। अनु कहती है, ''लोग ईश्वर से सात जन्मों तक जीवनसाथी का साथ माँगते हैं, लेकिन मैं अपने इस भाई के लिए दुआ माँगती हूँ, चाहती हूँ हर जन्म में यही मेरा भाई बने।''

बड़ी लंबी है अनु की मुश्किलों की कहानी, जो हर बीते दिन के साथ बढ़ती जा रही थी। डॉक्टर और हॉस्पिटल के चक्कर में जल्द ही उसकी सारी जमा पूँजी खत्म हो गई, जेवर बिक गए, घर के बरतन तक बेचने पड़ गए। ''रात के अँधेरे में कभी-कभी

राजू की सिसकियाँ सुनाई देतीं तो समझ पाती कि उसके दिल का क्या हाल है।''

एक रात राजू ने उससे कहा, ''हम मर क्यों नहीं जाते? ऐसी घुटन और मुश्किलों भरी जिंदगी कैसे जीएँगे?'' भाई को ऐसे टूटता देख वह भारी मन से उसका हौसला बढ़ाती। पर अंदर-ही-अंदर खुद से भी सवाल करती कि आखिर मेरे ही जीने का अब क्या मकसद था? अवसाद, उलझन और हताशा के उन दिनों में उसने तीन बार आत्महत्या की कोशिश की, लेकिन जिंदगी कई बार बेहद सख्त हो जाती है। आसानी से पीछा कहाँ छोड़ती है? यहाँ भी ऐसा ही हुआ था।

2009 आते-आते बहन की इलाज के खातिर भाई को नौकरी करने पर मजबूर होना पड़ा। उसे हार्डवेयर की दुकान पर तीन हजार रुपए की नौकरी मिली। तीन हजार की रकम ही क्या होती है? फिर भी जिंदगी की गाड़ी आगे बढ़ने लगी। इधर दिल्ली के पटियाला कोर्ट में मामले की सुनवाई भी जारी थी। जनवरी 2011 में फैसला आया। मीना खान उर्फ सिमरन और उसके भाई कयूम को अदालत ने पाँच साल की सजा सुनाई। मीना खान चार-पाँच महीने और कयूम 18 महीने की सजा पाकर छूट गए। दोनों ने इस फैसले के खिलाफ हाईकोर्ट में अपील दायर कर दी।

कानून का साथ

बकौल अनु, ''उन्होंने मेरी जिंदगी जिस तरह से तबाह की थी, उस हिसाब से यह सजा नाकाफी थी। क्या किसी की जिंदगी बर्बाद करने की सजा केवल पाँच साल होनी चाहिए? मैं इस लड़ाई को आगे ले जाना चाहती थी। लेकिन मेरे पास कानूनी लड़ाई के लिए न तो पैसे थे, न ही हिम्मत। ऐसे में सुप्रीम कोर्ट की वरिष्ठ वकील कमलेश जैन ने मेरा साथ दिया। उन्होंने मीना खान और कयूम खान की सजा बढ़ाने के लिए दिल्ली हाईकोर्ट में मेरे केस की पैरवी की, निशुल्क पाँच साल तक मेरा केस लड़ती रहीं और जोरदार तरीके से कोर्ट में बहस की। उनकी लड़ाई और मेरे सब्र का फल हमें मिला। अदालत ने 27 मई, 2016 को दोनों को दस साल की सजा सुनाई है। अब जाकर मुझे सही न्याय मिला है, यही इंसाफ का तकाजा भी है।''

कमलेश जैन कहती हैं, ''अनु ही नहीं, मैंने कई एसिड हमले की शिकार लड़कियों को तिल-तिल मरते देखा है। सरकार, न्यायपालिका और समाज किसी पर भी होनेवाले इस तरह के हमले संवेदनशीलता से समझते ही नहीं हैं, इसलिए दोषियों को इतनी कम सजा होती है। आरोपियों को केवल पाँच साल या उससे कम की सजा किसी भी तरह न्यायसंगत नहीं है। मैंने जब पहली बार अनु के केस के बारे में सुना, तभी लगा कि उसे न्याय नहीं मिला है। इसलिए मैं इस लड़ाई को

आगे लेकर आई और अदालत में इस बात की दलील दी थी कि अनु के विकृत चेहरे और उसकी पीड़ा देखने के बाद उसे सही इंसाफ मिलना ही चाहिए।''

हाईकोर्ट ने 'दिल्ली लीगल सर्विस अॅथोरिटी' को अनु को उचित मुआवजा देने का भी निर्देश दिया है। अनु कहती है, ''मैं अब तक 22 सर्जरी में 35 लाख रुपए खर्च कर चुकी हूँ।'' इस सब की वजह से उस पर सात लाख रुपए का कर्ज भी है। वह इस बात से मायूस है कि वह दिल्ली की पूर्व मुख्यमंत्री शीला दीक्षित, कांग्रेस अध्यक्ष सोनिया गांधी और यहाँ तक कि लोकसभा चुनाव 2014 के समय भाजपा के प्रधानमंत्री पद के उम्मीदवार और गुजरात के तत्कालीन मुख्यमंत्री नरेंद्र मोदी तक अपनी पीड़ा पहुँचाई, लेकिन सिवाय वादे के उसे कुछ नहीं मिला। अनु को इस बात का भी मलाल है कि दिल्ली के मुख्यमंत्री अरविंद केजरीवाल और यहाँ तक कि 'दिल्ली महिला आयोग' ने भी उसे बहुत निराश किया।

बहरहाल, जिंदगी में हुए तमाम तजुर्बा के बीच अनु सुप्रीम कोर्ट के जस्टिस कूरियन जोसेफ की बहुत शुक्रगुजार है। उनकी पहल पर ही उसे जूनियर कोर्ट अटेंडेंट की नौकरी मिल गई, जहाँ उसे फोन सुनने और फाइलों को सँभालने का काम करना होता है।

अनु की बातों में जज साहब के लिए बहुत सम्मान झलकता है। वह कहती है, ''जज साहब बहुत अच्छे हैं, उसी नौकरी की बदौलत मैं जिंदा हूँ और मेरा हौसला जिंदा है'' हालाँकि इस नौकरी में मिलनेवाले 18 हजार रुपए से उसके इलाज का खर्च नहीं निकल पाता है लेकिन फिर भी जिंदगी को चलाने के लिए यह रकम भी बहुत मायने रखती है।

सुप्रीम कोर्ट के जज जस्टिस कूरियन जोसेफ कहते हैं, ''एक टी.वी. कार्यक्रम में अनु की कहानी देखने के बाद मैंने अनु मुखर्जी को नौकरी देने के बारे में सोचा। मेरी राय का विरोध भी हुआ। कहा गया कि अनु अपनी आँखों की रोशनी खो चुकी है, वह कैसे काम करेगी? मैंने कहा कि यदि मेरे साथ ऐसा होता या मेरी पत्नी और बहन के साथ ऐसा होता तो मैं क्या करता? क्या मुझे नौकरी से निकाल दिया जाता? मैं अनु को नौकरी देने के लिए अपनी बात पर अड़ा रहा और कहा कि उसे प्रशिक्षण दीजिए। मेरे भरोसे का नतीजा निकला और अब देखिए अनु काम कर रही है।''

तमाम झंझावतों को झेलती अनु आज जीवन के जिस पड़ाव पर है, उसमें कभी-कभी मन में हसरतें भी हिलोरें मारती हैं। शादी हो, बच्चे हों, अपना घर हो, यह ख्याल उसे भी आता है। वह ईमानदारी से कबूल करती है, ''हाँ, सच है! ऐसे ख्याल मुझे आते रहते हैं, लेकिन मैं सोचती हूँ कि अब मेरी तरफ देखता

कौन है? मोहल्ले से निकलती हूँ तो लोग मेरे चरित्र के बारे में तरह-तरह की बातें करतें हैं। ऐसे में मैं खुद की शादी के बारे में अब नहीं सोचती। पर जल्दी ही भाई की शादी कराऊँगी।''

नौकरी का सहारा मिलने के बाद अनु को अपना खोया आत्मविश्वास मिला है। वह ईसा मसीह में अपनी आस्था रखने लगी है। बहरहाल, अनु को पता है कि खूबसूरती और यौवन से भरपूर वह लड़की अब लौटकर नहीं आएगी, फिर भी अपनी कहानी कहते-कहते मुझे यह पंक्तियाँ सुना जाती हैं:—

'हौसले की तरकश में
कोशिश का वो तीर जिंदा रख,
हार जा चाहे जिंदगी में सबकुछ,
मगर फिर से जीतने की वो उम्मीद जिंदा रख।'

anumukherjee121@gmail.com

❑

8

दलित बेटी की दमन कथा...

चंचल पासवान

अपने गाँव की गली से चंचल जब भी गुजरती है, लोग घूर-घूरकर उसे ही देखते हैं। उसकी आँखों का अब कोई रंग नहीं, न चेहरे का कोई रूप। काला चश्मा पहनना उसकी लाचारी है, लेकिन इस लाचारी पर भी उसे लोगों के ताने सुनने और सहने पड़ते हैं। लोग राह चलते ये तंज कसने से नहीं चूकते—"इतना कुछ हो गया पर स्टाइल नहीं गया।"

चंचल पासवान बिहार की राजधानी पटना से सटे दानापुर के छितनामा गाँव में आज भी दो कमरे के घर में अपने माँ-बाप और छोटी बहन के साथ रहती है। घर का आँगन आज भी पहले की तरह समृद्धि से सूना है। खुशहाली का कोई सबूत तलाशने के बाद भी नहीं मिलता। बस मिलती है, चंद जोड़े इंसान की दुःखभरी जिंदगी के जख्म, जिन्हें कुरेदते हुए मुझे उस वक्त भी कम तकलीफ नहीं हुई, जब मैं इस परिवार से मिलने दिल्ली से दानापुर पहुँची।

ये दासताँ है बिहार की एक बेटी की। उसी बिहार की जहाँ सामाजिक बदलाव के बड़े-बड़े बवंडर उठे। जहाँ सामाजिक समानता का स्वाँग भरकर सियासी ताकतें सत्ता-सुख भोगती रही हैं। आज उसी बिहार की एक बेटी का सच देखकर आप जानेंगे कि सामाजिक बदलाव का दावा कितना बेदम और खोखला है!

चंचल पासवान के पिता शैलेश पासवान आज भी पटना में मजदूरी करते हैं। परिवार का पेट भरने के लिए ईंट-पत्थर उठाने का काम करना उन्हें कभी नहीं

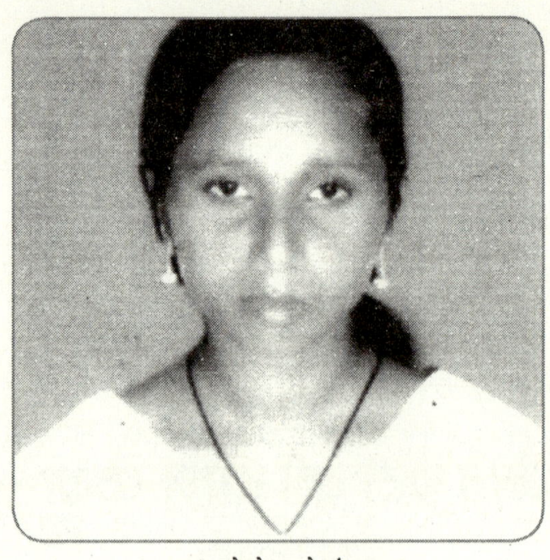

हमले से पहले चंचल

अखरा। गरीबी थी, गुरबत थी, लेकिन शैलेश की समझ का दायरा छोटा नहीं था। ऐसा नहीं होता तो दो बेटियों का ये बाप भी बेटे के लिए तड़पता। बेटे की चाहत में और बेटियाँ होतीं और मुश्किलों का बोझ भी बढ़ता जाता। 90 के दशक में सरकार जनसंख्या नियंत्रण का व्यापक कार्यक्रम चला रही थी। घर-घर यह नारा पहुँचा, 'हम दो-हमारे दो'। शैलेश ने इस नारे पर खूब यकीन रखा।

पारिवारिक और सामाजिक दबाव के बावजूद उन्होंने बेटियों को अपने जीने का मकसद बनाया। पर पासवान परिवार के आस-पास का परिवेश उसकी सोच से इत्तेफाक नहीं रखता था। बेटियाँ पढ़ने निकलतीं तो मोहल्ले वाले फब्तियाँ कसते, शादी-ब्याह या किसी दूसरे कार्यक्रम में बेटियों को पढ़ाने-लिखाने पर उनका मजाक उड़ाया जाता, पर पति-पत्नी ने तानों की कभी फिक्र नहीं की। रोजाना 100 रुपए के मेहनताना में भी बेटियों को पढ़ाने का हौसला बना रहा।

बड़ी बेटी का नाम ही चंचल था, स्वभाव में चंचलता कतई नहीं थी। अपनी पढ़ाई को लेकर भी खूब गंभीर रहती। चंचल की माँ सुनयना बताती हैं, "मैं तो अनपढ़ थी, मुझे पता ही नहीं था कि वह क्या पढ़ती थी, लेकिन उसे किताबों के बीच देख मुझे फख्र होता।"

2012 में दसवीं की परीक्षा पास करने के बाद चंचल ने दानापुर के 'अब्दुल गफ्फार महिला कॉलेज' में दाखिला लिया। चाहत कंप्यूटर इंजीनियर बनना चाहती थी, इसलिए कंप्यूटर कोर्स भी कर रही थी। घर की जिम्मेदारियों के बीच भी

रोजाना कॉलेज और कोचिंग जाना वो कभी मिस नहीं करती।

दानापुर में दानव कांड

बिहार के सामाजिक ताने-बाने को जाननेवाले जानते हैं कि तमाम सरकारी योजनाओं के बाद भी लड़कियों का अपने पाँव पर खड़े होना कितना चुनौतियों से भरा है। चंचल और उसकी बहन के सामने तो दलित की बेटियाँ होने की दोहरी चुनौती थी। जातीय नफरत की दीवार अभी इतनी कमजोर नहीं हुई थी कि समाज का बाहुबली और संपन्न तबका इन बहनों को आगे बढ़ते देख पाता।

दोनों बहनें जितनी शिद्दत से आगे बढ़ने की कोशिश कर रही थीं, रूढ़िवादी समाज उतनी ही मजबूती से उसका रास्ता रोके खड़ा था। कानाफूसी से लेकर दो दलित बहनों की पढ़ाई करने पर कटाक्ष का सिलसिला शुरू हुआ, फिर धीरे-धीरे मोहल्ले के चार लड़के अनिल राय, घनश्याम राय, राज और बादल यादव ने कॉलेज और कोचिंग के रास्ते में चंचल का पीछा करना शुरू कर दिया। ये चारों उसे आते-जाते परेशान करते, छेड़ते और फब्तियाँ कसते। उसकी छोटी जाति का होने का मजाक उड़ाया जाता। चंचल अपने दम पर उनका विरोध करती रही, लेकिन वे अपनी हरकतों से बाज नहीं आए।

हद तो उस दिन हो गई, जब उन चारों लड़कों ने उसका दुपट्टा खींच लिया। लगातार हो रही छेड़खानी और पीछा करने से डरी-सहमी चंचल ने एक दिन अपनी माँ को पूरी बात बताई। माँ ने मनेर थाने में इसकी शिकायत दर्ज कराई, लेकिन कोई सुनवाई नहीं हुई।

रोज-रोज की प्रताड़ना हद से बढ़ने लगी तो एक दिन उसकी हिम्मत ने जवाब दिया। वो कहती है, "अक्सर अनिल कहता—मुझसे शादी कर लो या मेरे साथ भाग चलो। एक दिन मैंने पूरी ताकत से डाँटते हुए कहा—क्यों कर लूँ तुमसे शादी, क्यों भागूँ तुम्हारे साथ? मुझे पढ़ना है अभी। मेरी इस बात पर वो चारों खूब हँसे। अनिल ने हँसते हुए धमकी दी, 'बहुत घमंड है तुम्हें अपनी खूबसूरती और अपनी पढ़ाई पर! तुम्हारी शक्ल ऐसी बना देंगे कि खुद को भी पहचान नहीं पाओगी।' मैंने उसकी धमकी को गंभीरता से नहीं लिया। मैं सारी बातें भूलकर अपना ध्यान केवल पढ़ाई में लगाना चाहती थी। लेकिन मेरी गलती यह रही कि मैं छोटी जाति में पैदा होकर भी बड़े ख्वाब देख रही थी। 21 अक्तूबर, 2012 की रात हमारी पूरी दुनिया लूट ली गई।"

"क्या हुआ था 21 अक्तूबर की उस रात को?"

चंचल बताती है, ''दुर्गा पूजा का उत्सवी माहौल था। सप्तमी की रात थी। मैं सोनम के साथ छत पर सोई थी। अक्तूबर महीने में छत पर थोड़ी ठंड थी, इसलिए हम दोनों बहनों ने रजाई ओढ़ रखी थी। चार लड़के मेरी छत पर आए। बादल ने रजाई हटाई और मेरा मुँह दबा दिया। राज और घनश्याम ने मेरे हाथ और पैर पकड़ लिये। अनिल के हाथ में एक बोतल थी, उसने छत पर ही पड़ा एक बड़ा कटोरा उठाया और कटोरे में भर-भरकर पानीनुमा चीज मेरे चेहरे पर डालने लगा। मैं छटपटा रही थी, लेकिन राज और घनश्याम मेरे हाथ-पाँव जकड़े रहे। मुझे लग रहा था कि मेरे ऊपर खौलता तेल उड़ेला जा रहा है।'' मुझे छटपटाता देख वो भागे नहीं, बल्कि वहीं खड़े होकर मेरी तबाही का आनंद उठा रहे थे। जब मैं चिल्लाई और पापा-मम्मी ऊपर आने लगे तो वे तब भागे थे।

चंचल के पिता को उस रात का वाकया पूरी तरह याद है। वो बताते हैं, ''उस दिन मैं घर में टी.वी. देख रहा था, मेरी पत्नी भी उस समय वहीं थी। दोनों बहनें छत पर सोई थीं। अचानक मैंने दोनों बेटियों के चिल्लाने की आवाज सुनी। हम बदहवास छत की ओर भागे। देखा, चंचल बुरी तरह छटपटा रही थी और उसके चेहरे से धुआँ निकल रहा था। जैसे मोमबत्ती पिघलती है, उस तरह चंचल का चेहरा और पूरा शरीर पिघल रहा था। हम समझ ही नहीं पा रहे थे कि उसके साथ क्या हुआ है?''

शैलेश पासवान समझते भी तो कैसे? न तो उन्होंने विज्ञान पढ़ा था, न मनोविज्ञान। वो समझते तो कैसे कि उनकी बेटियों को जला देने की इस शैतानी कोशिश में जिस हथियार का इस्तेमाल हुआ है, उसे एसिड कहते हैं, जो है तो रसायन, लेकिन जिसे उसी मोहल्ले के चार लड़कों ने अपने खोखले अहंकार के चलते तबाही का सामान बना डाला।

उस हमले में सोनम का हाथ और सीना जख्मी हो गया। लेकिन चंचल की हालत बेहद गंभीर थी। बड़ी बहन की हालत देखकर सोनम अपना जख्म और दर्द भूल गई थी। किसी तरह माँ-पिता ने दोनों बेटियों को आँगन में लिटाया। दादी और माँ बाल्टी में पानी भर-भरकर जख्मों की तपिश को कम करने की कोशिश करने लगीं तो पिता मदद के लिए मोहल्ले की तरफ भागे। पर मोहल्लेवाले तो मानो बुत बन गए थे। मदद के लिए कोई आगे नहीं आया, सिवाय चंचल के रिश्ते के एक चाचा के।

चंचल के माता-पिता उनको साथ लेकर किसी तरह नजदीक में पड़नेवाले

दाउदपुर के एक क्लीनिक में पहुँचे। यहाँ आकर परिवारवालों को पता चला कि चंचल पर एसिड डाला गया है। लेकिन केस की गंभीरता को देखते हुए डॉक्टर ने एडमिट करने से मना कर दिया। मजबूरी के मारे पिता शैलेश दोनों बेटियों को लेकर पटना मेडिकल कॉलेज हॉस्पिटल (पी.एम.सी.एच.) के लिए रवाना हो गए, जहाँ मुश्किलें उनका इंतजार कर रही थीं।

अस्पताल या असंवेदनाओं का मुर्दाघर ?

पी.एम.सी.एच. यानी पटना का सबसे बड़ा सरकारी अस्पताल, लेकिन सिर्फ कागजों पर। इंसानियत और जिम्मेदारी के पैमाने पर बिहार का सबसे बड़ा अस्पताल बेहद छोटा साबित हुआ। इस बड़े अस्पताल में जिंदगी-मौत के बीच झूलती एक बच्ची से कैसा सुलूक हुआ, ये उसके पिता से सुनिए। शैलेश कहते हैं, ''हम डेढ़ बजे रात में पी.एम.सी.एच. पहुँचे। जूनियर डॉक्टरों ने दोनों को एडमिट करने से मना कर दिया, मैं गिड़गिड़ाया, हाथ-पैर जोड़े, लेकिन उन पर कोई असर नहीं हुआ।''

खैर, दो दलित बहनों पर एसिड हमले की सनसनीखेज खबर जैसे ही मीडिया में पहुँची, पी.एम.सी.एच. के बाहर कैमरामैन, फोटोग्राफर और रिपोर्टरों का जमावड़ा लग गया। मीडिया का दबाव पड़ा तो पी.एम.सी.एच. ने दोनों बहनों को एडमिट तो कर लिया, लेकिन परिवार के सामने खर्चे का सवाल बना रहा। आधी रात को डॉक्टर ने चंद दवाइयाँ बाहर से लाने को कहा था तो पिता शैलेश को अपनी लाचारी का अहसास हुआ। वो बताते हैं, ''मेरे पास उस वक्त पैसे नहीं थे। मनेर थाना के दरोगा हमारे साथ थे। उन्होंने दवा के लिए 100 रुपए दिए। लेकिन सुबह होते ही वो 100 रुपए उन्होंने मुझसे वापस ले लिये। वो अस्पताल आने-जाने के लिए किराया मुझसे ही माँग रहे थे।''

अब जरा अस्पताल प्रशासन की असंवेदनशीलता का भी हाल देखिए—

चंचल की हालत गंभीर थी, उसे आई.सी.यू. में रखना जरूरी था, लेकिन जगह खाली नहीं होने की बात कहकर दो जिंदा इंसानों को मुरदाघर में रख दिया गया। रात के एक बजे पासवान परिवार पटना पहुँचा था और दोनों लड़कियों का इलाज शुरू हुआ सुबह साढ़े दस बजे। जब मीडिया ने आई.सी.यू. में दाखिल ना करने पर सवाल उठाया तो अस्पताल प्रशासन हरकत में आया। उसे आई.सी.यू. में रखने की तैयारी शुरू हुई। लेकिन उससे पहले आई.सी.यू. का ताला खुलवाया गया और दो-तीन घंटे तक उसकी सफाई की गई।

चंचल का आरोप है, ''देखिए, गरीब और एसिड पीड़ित के साथ अस्पताल में कैसा व्यवहार हुआ! मुझे आई.सी.यू. में भर्ती करने से पहले, फर्श पर कई दिनों

से पड़ी गंदगी साफ की गई। उसका आरोप है कि ये हालत इसलिए थी कि पी.एम.सी.एच. के आई.सी.यू. के दरवाजे वी.आई.पी. के दर्शन के बाद ही खोले जाते थे।''

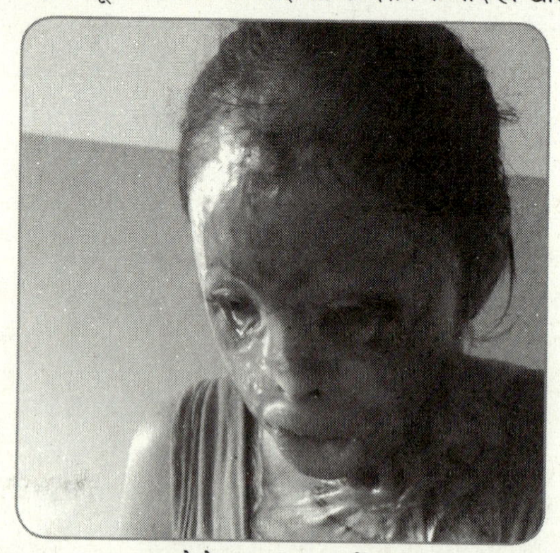

हमले के बाद अस्पताल में चंचल

आई.सी.यू. में एडमिट होने के बाद चंचल और उसके परिवारवालों का संघर्ष अस्पताल प्रशासन के साथ बढ़ता गया। नर्स दुर्व्यव्हार करतीं, डॉक्टर समय पर नहीं आते। सुनयना बताती हैं, ''नर्स कहती कि दवा खुद खरीदकर लाओ, दवाइयाँ बाहर से लाने का दवाब दिया जाता, दवाइयों की शीशी तोड़ देतीं और हमें जातिगत गालियाँ देतीं। हम किस-किस से लड़ते, दर्द से जूझ रही अपनी बेटी की तकलीफों से, अस्पताल प्रशासन के रवैए से या अपने उस समाज से, जहाँ मेरी निर्दोष बेटियों को इसलिए सजा दी गई कि उन्होंने पढ़ाई करने की हिम्मत की?''

वहीं चंचल के पिता कहते हैं, ''वहाँ मेरी बेटियों का इलाज ठीक से नहीं किया गया। हम मीडिया के पास जाते तो अस्पतालवाले हरकत में आते, बाद में डॉक्टर फिर लापरवाही बरतने लगते। चंचल को बर्न वार्ड में रखा गया था। यदि किसी टेस्ट वगैरह के लिए हम उसे लिफ्ट से लेकर जाते तो लिफ्टमैन हमें यह कहकर लिफ्ट से निकाल देता कि चंचल के शरीर से बदबू आती है। मैं उसे कंधों पर लादकर दूसरी या तीसरी मंजिल पर ले जाता।''

दलित, दमन और दबंगई

एसिड हमले में चंचल 90 फीसदी और सोनम 28 फीसदी तक झुलस गई थी। चंचल की नाक गल गई, होंठ गल गए, गरदन सीने से चिपक गई, पलकें गायब हो गईं और आँखों की रोशनी भी कम हो गई।

दूसरी तरफ स्थानीय पुलिस की कार्यशैली सवालों के घेरे में थी। मनेर थाने ने दोनों बहनों पर हमले के लिए अज्ञात लोगों के खिलाफ मामला दर्ज किया, जबकि चंचल के पिता ने चारों लड़कों को अपनी बेटियों पर हमले के लिए जिम्मेदार ठहराया था।

22 अक्तूबर, 2012 को जाँच अधिकारी उमेश कुमार ने जब पी.एम.सी.एच. में चंचल का फर्द बयान लिया, उसमें भी किसी का नाम नहीं था। बयान की कॉपी पर उसके अँगूठे का निशान था, जबकि वह दसवीं पास थी और अपना हस्ताक्षर कर सकती थी। शैलेश का कहना है, ''मैंने पुलिस को सबकुछ बताया कि चंचल ने उन चारों लड़कों को साफ-साफ देखा है, पर एफ.आई.आर. में आरोपियों का नाम नहीं लिखा गया।''

चंचल का कहना है, ''इस घटना से हम सब बहुत डर गए थे और भारी दवाब में थे। हमें केस वापस लेने के लिए कहा जा रहा था। मैंने पुलिस को बताया था कि कैसे वे चारों मेरे साथ अश्लील हरकतें करते और छेड़खानी करते थे।''

इस बारे में जब स्थानीय मीडिया ने सिटी एस.पी. जयंतकांत से पूछा तो उनका कहना था, ''फर्द बयान के बाद भी जाँच में अभियुक्त आ रहे थे। दोषियों को किसी भी कीमत पर नहीं छोड़ा जाएगा।'' खैर, चंचल के बयान के आधार पर 25 अक्तूबर, 2012 को पुलिस ने छापा मारकर राज और बादल को उसके घर से गिरफ्तार किया। राज ने पुलिस को दिए अपने इकबालिया बयान में अपना जुर्म कबूल कर लिया और इस अपराध में अपने तीनों साथियों के भी शामिल होने की बात भी पुलिस को बता दी थी।

अब पुलिस अनिल की तलाश में थी। खुद को चौतरफा घिरता देख करीब 15 दिन बाद मुख्य अभियुक्त अनिल ने भी आत्मसमर्पण कर दिया। पर उसने खुद को नाबालिग बताते हुए अपने लिए रहम की अपील की। कुछ दिनों बाद चौथा आरोपी घनश्याम भी पकड़ लिया गया।

इस बीच सोनम को अस्पताल से छुट्टी मिल गई थी, लेकिन चंचल की हालत अब भी गंभीर बनी हुई थी। हर दिन के साथ परिवार मुश्किल हालात में फँसता जा रहा था। जैसे-तैसे उसकी दो-तीन सर्जरी और हुईं, चार महीने बाद उसे

भी अस्पताल से छुट्टी दे दी गई।

उसकी माँ सुनयना की आँखों में वो पुराना दर्द अब भी छलक पड़ता है, ''दोनों बेटियाँ हमारे जीने का सहारा थीं, दोनों को बिस्तर पर देखती तो मुँह कलेजे को आता। क्या बताएँ हमने कैसे दिन काटे? मोहल्लेवालों ने साथ छोड़ दिया था, वे चंचल के बारे में तरह-तरह की बातें करते। चार महीने हम अपने घर नहीं लौटे, चंचल के पापा ने कोई मजदूरी नहीं की। मेरे मायकेवालों ने सहारा दिया, वहीं से हमारे लिए रोज खाना आता।''

अस्पताल से निकलने के बाद चंचल ने 06 मार्च, 2013 को प्रेस कॉन्फ्रेंस करके मीडिया को यह बताया कि पी.एम.सी.एच. में उसके साथ कैसा व्यवहार किया गया। उसने अपने साथ हुए एसिड हमले और उससे पहले हुई छेड़खानियों की कहानी सुनाई। उसने बताया कि डॉक्टरों ने उससे कहा है कि उसका इलाज किसी दूसरे बड़े अस्पताल में होना चाहिए और उसकी सर्जरी पर दस लाख रुपए का खर्च आएगा, लेकिन उसके परिवार की माली हालत ऐसी नहीं कि उसके इलाज का खर्च उठा सके।

नाउम्मीदी के इसी दौर में परिवार को एक संस्था का साथ मिला।

डूबते को तिनके का सहारा

बिहार के पिछड़े इलाकों में महिला सशक्तीकरण के लिए काम करनेवाली गैर-सरकारी संस्था 'परिवर्तन केंद्र' की संस्थापक सचिव और सामाजिक कार्यकर्ता वर्षा जावलेगकर मीडिया में चंचल की स्टोरी को लगातार देख रही थीं। जब चंचल को पी.एम.सी.एच. में दाखिल हुए दो महीने हो गए और सही से उसका इलाज नहीं होने की खबर अखबारों में आई तो वर्षा ने आगे बढ़कर चंचल की मदद करने का फैसला किया।

वर्षा जावालेगकर जब पहली बार चंचल से मिलने अस्पताल गईं तो चंचल ने उनसे पहला सवाल यही किया, ''आप कितने दिनों तक मेरे साथ रहेंगी?'' वर्षा ने पूछा, ''ऐसा सवाल क्यों?'' चंचल का जवाब था, ''ऐसा इसलिए पूछ रही हूँ कि जितने भी लोग आते हैं, मेरे साथ फोटो खिंचवाकर चले जाते हैं।'' वर्षा आगे बढ़ी, चंचल के कंधों पर हाथ रखा और पूरे भरोसे से कहा, ''जब तक तुम्हें न्याय नहीं मिल जाता, तब तक तुम्हारे साथ हूँ।'' तब से लेकर आज तक वह हमेशा पासवान परिवार के साथ खड़ी हैं।

उसके बाद से वर्षा अस्पताल प्रशासन पर चंचल के अच्छे इलाज के लिए दवाब बनाती रहीं। दोनों बहनों के इलाज पर अभी लाखों रुपए खर्च होने थे। चंचल

की कई सर्जरी ऐसी थीं, जिसका इलाज पी.एम.सी.एच. में संभव नहीं था। यह वर्षा की कोशिशों का ही नतीजा था कि आगे के इलाज के लिए चंचल 5 अप्रैल, 2013 को दिल्ली के सफदरजंग अस्पताल पहुँच पाई। दिल्ली पहुँचने पर 'स्टॉप एसिड अटैक कैंपेन' चलानेवाले आलोक दीक्षित ने इस परिवार की मदद की।

चंचल की माँ कहती हैं, "सफदरजंग अस्पताल में मेरी बेटी का बहुत अच्छे से ध्यान रखा गया। यहाँ उसकी चार-पाँच सर्जरी की गईं।" उन्हें मलाल है कि यदि उनके पास साधन होता तो पहले ही बेटी को यहाँ ले आतीं।

बकौल वर्षा, "चंचल का मामला महज एसिड हमले का नहीं है, बल्कि यह जातिगत भेदभाव, जातिगत वर्चस्व, लैंगिक दुर्भावना से लेकर मेडिकल लापरवाही का एक जीता-जागता उदाहरण है। चंचल जिस समुदाय से है, उसमें उच्च जाति के लड़कों को उसका आगे बढ़ना गँवारा नहीं हुआ तो उसे शारीरिक रूप से विकृत बना दिया और दूसरी तरफ उसके इलाज में भयंकर लापरवाही की गई। चंचल के इलाज के लिए अक्सर मुझे डॉक्टरों से लड़ना पड़ता।"

वे बताती हैं, "इस मामले में पुलिस ने क्या लापरवाही की, वह देखिए—पहले एफ.आई.आर. में अज्ञात लोगों की बात कही, एस.सी./एस.टी. एक्ट नहीं लगाया। कुल मिलाकर ऐसा मामला बनाया गया, जिसमें आरोपियों के बच निकलने का रास्ता साफ था।"

वर्षा जैसी शुभचिंतक की कोशिशों का ही नतीजा है कि तीनों आरोपियों के खिलाफ एस.सी./एस.टी. स्पेशल कोर्ट में सुनवाई शुरू हुई।

इधर राज ने पुलिस को दिए अपने इकबालिया बयान में अपना जुर्म कबूल कर लिया था। इस आधार पर राज को जेल की सजा हुई, लेकिन घनश्याम और बादल जमानत पाने में कामयाब हो गए। निर्भया कांड की तरह ही इस मामले के कथित तौर पर मुख्य आरोपी अनिल को भी जुवेनाइल कोर्ट ने नाबालिग करार दे दिया। वह एक साल सुधार-गृह में रहने के बाद बाहर है।

चंचल का केस लड़ रहे वकील सुरेश प्रसाद मिश्रा कहते हैं, "अनिल नाबालिग नहीं है। इस जघन्य अपराध का मुख्य आरोपी वही है, चारों लड़कों के खिलाफ हमारे पास पूरे सबूत हैं, जो मैंने कोर्ट को दिए हैं। पुलिस को जुवेनाइल कोर्ट के फैसले के खिलाफ अपील करनी चाहिए थी।"

चंचल भी देश की न्यायिक व्यवस्था पर हैरान है, "जिसने मेरी यह दुर्दशा कर दी, उसे कड़ी सजा देने की बजाय एक साल सुधार-गृह में रखकर छोड़ दिया!

वह अब भी मेरे घर के सामने से शान से गुजरता है, मेरे पापा को देखकर हँसता है, तंज कसता है। जज और न्यायपालिका में बैठे तमाम लोगों को मेरा चेहरा गौर से देखना चाहिए और फिर खुद से सवाल करना चाहिए कि क्या मुझे वाकई इंसाफ मिला है ?''

चट्टानी इरादों की चंचल

चार सालों से ये परिवार इंसाफ की लड़ाई में डटा है। इस परिवार ने कैसी-कैसी दिक्कतें झेली हैं, इसकी मिसाल देखिए—19 मई, 2015 को चंचल को कोर्ट में गवाही देने जाना था। शैलेश पर हर तरह से दवाब बनाने की कोशिश की गई कि वह इस केस को खत्म कर दे, पर यह परिवार न्याय पाने के लिए डटा रहा।

गवाही वाले दिन से पहले 18 मई की रात बारह बजे के करीब पूरे परिवार को धमकाने की एक और कोशिश हुई। चंचल के घर पर बड़े-बड़े पत्थर, ईंटें और शराब की बोतलें फेंकी गईं। पूरे परिवार ने डरकर खुद को एक कमरे में बंद कर लिया। पत्थर और बोतलें फेंकने का सिलसिला एक घंटे तक चलता रहा। इस दौरान चंचल के पिता ने थाने में फोन किया, पर पुलिस नहीं आई। लेकिन इस वाकये से अडिग चंचल अगली सुबह बेखौफ होकर पुलिस के पास पहुँच गई और ये साबित कर दिया कि हैसियत चाहे जो हो, हौसले की कोई कमी नहीं।

उसे अगली सुबह पुलिस सुरक्षा में गवाही के लिए भेजा गया। हालाँकि धमकियों और डराने का सिलसिला चलता रहा और पासवान परिवार का संघर्ष भी। एक से एक मुश्किल से वे टकराते रहे।

शैलेश बताते हैं, ''अब भी जब गवाही का दिन करीब आता है, हम डर जाते हैं, क्योंकि हमें भयभीत करने के लिए तरह-तरह के तरीके ढूँढ़े जाते हैं। चारों में से एक लड़का, जो जमानत पर बाहर है, उसने चंचल को धमकाया था, वह उसके साथ अब वो करेगा, जो पहले कभी उसने सोचा नहीं होगा।'' वे सवाल करते हैं, ''क्या एक दलित होने और बेटियों को पढ़ाने के कारण मुझे ऐसी खौफनाक सजा मिली है ? क्या मैंने बेटियों को घर से निकलने और पढ़ने का हक देकर इस देश में कोई गुनाह किया है ?''

एक तरफ कोर्ट-कचहरी का चक्कर, दूसरी तरफ मुआवजा पाने के लिए भी चंचल के परिवार को काफी पापड़ बेलने पड़े। सुप्रीम कोर्ट के फैसले के मुताबिक एसिड पीड़ित को तीन लाख का मुआवजा दिया जाना राज्य सरकार की जिम्मेदारी

है। पर इसे पाने के लिए चंचल के परिवार को काफी भाग-दौड़ करनी पड़ी। काफी मुश्किलों के बाद अगस्त 2015 में दोनों बहनों को 2 लाख 42 हजार रुपए का मुआवजा मिला। जो कि सपष्टत: सुप्रीम कोर्ट के फैसले का उल्लंघन था।

उससे पहले जुलाई 2013 में 'परिवर्तन केंद्र' ने सुप्रीम कोर्ट में याचिका दायर कर चंचल और सोनम के लिए मुआवजे, पुनर्वास और इलाज का मुद्दा उठाया। दिल्ली में वकीलों और सामाजिक कार्यकर्ताओं की संस्था 'ह्यूमन राइट्स लॉ नेटवर्क' ने इस याचिका में 'परिवर्तन केंद्र' की मदद की।

वर्षा बताती हैं कि चंचल के केस को गौर से समझने के बाद हमारी संस्था ने सुप्रीम कोर्ट में एक याचिका दाखिल की और कोर्ट का ध्यान इस ओर खींचा कि चंचल के इलाजों में कितनी लापरवाही हुई और राज्य सरकार ने उसे क्या मुआवजा दिया? 'परिवर्तन केंद्र' बनाम भारत सरकार और अन्य की इस याचिका पर सुप्रीम कोर्ट ने दिसंबर 2015 में कई ऐतिहासिक फैसले दिए।

कोर्ट ने एसिड हमले की पीड़ितों को विकलांगों की सूची में शामिल करने का एक महत्त्वपूर्ण निर्णय दिया, जिससे कि उन्हें भी सरकारी नौकरी में आरक्षण का फायदा मिल सके। कोर्ट ने बिहार सरकार को चंचल को दस लाख रुपए और सोनम को तीन लाख रुपए मुआवजा देने को भी कहा। यह मुआवजा 52 गुणा बढ़ा दिया गया। कोर्ट ने कहा कि यह सही है कि मुआवजा बढ़ाने से राज्य सरकार पर एक अतिरिक्त बोझ पड़ेगा, लेकिन ऐसा करने से पीड़ित के पुनर्वास में मदद मिलेगी और राज्य सरकार भी तब एसिड की बिक्री और उसके भंडारण पर अपनी कड़ी नजर रखेगी।

वह कहती है, ''सुप्रीम कोर्ट का फैसला आने के बाद मैं भी अपने लिए एक नौकरी पाने के इंतजार में हूँ। मेरा अभी लंबा इलाज चलना है, जिसके लिए मेरा अपने पैरों पर खड़े रहना जरूरी है। अब मैं अपने पापा पर बोझ नहीं बनना चाहती।'' वे कहती हैं, ''कोर्ट ने मेरी क्षतिपूर्ति करने की एक कोशिश की है, लेकिन मुझे असली न्याय तब मिलेगा, जब आरोपियों को कड़ी सजा मिलेगी और एसिड पीड़ितों के साथ समाज का व्यवहार अपमानजनक और उपेक्षित नहीं होगा।''

चंचल के वकील का कहना है कि इस मामले में जल्द ही फैसला आने की संभावना है। हमें उम्मीद है कि कोर्ट चंचल पर हुए एसिड हमले और इस अपराध की गंभीरता को देखते हुए उसके साथ न्याय करेगा।

बहरहाल, चंचल के जख्मों पर अभिनेता जॉन इब्राहिम ने मरहम लगाने की

कोशिश की है। एक रेडियो कार्यक्रम में चंचल से मिलने के बाद जॉन इब्राहिम ने चंचल के इलाज में मदद देने का भरोसा दिया। जॉन इब्राहिम की मदद से गुड़गाँव के फोर्टिस अस्पताल में चंचल का इलाज चल रहा है। वहीं चंचल को न्याय दिलाने में वरिष्ठ पत्रकार निखिल आनंद ने भी सक्रिय भूमिका रही।

इलाज के स्तर पर अब भले ही चंचल को थोड़ी राहत मिली हो, पर सामाजिक स्तर पर इस परिवार को अभी भी तिरस्कार और उपेक्षा झेलनी पड़ रही है। छितनामा के जिस मोहल्ले में यह पासवान परिवार रहता है, वहाँ किसी का आना-जाना नहीं होता। मोहल्ले या नाते-रिश्तेदारों में होनेवाले किसी शादी-ब्याह या अन्य कार्यक्रमों में इस परिवार को नहीं बुलाया जाता।

सुनयना भरे गले से कहती हैं, ''हमारा क्या अपराध था? इसी समाज ने मेरी बेटी को इस हाल में पहुँचाया और हमारे साथ ही ऐसा सलूक होता है मानो हम अपराधी हों? मेरी बेटी पर एसिड फेंकनेवाले शादी-ब्याह और सभी समारोहों में जाते हैं, पर हमें कहीं नहीं बुलाया जाता। लोग मेरी बेटियों के बारे में तरह-तरह की बातें करते हैं।''

वहीं चंचल को इस तरह की सामाजिक उपेक्षा की कोई परवाह नहीं। उसने मोहल्लेवालों के तानों और व्यंग्य-बाणों की चिंता किए बिना ग्रेजुएशन में दाखिला ले लिया है और रोज उसी रास्ते से कॉलेज जाती है, जैसे पहले जाती थी। फर्क यह है कि अब वो अपने चेहरे पर सनग्लास लगाती है और सिर पर दुपट्टा रखती है; क्योंकि अब उसे अपने ही चेहरे पर एतबार नहीं रहा।

parivartankendra1@gmail.com

□

9

एसिड पर अटैक कब ?
कानून के नजरिए से

कोई क्यों बन जाती है एसिड वाली लड़की ? क्या इसलिए कि वो एक बेटी, बहू और बहन है ? शायद हाँ। एक स्त्री होने के कारण अनेक तरह की हिंसा को सहते हुए अब वह एसिड से होनेवाली क्रूर हिंसा का भी शिकार होने लगी है। इस अपराध की जड़ में पुरुषवादी सोच की इतनी खाद-मिट्टी पड़ी हुई है कि वह आसानी से औरतों को इसका शिकार बना लेती है।

कभी सती प्रथा, तो कभी विधवा होने पर उत्पीड़न, कभी दहेज, तो कभी बेटा पैदा करने का दबाव, तो कभी डायन बताकर महिलाओं को प्रताड़ित करने का पुराना इतिहास रहा है। इसी कड़ी में महिलाओं पर होनेवाली हिंसा का एक क्रूर रूप देखने को मिल रहा है, एसिड हमले के तौर पर। यह हमला किसी जाति, वर्ग, शहर या गाँव की सीमाओं में नहीं बँधा है। किसी एक के साथ हुई ऐसी हिंसा दूसरी महिलाओं पर भी दवाब बनाने का काम करती है। किसी मोहल्ले में यदि इस तरह की घटना हो जाए तो कई महीनों तक उस मोहल्ले की औरतें खौफ के साए में जीती हैं।

हालाँकि कुछ ऐसे भी उदाहरण हैं, जहाँ महिलाएँ भी इस तरह के अपराध में शामिल हुई हैं और पुरुषों पर एसिड से हमला किया। भोपाल के आतिफ बिलाल के ऊपर एक महिला ने एसिड फेंक दिया था। इसी तरह मई 2016 में गाजियाबाद में अमित वर्मा नामक एक डॉक्टर पर एक महिला ने एसिड फेंककर उन्हें बुरी

तरह घायल कर दिया। लेकिन एसिड हमले की बढ़ती घटनाओं पर नजर डालें तो इस तरह के अपराध का ज्यादातर शिकार महिलाएँ ही हो रही हैं। इन सबके पीछे ज्यादातर वजह यही है कि हमारा सामाजिक ताना-बाना ही कुछ इस तरह का है, जिसमें पुरुष परिवार और समाज में अपनी ही सत्ता स्थापित रखना चाहते हैं और इसमें किसी तरह की ना सुनने पर इसे चुनौती मानते हैं।

महिलावादी कमला भसीन कहती हैं, ''पितृसत्तात्मक समाज ने बचपन से ही पुरुषों के मन में यह बात बिठा दी है कि वे जो चाहे हासिल कर सकते हैं, वे औरतों के साथ जैसा चाहे व्यवहार कर सकते हैं। उनकी हर बात मानी जाएगी, क्योंकि पुरुष होने से वे श्रेष्ठ हैं और औरतें कमजोर।''

महिलाओं के अधिकारों के लिए काम करनेवाली संस्था 'सेंटर फॉर सोशल रिसर्च' की निदेशक रंजना कुमारी कहती हैं, ''भारतीय समाज की विडंबना है कि यहाँ पुरुष इस बात के लिए तैयार नहीं होता कि कोई उसे ना कहे, उसे ना सुनना बर्दाश्त नहीं, इसलिए वे समझते हैं कि वे औरतों के साथ जैसा चाहे वैसा सलूक कर सकते हैं।''

एसिड हमले पर की अपनी एक रिपोर्ट पर 'लाडली मीडिया अवार्ड' पानेवाली पत्रकार गीता शर्मा कहती हैं, ''पारिवारिक और सामाजिक ढाँचे ने ही लड़कों को इस बात की छूट दी है कि वो जो चाहे कर सकते हैं। घर में अनुशासन की बात अधिकांशत: लड़कियों के लिए की जाती है और लड़कों को इससे मुक्त रखा जाता है। यही बात उनमें श्रेष्ठ होने का भाव भर्ती है और वे महिलाओं पर किसी भी तरह की हिंसा करने के लिए खुद को स्वतंत्र मानते हैं।''

एसिड हमले के ज्यादातर मामले यही साबित करते हैं कि महिलाएँ पुरुषों के अहं का आसानी से शिकार बन जाती हैं। कुछ मिसालों पर गौर कीजिए—

—2009 में उदयपुर के इंश्योरेंस कंपनी में काम करनेवाली शालू जैन पर एक युवक ने इसलिए एसिड फेंका, क्योंकि उसने शादी का प्रस्ताव ठुकरा दिया। युवक रोज शालू का पीछा करता और परेशान करता। एक दिन उसने जबरदस्ती भगाकर ले जाने की कोशिश की तो शालू जैन ने युवक को थप्पड़ मार दिया। इसका बदला लेने के लिए युवक ने उस पर एसिड डाल दिया।

—बी-टेक. ग्रेजुएट पुंडुचेरी की विनोधिनी पर 14 नबंवर, 2012 को मजदूर सुरेश ने एसिड से हमला किया। तीन महीने बाद 12 फरवरी, 2013 को विनोधिनी की मौत हो गई। वजह थी विनोधिनी का सुरेश से शादी करने से इंकार करना।

—वाराणसी की प्रज्ञा पर 2006 में चलती ट्रेन में एक युवक ने एसिड फेंक दिया। प्रज्ञा पर यह हमला शादी के महज 12 दिन बाद हुआ था। वजह थी आरोपी के शादी का प्रस्ताव ठुकराना।

—मुंबई के गोरेगाँव की आरती ठाकुर पर उसके पूर्व मकान मालिक ने जनवरी 2012 में एसिड डाल दिया था। आरती की गलती बस इतनी थी कि उसने शादी करने से इंकार कर दिया था।

—10 दिसंबर, 2008 को हैदराबाद की स्वपनिका और उसकी एक दोस्त के ऊपर तीन युवकों ने एसिड फेंक दिया। आरोपियों में एक वो युवक भी था, जिसके शादी के प्रस्ताव को स्वपनिका ने अस्वीकार कर दिया था। हमले में स्वपनिका की मौत हो गई। तीनों युवकों को जमानत पर रिहा कर दिया गया। पर बाद में वे पुलिस मुठभेड़ में तब मारे गए, जब पुलिस उन्हें उस स्थान पर लेकर गई, जहाँ उन्होंने एसिड और अन्य हथियार छुपा रखे थे।

मनोवैज्ञानिक प्रतिष्ठा त्रिवेदी मानती हैं, "जब कोई पुरुष किसी महिला पर एसिड फेंकता है, तो यहाँ भावना शक्ति के प्रदर्शन और काबू में रखने की होती है। जिन पुरुष के अंदर आपराधिक और कुंठित भावनाएँ होती हैं, वह यह बर्दाश्त नहीं करते हैं कि कोई महिला किसी बात के लिए उन्हें मना कर दे। ना सुनने पर वह पुरुष खुद को कमजोर महसूस करता है, इसलिए अपनी ताकत के प्रदर्शन के लिए वह इस तरह का अपराध करता है।"

वहीं साइकोथेरेपिस्ट डॉ. चित्रा मुंशी इसके पीछे हमलावर के पर्सनैलिटी डिसऑर्डर को वजह मानती हैं। उनका कहना है, "आपराधिक मनोवृत्तिवाले लोगों के दिमाग की बनावट दूसरों से अलग होती है। जिस हिस्से से मनोदशा और भावनाएँ नियंत्रित होती हैं, उसे 'एमिगडाला' कहते हैं। आपराधिक प्रवृत्तिवाले लोगों का ये हिस्सा कम सक्रिय होता है, जिससे ऐसे लोगों में डर की भावना खत्म हो जाती है।

अपराधियों के दिमाग का गहराई से अध्ययन करनेवाली डॉ. मुंशी बताती हैं कि, "ऐसे लोग जीवन में किसी-न-किसी कटु अनुभव से गुजरे होते हैं। इसलिए वह दूसरों को भी दु:ख पहुँचाना चाहते हैं। वे दूसरों की तकलीफ देखकर संतुष्ट महसूस करते हैं। उनके अंदर धैर्य की कमी होती है, जिसे 'डीले ऑफ ग्रैटिफिकेशन' कहते हैं। ऐसे लोगों को हर चीज चाहिए और नहीं मिलने पर वे हिंसा पर उतारू हो जाते हैं। वे हिंसा करके दुनिया को डराने की कोशिश करते हैं।"

आमतौर पर एसिड से हमला करनेवाले का पहला निशाना होता है, चेहरे को विकृत बनाना। चेहरे को निशाना इसलिए बनाया जाता है, क्योंकि चेहरे से व्यक्ति

की पहचान जुड़ी है। दूसरी तरफ हमारे समाज में चेहरे की सुंदरता को एक खास अहमियत दी जाती है। व्यक्ति की आंतरिक सुंदरता के बजाय उसकी बाहरी सुंदरता की ज्यादा प्रशंसा होती है। इसलिए हमलावर एसिड फेंककर उस चेहरे को विकृत बनाकर अपने अहं की तुष्टि करता है।

भारत में एसिड हिंसा

एक स्टडी के मुताबिक साल 2000 में भारत में एसिड हिंसा के 174 मामले सामने आए। लेकिन साल-दर-साल यह आँकड़ा बढ़ता गया। ज्यादातर मामलों में प्रेम या शादी के प्रस्ताव को ठुकराने पर आक्रोशित पुरुष ने महिला के ऊपर एसिड फेंक कर उसे घायल किया। 2013 की अपनी एक रिपोर्ट में 'मिंट' अखबार ने बताया कि पिछले चार साल में एसिड हमले की 500 घटनाएँ हुईं और ज्यादातर लड़कियों के ऊपर शादी का प्रस्ताव ठुकराने पर ही एसिड से हमला किया गया। यौन शोषण का विरोध करने, दहेज नहीं लाने और जमीन-जायदाद का विवाद होने पर भी इस तरह के हमले होते हैं। एक अनुमान है कि भारत में हर साल एसिड हमले की 1,000 घटनाएँ होती हैं पर ज्यादातर की रिपोर्ट नहीं होती।

भारत में एसिड हमले की घटनाएँ कितनी तेजी से बढ़ रही हैं, इसके लिए 'नेशनल क्राइम रिकॉर्ड ब्यूरो' के आँकड़ों पर नजर डालने की जरूरत है:—

साल	मामलों की संख्या
2011	83
2012	85
2013	66

2014 में यह ग्राफ एकदम से उछला और इस साल एसिड से हमले के 309 मामले रिपोर्ट किए गए। इस साल देशभर से एसिड हमले पर जितनी रिपोर्ट्स दर्ज की गईं, वह दूसरे सालों के मुकाबले 300 फीसदी ज्यादा थीं। एसिड हमले के सबसे ज्यादा मामले दिल्ली एन.सी.आर., पंजाब, हरियाणा, उत्तर प्रदेश और बिहार में होते हैं। पश्चिम बंगाल में भी एसिड हमले अक्सर होते रहते हैं।

नवंबर 2014 तक उत्तर प्रदेश में सबसे ज्यादा 185, मध्यप्रदेश में 53 और केंद्रशासित प्रदेशों में से दिल्ली में एसिड हमले की 27 घटनाएँ हुईं। मगर जहाँ तक आरोपियों की गिरफ्तारी की बात है, तो 2014 में 309 घटनाओं में केवल 208 में

ही गिरफ्तारी हो पाई। उत्तर प्रदेश में 66 मामलों में कोई नहीं पकड़ा गया। दिल्ली में 27 घटनाएँ हुईं, लेकिन पुलिस केवल 7 आरोपियों तक पहुँच पाई।

'एसिड सर्वाइवर्स फाउंडेशन', भारत के मुख्य कार्यकारी निदेशक राहुल वर्मा बताते हैं कि जब हमारे फाउंडेशन ने काम करना शुरू किया तो इस अपराध के बारे में देश में कोई रिकॉर्ड नहीं था। हमने दो साल तक इसका अध्ययन किया, आर.टी.आई. लगाई उससे भी जो जानकारी मिली, वह भी सही नहीं मिली, फिर मीडिया रिपोर्ट की जाँच शुरू की, तब जाकर कुछ सालों का आँकड़ा जुटा पाए।

वर्मा कहते हैं कि चूँकि 2013 में नया कानून बनने से पहले एसिड हमले का अलग से जिक्र नहीं होता था, इसलिए इसका आँकड़ा मिलना मुश्किल था। न्यूज पेपर रिपोर्ट से यह आँकड़ा मिला कि 2011-12 में ऐसे 106, 2013 में 122 और नवंबर 2014 तक 130 मामले आए। वे कहते हैं कि पहले पीड़ित सामने भी नहीं आते थे, लेकिन जब फाउंडेशन ने काम शुरू किया तो धीरे-धीरे वे हमारे पास आने लगे।

न्यूयॉर्क के 'कॉरनेल लॉ स्कूल' के 'एवन ग्लोबल सेंटर फॉर वूमेन एंड जस्टिस' की 2011 में आई रिपोर्ट में कहा गया कि 2002 से 2010 के बीच भारतीय मीडिया में एसिड हमले के 153 मामले सामने आए। 'एसिड अटैक ऑन वूमेन एंड स्ट्रगल' (सी.एस.ए.ए.डब्ल्यू.) ने 1999 से 2006 के बीच कर्नाटक में 53 मामलों की जानकारी जुटाई।

सुप्रीम कोर्ट की वरिष्ठ वकील कमलेश जैन कहती हैं कि देश में बढ़ रहे एसिड हमले की तरफ किसी का ध्यान नहीं था। एसिड पीड़ितों को न्याय दिलाने में लक्ष्मी की याचिका मील का पत्थर साबित हुई।[1]

इस याचिका और निर्भया केस के बाद क्रिमिनल लॉ (अमेंडमेंट) एक्ट, 2013[2] में जो बदलाव किए गए, उससे न्यायालयों ने एसिड पीड़ितों के केस को गंभीरता से लेना शुरू किया। वरना उससे पहले अदालतें आरोपी को छह महीने या साल भर की ही सजा सुनाती थी। इन मामलों को धारा 326 की (गंभीर चोट) सजा के दायरे में भी नहीं रखा जाता था।

सुप्रीम कोर्ट के सीनियर एडवोकेट और ह्यूमन राइट्स लॉयर्स नेटवर्क के संस्थापक (एच.आर.एल.एन.) कोलिन गोंसेल्विस का मानना है कि नए कानून से धीरे-धीरे बदलाव आ रहा है, लेकिन कानून का पालन करानेवाली एजेंसियाँ सही

1. laxmi vs. Union of india & Ors.WP (CRIM) 129/2006
2. The Criminal law (Amendment) Act, 2013.

से जिम्मेदारी नहीं निभा रही हैं। उनका कहना है, ''ज्यादातर गड़बड़ी क्रियान्वयन के स्तर पर है। एसिड को कौन खरीद रहा है, क्यों खरीद रहा है, इस पर कोई ध्यान नहीं दिया जाता।''

लक्ष्मी की याचिका, मील का पत्थर

एसिड हमले की शिकार हुई लक्ष्मी ने 2006 में सुप्रीम कोर्ट में एक याचिका दाखिल की। इस याचिका में लक्ष्मी ने नया कानून बनाने या फिर भारतीय दंड संहिता, साक्ष्य कानून और अपराध प्रक्रिया संहिता में बदलाव करने, एसिड हमले रोकने के लिए इसकी बिक्री की निगरानी के लिए उचित प्रावधान करने और पीड़ितों के लिए उचित मुआवजे की माँग की गई थी। याचिका एसिड पीड़ितों को उचित मुआवजा दिए जाने और अस्पताल में उनके इलाज की गारंटी के संदर्भ में भी थी।

सुप्रीम कोर्ट में लक्ष्मी की तरफ से याचिका दाखिल करनेवाली वरिष्ठ वकील अपर्णा भट्ट कहती हैं, ''लक्ष्मी के साथ जिस तरह का अपराध हुआ था, उस पर ध्यान नहीं दिया जा रहा था। जबकि लक्ष्मी जैसी कई लड़कियाँ इस तरह के अपराध का शिकार होकर पीड़ा और दर्द से गुजर रही थीं। न तो उनका ठीक से इलाज हो रहा था और न ही किसी तरह का पुनर्वास हुआ।''

अपर्णा भट्ट के मुताबिक, इस याचिका का ही असर था कि सुप्रीम कोर्ट ने एसिड की बिक्री पर रोक लगाए जाने, एसिड पीड़ितों के अलावा अन्य पीड़ितों को मुआवजा देने और हॉस्पिटल में निशुल्क इलाज किए जाने का अभूतपूर्व फैसला दिया। कोर्ट ने सभी राज्य सरकारों को आदेश दिया कि एसिड हमले से पीड़ित लड़कियों को कम-से-कम तीन-तीन लाख का मुआवजा भी दिया जाए। वे कहती हैं, ''इन फैसलों के लिए हमने नौ साल की लंबी लड़ाई लड़ी।''

लक्ष्मी की इस याचिका से पहले देश में बढ़ रहे एसिड हमले को देखते हुए 'राष्ट्रीय महिला आयोग' ने 2007 में इसके लिए अलग से कानून बनाने का सुझाव दिया था। तत्कालीन राष्ट्रीय महिला आयोग की अध्यक्षा गिरिजा व्यास ने कहा था कि एसिड हमलों के मामले बढ़ रहे हैं और पीड़ित को जिस तरह की शारीरिक तकलीफ और सामाजिक उपेक्षा से गुजरना पड़ता है, उसे देखते हुए इस बात की जरूरत है कि एसिड हमले के लिए अलग से कानून होना चाहिए।

2008 में महिला आयोग ने एसिड हमले को रोकने के लिए नया कानून बनाने के मकसद से 'प्रिवेंशन ऑफ ऑफेंस' (बाइ एसिड) एक्ट 2008, का मसौदा भी तैयार किया, पर सरकार ने इसे ठुकरा दिया।

एसिड हमले को लेकर कानून में अलग से प्रावधान किए जाने से पहले पीड़ित के घायल होने या उसकी मौत हो जाने की स्थिति में इस तरह के मामलों को भारतीय दंड संहिता की धारा 325, 326, के तहत दर्ज किया जाता रहा। अक्सर ऐसे मामलों में धारा 326, जिसमें किसी को हथियार से (गंभीर रूप से) या क्षयकारी तत्त्व से जख्मी करने का मामला ही दर्ज किया जाता है। इनमें से कोई भी धारा विशेष तौर पर एसिड हमले के लिए नहीं थी।

यही वजह भी है कि नेशनल क्राइम रिकॉर्ड ब्यूरो के पास एसिड हमले का अलग से कोई आँकड़ा नहीं था। इसी तरह महिलाओं का यौन उत्पीड़न करना, पीछा करना, उनके कपड़े उतरवाने जैसे घृणित अपराधों के लिए भी अलग से प्रावधान नहीं थे। 2013 में कानून में हुए बदलाव के बाद ऐसे अपराधों के लिए अलग से प्रावधान किए गए।

इसी तरह कर्नाटक में बढ़ रहे एसिड हमले और एसिड पीड़ित हसीना की तरफ कोर्ट का ध्यान दिलाने के लिए 'कैंपेन एंड स्ट्रगल अगेंस्ट एसिड अटैक ऑन वूमेन' (सी.एस.ए.ए.ए.डब्ल्यू.) ने एच.आर.एल.एन. की मदद से हसीना के मामले को लेते हुए 2006 में कर्नाटक हाईकोर्ट में एक याचिका लगाई। एसिड से हुए हमले ने हसीना को स्थायी तौर पर विकृत बना दिया और उसकी आँखों की रोशनी भी छीन ली, पर हसीना को राज्य सरकार की ओर से पर्याप्त मुआवजा नहीं मिला था। इस याचिका पर सुनवाई के बाद हाईकोर्ट ने राज्य सरकार को यह निर्देश दिया कि वह पीड़ित को तुरंत दो लाख रुपए और दे।[3] 2004 में सेशन कोर्ट तीन लाख रुपए देने का फैसला दे चुका था।

कानून की नजर में एसिड से हमले को कितना हल्का अपराध माना जाता था इसकी कुछ बानगी देखिए—

—रविंदर सिंह बनाम हरियाणा सरकार[4] के एक मामले में पीड़ित की मौत होने के बाद दोषी के खिलाफ आई.पी.सी. की धारा 302 के तहत केस बना, लेकिन उसे उम्रकैद की सजा नहीं मिली। पत्नी द्वारा पति को तलाक देने से मना करने पर उसे एसिड से जला दिया था।

—2001 में मैसूर की डॉ. महालक्ष्मी पर उसके मकान मालिक ने एसिड फेंका। इससे उसकी एक आँख चली गई, कान को नुकसान पहुँचा और चेहरा बुरी तरह खराब हो गया। 11 साल बाद 2012 में दोषी को तीन साल की सजा सुनाई गई।

---

3. CSAAAW vs.The Principal Secretary, Deapartment Of Women and Child Welfare & Ors., (WP) (C) 11523/2006 (High Court Of Karnataka).
4. Revinder Singh vs. State Of Harayana (AIR 1975 SC 856).

—अवधेश रॉय बनाम स्टेट ऑफ झारखंड (रिपोर्ट नहीं) के एक केस में पीड़ित लड़की अपनी एक दोस्त के साथ धनबाद के बस स्टॉप पर खड़ी थी और एक युवक ने उसके सिर पर एसिड डाल दिया। आरोपी कुछ तस्वीरों की आड़ में उसे ब्लैकमेल कर रहा था, पर लड़की ने उसकी माँगें मानने से इंकार कर दिया था। एसिड हमले से लड़की बुरी तरह घायल हो गई थी। युवक के खिलाफ आई.पी.सी. की धारा 324 के तहत केस रजिस्टर्ड हुआ, उसे तीन साल की सजा सुनाई गई और हाईकोर्ट ने भी इस सजा को बरकरार रखा। पर पीड़ित को कोई भी मुआवजा नहीं मिला।

लॉ कमीशन की अनुशंसा

2008 में आई लॉ कमीशन की 226वीं रिपोर्ट[5] ने देशभर में हो रहे एसिड हमले की तरफ सबका ध्यान खींचा। जस्टिस ए.आर. लक्ष्मण की अगुआई वाले इस कमीशन ने अपनी रिपोर्ट में एसिड हमलों को लेकर कई अहम सिफारिशें कीं और कहा है कि आई.पी.सी. की धारा 326 इस समस्या का हल निकालने में पर्याप्त और कारगर नहीं है।

कमीशन का कहना था कि यह अपराध महिला और पुरुष दोनों के साथ हो सकता है, पर मामलों को देखकर यह पता चलता है कि इस अपराध के विशेष लैंगिक आयाम हैं। ज्यादतर हमला नवयुवतियों पर हुए हैं। प्रेम प्रस्ताव को अस्वीकार करने, शादी के लिए तैयार नहीं होने, संबंध नहीं बनाने, तलाक देने से मना करने और दहेज नहीं लाने के लिए एसिड हमले किए गए हैं।

कमीशन ने कहा कि एसिड हमला बहुत ही घृणित और जघन्य अपराध है। इससे पीड़ित महिला को न केवल शारीरिक आघात पहुँचता है, बल्कि वह मानसिक रूप से भी पूरी तरह टूट जाती है। एसिड हमले से शरीर में स्थायी रूप से विकलांगता भी आ सकती है।

कमीशन ने महसूस किया कि एसिड हमले के कारण पीड़ित को जिस तरह के गंभीर परिणाम भुगतने पड़ते हैं और इससे जो शारीरिक और मानसिक क्षति पहुँचती है, उसे देखते हुए धारा 326 (गंभीर रूप से चोट पहुँचाना) प्रभावी नहीं है और केवल इस धारा से एसिड हमले जैसे गंभीर अपराध से नहीं निबटा जा सकता।

---

5. Law Comission of India "The inclusion of acid attacks as specific offences in the Indian Penal Code and a law for compensation for victims of crime" report no. 226.

कमीशन ने सुझाव दिया, धारा 326A जोड़ना चाहिए, जिससे कि एसिड हमले की घटनाओं पर पुलिस अलग ढंग से कानूनी कार्रवाई कर सके। एसिड से हमला करनेवाले दोषियों को 10 साल की या उम्रकैद की सजा देने की सिफारिश भी कमीशन ने दिया।

आसानी से बच निकले

लचर कानून और न्यायिक व्यवस्था में खामियों के चलते एसिड हमले के आरोपी सालों तक कानून के शिकंजे में नहीं आ पाते। अपराधियों के मन में इस बात का भरोसा था कि दूसरे मामलों की तरह इससे भी बच निकलेंगे।

सुप्रीम कोर्ट के सीनियर एडवोकेट और 'ह्यूमन राइट्स लायर्स नेटवर्क' के संस्थापक कोलीन गोंस्लेविस मानते हैं, ''ऐसे मामलों में पुलिस और न्यायपालिका का रिस्पॉन्स बेहद मायूस करता है। यह ठीक है कि केवल सख्त सजा देने से अपराध नहीं रुकते, इसके लिए सामाजिक स्तर पर भी बदलाव की जरूरत है, लेकिन पुलिस और न्यायपालिका को अपना काम जवाबदेही से करना चाहिए।''

कई मामले में यह देखा गया कि ट्रायल शुरू होने में ही लंबा वक्त लग जाता है। जैसे 10 अक्तूबर, 2001 को मैसूर की शांति पर उसके पति ने एसिड फेंका। पुलिस शांति का बयान दर्ज करने एक सप्ताह बाद पहुँची और ट्रायल शुरू होने में तीन साल लग गए। कई मामले ऐसे हैं, जिसमें आरोपी को मामूली सजा हुई।

'थॉम्पसन रायटर्स फाउंडेशन' की पहल और एसिड सरवाइवर्स ट्रस्ट इंटरनेशनल के आग्रह पर जे. सागर इंस्टीट्यूट की ओर से 55 एसिड पीड़ितों को मिलनेवाले न्याय पर तैयार की गई एक रिपोर्ट में यह बात सामने आई कि पीड़ितों को न्याय मिलने में पाँच से दस साल का समय लग गया।

सैंपल केस में 50 फीसदी मामलों में आरोपी को हत्या का दोषी पाया गया। कुछ मामलों में जहाँ हत्या की स्पष्ट मंशा को साबित नहीं किया जा सका, वैसे अभियुक्तों को गैर इरादतन हत्या की सजा दी गई। 24 केस में अभियुक्त को हत्या का दोषी पाया गया। निचली अदालत ने 24 में से 14 मामले में दोषी को आजीवन कारावास की सजा सुनाई। हालाँकि किसी भी मामले को 'रेयरेस्ट ऑफ द रेयर केस' नहीं माना गया। छह मामलों में आरोपियों को बरी कर दिया गया। इन मामलों में आरोपियों के खिलाफ पर्याप्त सबूत नहीं दिए गए और मकसद साबित नहीं हो पाया।

गोंस्लेविस ऐसे मामले में पुलिस की लापरवाही ज्यादा देखते हैं। उनके मुताबिक, एसिड हमले के कई मामलों में उन्होंने पाया है कि एसिड जिस बरतन से फेंका गया, उसे जब्त करने, पीड़ित के जले हुए कपड़ों और गवाहों के बयान जुटाने में ही पुलिस महीनों लगा देती है। पुलिस जाँच का काम समय पर नहीं करती, इससे आरोपियों को बच निकलने का मौका मिल जाता है। सिस्टम में भ्रष्टाचार की जड़ें गहरी होना ही पुलिस की इस कर्तव्यहीनता के पीछे की वजह है।

वे कहते हैं, "पहले ऐसे मामलों में न्यायपालिका भी संवेदनशीलता नहीं दिखाती थी, लेकिन अब न्यायपालिका के नजरिए में बदलाव आ रहा है।"

जस्टिस वर्मा समिति की सिफारिश से आया बदलाव[6]-

16 दिसंबर, 2012 को दिल्ली में एक मेडिकल छात्रा के साथ चलती बस में हुए सामूहिक दुष्कर्म के बाद देशभर में महिला सुरक्षा को लेकर लोगों का रोष बढ़ा। तब सरकार 'आपराधिक कानून संशोधन विधेयक' 2013 लेकर आई और उसमें कई महत्त्वपूर्ण बदलाव किए गए। नए कानूनी प्रावधानों में एसिड हमले की तरफ भी गंभीरता से ध्यान दिया गया।

महिलाओं की सुरक्षा के लिए मौजूदा कानूनों में बदलाव के लिए इस विधेयक का मसौदा तैयार करने से पहले तत्कालीन यू.पी.ए. सरकार ने जस्टिस जे.एस. वर्मा की अध्यक्षता में एक समिति का गठन किया था। इस समिति ने 23 जनवरी, 2013 को सरकार को अपनी रिपोर्ट दी थी।

—इस समिति ने लॉ कमिशन की तर्ज पर ही सरकार को सिफारिश की थी कि देश में एसिड हमले जिस तरह से बढ़ रहे हैं, उसके लिए कानून में अलग से प्रावधान करने की जरूरत है।

—समिति का कहना था कि एसिड से किया गया हमला, जो किसी और को विकृत करने के मकसद से किया गया है, उससे निबटने के लिए सरकार को आई.पी.सी. में विशेष प्रावधान जोड़ने की जरूरत है।

—दोषी को सजा दिए जाने पर समिति की राय भी इस मामले में लॉ कमीशन से मिलती थी कि एसिड हमले के दोषी को 10 साल या उम्रकैद तक की सजा देनी चाहिए।

—समिति ने पीड़ित को मुआवजा दिए जाने की भी बात कही।

—साथ ही केंद्र और राज्य सरकारों से एक मुआवजा कोष बनाने की सिफारिश की।

6. Report Of The Committee On Amendments To Criminal Law.

'स्टॉप एसिड अटैक' कैंपेन चलानेवाले आलोक दीक्षित कहते हैं कि इस समिति की सिफारिश के बाद नया कानून बनने से पहले पुलिस का नजरिया कुछ और होता। कानून की कमजोरी के चलते केस इतना कमजोर बनता कि आरोपी आसानी से छूट जाते। इसके अलावा केस की सुनवाई भी इतनी लंबी चलती कि पीड़ित कोर्ट कचहरी के चक्कर लगा-लगाकर थक जाएँ।

सुप्रीम कोर्ट की वरिष्ठ वकील अपर्णा भट्ट का कहना है कि पहले पीड़ित के लंबे बयान में एक या दो बार एसिड हमले का जिक्र होता है, लेकिन यह इतना महत्त्वहीन होता था कि जज समझ ही नहीं पाते थे कि किस तरह का अपराध हुआ है। इसलिए जब मैंने लक्ष्मी की ओर से याचिका दाखिल की तो कोर्ट रूम में उसे चेहरे से अपना कपड़ा हटाने को कहा, जिससे कि जज देख सकें कि उसके साथ क्या किया गया है ?

क्या है नया कानून ?

2013 में कानून बदलने के बाद एसिड फेंकने का अपराध करनेवाले पर भारतीय दंड संहिता (आई.पी.सी.) की धारा 326A, 326B[7] के तहत केस दर्ज किया जाने लगा है।

—आई.पी.सी. की धारा 326A, इसके तहत प्रावधान किया गया है कि यदि कोई व्यक्ति इस ज्ञान के साथ कि वह घातक चोट पहुँचा रहा है, किसी पर एसिड फेंकता है और उसे गंभीर रूप से घायल कर देता है, इस वजह से पीड़ित को विकृत बना देता है या उसका स्थायी या आंशिक अंग-भंग होता है या अपंगता आती है या उसके शरीर के किसी अंग को नष्ट कर देता है, तो ऐसे व्यक्ति को कम-से-कम 10 साल से लेकर आजीवन कारावास की सजा होगी। इसके अलावा अभियुक्त को जुर्माना भी देना होगा।

—326B, यदि कोई व्यक्ति किसी दूसरे व्यक्ति पर जान-बूझकर उसका अंग खराब करने की मंशा से या शरीर को नुकसान पहुँचाने की नीयत से एसिड से हमला करता है तो उस पर आई.पी.सी. की धारा 326B के तहत केस दर्ज हो सकता है। साथ ही जुर्माना भी भरना पड़ेगा। अभियुक्त को कम-से-कम पाँच साल और ज्यादा-से-ज्यादा सात साल की सजा हो सकती है।

—एसिड की परिभाषा में कोई भी ऐसा अम्लीय पदार्थ शामिल है, जिससे शरीर की त्वचा को जलाया या घायल किया जा सकता है, या विकृत बनाया जा सकता है।

7. Section 326A and 326B.

—आई.पी.सी. की धारा 326A और 326B के तहत किए गए अपराध के संदर्भ में यदि कोई पुलिस अधिकारी किसी जानकारी या सूचना को रिकॉर्ड करने से मना करता है तो उसे कम-से-कम छह महीने और अधिकतम दो साल की सजा हो सकती है। ऐसे पुलिस अधिकारी को भी जुर्माने की राशि अदा करनी होगी।

—यदि कोई अस्पताल, चाहे वह सरकारी हो या गैर सरकारी या स्थानीय चिकित्सालय, पीड़ित का इलाज करने से मना करता है तो उसे एक साल तक की सजा हो सकती है। जुर्माना भी देना पड़ सकता है।

मीडिया रिपोर्ट के मुताबिक इस कानून के बनने के फौरन बाद दिल्ली में महिलाओं की सहायता के लिए बने हेल्पलाइन पर एसिड हमले के 56 मामले दर्ज कराए गए।

कमलेश जैन के मुताबिक पहले कोर्ट ऐसे दोषियों को साधारण हत्यारा भी नहीं मानती थी, छह महीने, साल-भर की सजा देकर उन्हें छोड़ दिया जाता था, पर अब न्यायिक व्यवस्था में भी बदलाव देखने को मिल रहा है और पीड़ित खुलकर शिकायत के लिए सामने भी आ रही हैं। अब एसिड हमले के दोषियों को इस अपराध में उम्रकैद तक की सजा हो रही है।

उत्तर प्रदेश के प्रथम श्रेणी के ज्यूडिसियल मजिस्ट्रेट राजर्षि शुक्ला कहते हैं कि नए कानून में बदलाव के बाद उत्तर प्रदेश हाईकोर्ट ने एसिड हमले से जुड़े मामलों को गंभीरता से लिया है और सभी जिला न्यायधीशों को इस बात के निर्देश दिए गए हैं कि एसिड हमले के मामले में त्वरित कार्रवाई हो। कोर्ट के इस निर्देश का असर दिखता है।

उनका मानना है कि कई बार जब लड़कियाँ घबराकर या हमलावर के दवाब में आकर बयान देने से मुकर जाती हैं तो ऐसे मामलों में पुलिस और कोर्ट को पीड़ित को न्याय मिलने का भरोसा दिलाना चाहिए।

हालाँकि राष्ट्रीय महिला आयोग की मौजूदा अध्यक्षा ललिता कुमार मंगलम बदले हुए कानून में जोड़े गए प्रावधान से भी संतुष्ट नहीं हैं। उनका कहना है कि इन प्रावधानों में कहीं भी, किसी भी बात के लिए कोई समय-सीमा तय नहीं की गई है। कोई समय तय नहीं होने के कारण पीड़ितों को राहत नहीं मिल पाती है। पुलिस जल्दी आरोपियों तक नहीं पहुँचती, जाँच शुरू नहीं करती, पीड़ित और उसके परिवारवालों पर सबूत लाने के लिए दबाव बनाया जाता है, सालोंसाल कोर्ट में केस चलता रहता है, ऐसे में न्याय कहाँ है ?

हालाँकि एक मामले में मध्यप्रदेश की मुरैना जिले की एक कोर्ट ने एक ऐतिहासिक फैसला दिया। 24 जुलाई, 2014 में एसिड फेंककर एक युवती की हत्या करनेवाले को फाँसी की सजा सुनाई गई। यह पहला मौका था जब इस तरह के हमले के दोषी को फाँसी की सजा दी गई।

21 जुलाई, 2013 में मुरैना के पोरसा इलाके में योगेंद्र तोमर ने शादी-शुदा रुबी पर एसिड फेंककर उसकी हत्या कर दी। तत्कालीन जिला एडिशनल सेशन जज पी.सी. गुप्ता ने योगेंद्र को धारा 302, 450 और 326 (क) के तहत दोषी करार दिया।

फैसले में जज ने कहा, ''साथ रहने से मना करने पर युवक ने महिला की हत्या कर दी। यह व्यक्ति भविष्य में अपनी इच्छा पूरी नहीं होने पर किसी को भी मार सकता है। उम्रकैद की सजा काफी नहीं होगी। इसमें न्याय नहीं होगा। आरोपी का कृत्य दुर्लभतम की श्रेणी में आता है।''

इसी तरह का हाईकोर्ट का एक सराहनीय फैसला था बैंगलोर की हसीना हुसैन के मामले में—हसीना पर 20 अप्रैल, 1999 को उसके पूर्व बॉस ने एसिड फेंक दिया। उसका चेहरा, आँखें, गरदन, छाती, दोनों हाथ और पाँव जख्मी हो गए। उसकी दोनों आँखें चली गईं। निचली अदालत ने अभियुक्त को आई.पी.सी. की धारा 326 के तहत पाँच साल कारावास और तीन लाख रुपए के जुर्माने की सजा सुनाई। कर्नाटक हाईकोर्ट ने 2006 में आई.पी.सी. की धारा 326 की जगह धारा 307 में आजीवन कारावास और दो लाख रुपए जुर्माने की सजा सुनाई।

उत्तर प्रदेश के गाजियाबाद की शाहीन परवीन के मामले में अपर सत्र न्यायधीश प्रमोद कुमार शर्मा ने 25 मई, 2011 के फैसले में अपराधियों को उम्रकैद की सजा सुनाई थी। शाहीन एक स्कूल में पढ़ाती थी। वलीउद्दीन नामक युवक उससे शादी करने के लिए जोर दे रहा था। पर उसके मना करने पर 11 अगस्त, 2009 को वलीउद्दीन और उसके साथी आबिद एक टिफिन बॉक्स में एसिड भरकर ले गए और शाहीन पर डाल दिया।

हालाँकि अधिकांश मामलों में रूबी, शाहीन और हसीना की तरह पीड़ितों को न्याय नहीं मिल पाता है। दोषियों का जल्दी ही छूट जाना, एसिड बिक्री को पूरी तरह रोकने को लेकर कोई नियम नहीं होने, घटना होने के बाद पुलिस का रवैया, पीड़ितों के इलाज को लेकर सरकार का गैर जिम्मेदाराना व्यवहार, उपचार के बेहद खर्चीले साधन और उनके पुनर्वास में होनेवाली सामाजिक और आर्थिक दिक्कतें पीड़ितों के जख्मों पर नमक डालने का काम करती हैं।

अपर्णा भट्ट के मुताबिक, पीड़ित जिंदगी भर अपने साथ हुए उस अपराध को घुट-घुटकर ढोती है। हमारी पुलिस, अस्पताल, डॉक्टर और न्यायपालिका को मिलकर यह सुनिश्चित करना चाहिए कि न्याय मिलने में उसके साथ कोई निर्ममता नहीं हो।

बर्बादी और मातम के सामान की बिक्री

समाजशास्त्रियों का मानना है कि अगर लोगों को हथियार खरीदने के नियम में ढील दे दी जाए तो समाज में किस तरह का उथल-पुथल मच जाएगा, इसका सहज अंदाजा लगाया जा सकता है पर हैरानी की बात है कि हथियार की तरह ही इस्तेमाल होनेवाले एसिड की बिक्री खुलकर हो रही है।

1990 के दशक में इस अपराध के शुरू होने और 2013 तक इसके बढ़ते मामलों को देखकर बांग्लादेश ने देश में एसिड की बिक्री और उसके वितरण को लेकर नियम सख्त बना दिए। लेकिन भारत में नए नियम आने के बाद भी बर्बादी, मौत और मातम का यह सामान आराम से खुले में मिलता है।

मध्यप्रदेश के 'लोक स्वास्थ्य एवं परिवार कल्याण विभाग' ने 07 जनवरी, 2016 को आदेश जारी कर एसिड के लाइसेंस और परमिट को ऑनलाइन जारी करने की व्यवस्था कर इसका दुरुपयोग रोकने की दिशा में कुछ हद एक कदम उठाया है। पर कुल मिलाकर तस्वीर यह बन रही है कि भारत में एसिड बिक्री की ढ़िलाई के कारण एसिड हमले हो रहे हैं।

'एसिड सर्वाइवर्स फाउंडेशन' के कार्यकारी अधिकारी राहुल वर्मा कहते हैं कि किसी एक राज्य में नहीं, बल्कि पूरे देश में एसिड बिक्री के कड़े नियम लागू करने से ही ऐसी हिंसा पर रोक लगेगी।

वैसे एसिड की उपयोगिता उद्योग और फैक्ट्रियों में है, पर सस्ता होने के कारण लोग घरों में टॉयलेट साफ करने के लिए इसका आम इस्तेमाल करते हैं। बाजारों में 30-40 रुपयों में यह आसानी से मिल जाता है। टॉयलेट साफ करने के लिए जिस उत्पाद का प्रचार टी.वी. पर अक्सर आता है, उसकी पृष्ठभूमि में बाथरूम में एसिड रखा दिखाया जाता है। एसिड एक खामोश हथियार है, जिसमें कोई आवाज नहीं होती। पानी की तरह दिखनेवाले इस पदार्थ को आसानी से एक जार या बोतल में छुपाकर रखा जा सकता है।

रंजना कुमारी सवाल करती हैं, ''जब एसिड को विष की श्रेणी में रखा गया है, फिर इसकी बिक्री कैसे होती है ? जहर बेचनेवाले सरेआम कैसे इसे बेचते हैं ?

कौन लोग हैं, जो एसिड खरीदते हैं, उनकी पहचान जाहिर क्यों नहीं होती?''

आमतौर पर मानव अंगों को क्षति पहुँचाने के लिए हमले में मुख्य रूप से सल्फ्यूरिक, हाइड्रोक्लोरिक और नाइट्रिक एसिड का इस्तेमाल होता है।

सल्फ्यूरिक एसिड का इस्तेमाल कार की बैट्रियों में होता है। कई लोग इस एसिड से टॉयलेट भी साफ करते हैं।

नाइट्रिक एसिड से गहनों और बरतनों को चमकाया जाता है।

हाइड्रोक्लोरिक फैक्ट्रियों में काम आता है, रबड़ के उत्पादन में इसका इस्तेमाल होता है।

एसिड हमले पर हुए राष्ट्रीय महिला आयोग और दिल्ली विश्वविद्यालय के एक शोध के मुताबिक, मानव अंगों को नुकसान पहुँचानेवाले तीनों प्रकार के एसिड को बड़ी आसानी से ज्वैलर्स, दवाखानों, ऑटोमोबाइल सर्विस सेंटर और हार्डवेयर की दुकानों से खरीदा जा सकता है।

इसी शोध के सिलसिले में जब शोधकर्ताओं ने एसिड हमले की शिकार हुई दिल्ली के शाहदरा में रहनेवाली रेणु शर्मा से उसके साथ हुए वाकये पर विस्तार से चर्चा की तो उसने कहा कि यदि बाजार में इस तरह खुलेआम एसिड नहीं मिलता तो शायद उसके साथ यह घटना नहीं होती। रेणु एसिड की बिक्री पर कड़ी निगरानी चाहती हैं। पर शोधकर्ताओं को इस बात पर हैरानी हुई कि रेणु के साथ यह दुर्भाग्यपूर्ण घटना होने के बाद भी उसके बाथरूम में भी एसिड की एक बोतल पाई गई थी। रेणु के परिवारवालों ने बताया कि इसका इस्तेमाल वह टॉयलेट साफ करने के लिए करते हैं।

जानकार कहते हैं कि एसिड की बिक्री पर पूरी तरह प्रतिबंध नहीं लगाया जा सकता, क्योंकि इसका उपयोग उद्योगों में भी होता है। पर पीड़ितों, सुप्रीम कोर्ट और इस क्षेत्र में काम करनेवाले एन.जी.ओ. बार-बार यह मामला उठाते हैं कि एसिड का इस्तेमाल हिंसा के लिए किया जा रहा है तो इसकी बिक्री की निगरानी सख्ती से क्यों नहीं होती? इसका इस्तेमाल किसी पर दरिंदगी करने के लिए नहीं हो, सरकार इतना तो सुनिश्चित कर सकती है।

लक्ष्मी का कहना है, ''दूसरे हथियारों से वार करने पर व्यक्ति की जान जा सकती है, लेकिन एसिड एक ऐसा हथियार है, जिससे किसी को ताउम्र जिंदा लाश बना दिया जाता है, तो आखिर इसे खरीदना किसी के लिए भी इतना आसान क्यों है? यह सही है, उद्योगों में काम आने की वजह से एसिड की बिक्री पर पूरी तरह प्रतिबंध लगाना मुश्किल है, लेकिन आम लोगों को एसिड से क्या काम? आम

घरों में इसकी क्या जरूरत? कोई बोतल में भरकर एसिड क्यों ले जाए? बोतल में एसिड खरीदकर ले जानेवाले से दुकानदार यह सवाल क्यों न करे कि इस एसिड का वह क्या करेगा?''

लक्ष्मी की याचिका पर ही सुप्रीम कोर्ट ने एसिड बिक्री पर जुलाई 2013 को सरकार को कई निर्देश जारी किए। कोर्ट में खुले में हो रही एसिड बिक्री की निगरानी करने, दुकानदारों के रजिस्टर पर सारे रिकॉर्ड रखने का आदेश दिया था। बावजूद इसके एसिड की खरीद और बिक्री दोनों जारी हैं।

दिल्ली, एन.सी.आर., लखनऊ, पटना, भोपाल या देश के दूसरे शहरों में टॉयलेट क्लीनर के लिए एसिड आसानी से बिक रहा है। अवैध रूप से एसिड बेचनेवाले ये लोग उन रजिस्टर्ड डीलरों से अलग हैं, जिनका रिकॉर्ड प्रशासन के पास होता है। इन लोगों से किसी तरह का पहचान-पत्र नहीं लिया जाता। बाद में यही खरीददार इसे बोतलों में भरकर बाजारों में बेचते हैं।

अपर्णा भट्ट कहती हैं कि एसिड की बिक्री की निगरानी का मुख्य जिम्मा एस.डी.एम. के पास है, पर वे अपनी जिम्मेदारी का निर्वाह गंभीरता से नहीं करते। एस.डी.एम. को इस काम के लिए जवाबदेह बनाना चाहिए।

कई राज्यों के एस.डी.एम. से बात करने पर पता चला कि अधिकांश के पास एसिड के कारोबार और उसके भंडारण की ज्यादा जानकारी नहीं है। उनके पास काम का इतना बोझ होता है कि एसिड की बिक्री का हिसाब-किताब रखने के काम को वह प्राथमिकता में नहीं लेते हैं। कहीं-कहीं तो लाइसेंस जारी करने को लेकर भी जागरूकता नहीं है और न ही बिना लाइसेंस लिये अवैध कारोबार करनेवालों पर कोई शिकंजा कसता है। हालाँकि जब कभी भी एस.डी.एम. ने एसिड बेचनेवाली दुकानों पर छापे मारे हैं तो भारी अनियमितता ही पाई गई हैं।

एसिड बिक्री पर सुप्रीम कोर्ट के निर्देश

- सुप्रीम कोर्ट के आदेश के मुताबिक, एसिड खरीदनेवाले व्यक्ति को अपना पहचान-पत्र दिखाना होगा और इसे खरीदने का कारण बताना होगा।
- दुकानदारों के पास एसिड का कितना स्टॉक है, उसे इस बात की जानकारी एस.डी.एम. को देनी होगी। ऐसा नहीं करने पर अघोषित स्टॉक पर 50 हजार का जुर्माना लगाया जाएगा।
- दुकानदारों के लिए यह अनिवार्य है कि वह एसिड की बिक्री होने के तीन दिनों के अंदर स्थानीय पुलिस को इसकी सूचना दें।

• 18 साल से कम उम्र के व्यक्ति को एसिड नहीं बेचा जाएगा।

कमलेश जैन के मुताबिक 'फूड एडल्टरेशन एक्ट' के होते हुए भी बाजार में सारे खाद्य पदार्थ प्रदूषित मिलते हैं, उसी तरह एसिड की खरीद-बिक्री पर नियमावली होते हुए भी एसिड आराम से मिल जाता है। जिस देश में कानून-व्यवस्था की यह हालत हो, वहाँ ऐसी लचर नियमावली का कोई मतलब नहीं है।

23 दिसंबर, 2014 को दिल्ली के राजौरी गार्डन में एक महिला डॉक्टर पर हुए इसी तरह के हमले के एक सप्ताह बाद 'मिंट' अखबार ने 31 दिसंबर को अपनी एक रिपोर्ट में बताया कि लोग आसानी से अपनी पहचान बताए बिना थोड़े से पैसों में एसिड खरीद रहे हैं।

एसिड हमले का शिकार होने के बाद ऐसी पीड़ितों के लिए काम करनेवाली 'अतिजीवन' संस्था की संस्थापक प्रज्ञा सिंह कहती हैं कि जिस तरह अन्य हथियारों के लिए लाइसेंस लेने की जरूरत पड़ती है, पहचान बताना जरूरी होता है, वैसे ही एसिड खरीदने के लिए क्यों नहीं है? सरकार उन संस्थाओं से इसका जवाब क्यों नहीं माँगती, जो इसकी निगरानी के लिए जिम्मेदार हैं?

महिला और बाल विकास मंत्री मेनका गांधी कहती हैं कि एसिड हमले के साथ-साथ महिलाओं के साथ होनेवाले किसी भी अपराध को सरकार बहुत गंभीरता से लेती है, इसलिए इनसे निपटने के लिए मोबाइल में पैनिक बटन लगाने की व्यवस्था हो रही है। किसी भी तरह के खतरे को भाँपने पर इस बटन को दबाया जा सकता है। वे बताती हैं कि हर राज्य में 'वन स्टॉप क्राइसिस सेंटर' खोला जा रहा है, जहाँ एसिड पीड़ितों के साथ-साथ हर तरह के अपराध का शिकार होनेवाली पीड़ितों का इलाज भी होगा।

क्रिमिनल लॉ अमेडमेंट एक्ट 2013 को यदि गंभीरता से लागू किया जाए तो किसी दोषी को बच निकलने का मौका नहीं मिलेगा। यह भी ध्यान रखना है कि किसी भी समाज से ऐसे अपराध को केवल कड़े कानून से नहीं रोका जा सकता, बल्कि समाज में महिलाओं के प्रति जो संकीर्ण भावनाएँ हैं, उन्हें बदलने की कोशिश करनी होगी। महिलाओं पर अपनी पसंद-नापसंद थोपने की आदत बदलनी होगी। एक अलग व्यक्तित्व के तौर पर महिलाओं को भी समाज में सम्मान और समानता की दरकार है।

□

10

कैसे बुझेगी ये जलन ?

मानव सभ्यता के विकास में हथियारों का बहुत महत्त्व रहा है। इंसान ने शुरुआती दौर में शिकार करने के लिए पत्थर और लकड़ी के हथियारों की खोज की, लेकिन बाद में इनका इस्तेमाल अपनी सुरक्षा के लिए भी किया। प्रागैतिहासिक काल में जहाँ पत्थर और लकड़ी के हथियार बनाए जाते थे, वहीं मध्यकाल तक आते-आते हथियारों का स्वरूप बदल गया। पत्थर और लकड़ी की जगह धातुओं से बने हथियारों ने ली।

मध्यकाल में धातुओं की खोज और उसके इस्तेमाल के साथ ही उनके रख-रखाव के लिए भी कई तरह के रासायनिक पदार्थों की खोज की गई। एसिड इसी तरह का एक रासायनिक द्रव था, जिसकी खोज धातुओं की सफाई के लिए मध्यकाल में की गई थी। इसका रासायनिक नाम 'सल्फ्यूरिक एसिड' है और इसे 'ऑयल ऑफ विट्रियॉल' भी कहा जाता है।

मध्यकाल से लेकर 17वीं शताब्दी तक एसिड का इस्तेमाल मानव जिंदगी में ज्यादा नहीं था। इसे छोटे पैमाने पर ही तैयार किया जाता था। इसकी सामान्य विधि ये थी कि सल्फर और साल्टपीटर (पोटैशियम नाइट्रेट)को जलाकर उसमें उसे भाप दिया जाता था, जिससे एसिड तैयार हो जाता था, लेकिन बाद में इसे बड़े पैमाने पर उद्योगों में इस्तेमाल के लिए तैयार किया जाने लगा।

एसिड के उपयोग का इतिहास बताते हुए दिल्ली विश्वविद्यालय के इतिहास के एसोसिएट प्रोफेसर विपुल कुमार कहते हैं, "औद्योगिक स्तर पर एसिड का

इस्तेमाल पहली बार 1740 में इंग्लैंड में शुरू किया गया। उस समय यह केवल ब्लीच और सफाई के लिए इस्तेमाल किया जाता था। एसिड पानी के साथ उष्माक्षेपी प्रतिक्रिया देता है। यह अतिरिक्त उष्णता छोड़ता है, इसलिए इसके संपर्क में जो कुछ भी आता है, उसे वह सोख लेता है।

धातुओं में जमी गंदगी साफ करने का यह अचूक हथियार है, लेकिन अफसोस कि यही हथियार आजकल बदले के लिए और हिंसा के लिए भी एक हथियार की तरह इस्तेमाल किया जाने लगा है। विपुल कुमार कहते हैं, ''एसिड हमेशा से कमजोरों का हथियार रहा है और इसके पीछे मंशा शरीर को विकृत बनाने, बदला लेने और अपनी जलन की भावना को शांत करने की रही।''

जब किसी इंसान पर एसिड से हमला होता है तो इसे 'विट्रियोलैज' कहा जाता है। यह हमला ईर्ष्यावश या सबक सिखाने के मकसद से किया जाता है। इस हमले का गंभीर परिणाम यह होता है कि इंसान की त्वचा की ऊपरी परत एपिडर्मिस, अंदर की परत डर्मिस और कई उत्तक नष्ट हो जाते हैं। आमतौर पर मानव अंगों को क्षति पहुँचाने के लिए हमले में मुख्य रूप से सल्फ्यूरिक, हाइड्रोक्लोरिक और नाइट्रिक एसिड का इस्तेमाल होता है।

अप्रैल 1999 में हसीना और 2001 में श्रुति एसिड हमले का शिकार हुई और दोनों का चेहरा पूरी तरह स्थायी तौर पर बिगड़ गया। दोनों के शरीर के दूसरे हिस्से भी गल गए हैं। इसलिए यह समझना जरूरी है कि क्या होता है जब किसी इंसान पर एसिड फेंका जाता है और इससे जलनेवाले को किस तरह के इलाज की जरूरत होती है ?

दिल्ली के बी.एल. कपूर हॉस्पिटल के प्लास्टिक सर्जरी विभाग के सीनियर कंसल्टेंट और यूनिट हेड अवतार सिंह बाथ बताते हैं कि सल्फ्यूरिक, हाइड्रोक्लोरिक और नाइट्रिक एसिड का इस्तेमाल जब किसी इंसान पर किया जाता है तो यह सिर्फ पाँच से दस सेकंड में त्वचा को बाहर और अंदर से गला देता है और थोड़ी देर में ही उत्तक को गलाने लगता है। एसिड का धुआँ साँस से होते हुए फेंफड़ों में चला जाता है, इससे गले में सूजन हो जाती है और साँस लेने में भी रूकावट आने लगती है।

डॉ. बाथ बताते हैं, ''इसमें सबसे ज्यादा नुकसान आँखों को होता है, क्योंकि अचानक हुए हमला से इंसान कुछ नहीं समझ पाता है और इसमें आँखें खुली रहती हैं। इसलिए एसिड सबसे पहले पलकों को गलाते हुए आँखों में चला जाता है। घटना के तुरंत बाद पीड़ित को तत्काल आई.सी.यू. में भर्ती करके विशेषज्ञ डॉक्टरों की निगरानी में इलाज की जरूरत पड़ती है, अन्यथा मरीज की आँखों की रोशनी जा

सकती है और एसिड शरीर के महत्त्वपूर्ण अंगों को बुरी तरह प्रभावित कर सकता है। हो सकता है इससे स्थायी तौर पर विकलांगता आ जाए।''

प्लास्टिक सर्जरी के क्षेत्र में उल्लेखनीय योगदान के लिए 2009 में पद्मश्री से सम्मानित और 400 से अधिक एसिड पीड़ितों का मुफ्त इलाज करनेवाले मुंबई के सीनियर कंसल्टेंट प्लास्टिक सर्जन डॉ. अशोक गुप्ता के मुताबिक, एसिड हमले में आमतौर पर पीड़ित की हालत गंभीर हो जाती है और अलग-अलग चरणों में उसे कम-से-कम 10-15 ऑपरेशनों से गुजरना पड़ता हैं। ऐसे पीड़ितों के इलाज के लिए प्रशिक्षित और विशेषज्ञ डॉक्टरों की जरूरत होती है। यदि ऐसा नहीं होता है तो पीड़ित में आत्मविश्वास नहीं लौटता है।

कई एसिड पीड़ितों का इलाज कर चुके लखनऊ स्थित एस.जी.पी.जी.आई. के वरिष्ठ प्लास्टिक सर्जन और बर्न विभाग के एच.ओ.डी. डॉ. राजीव अग्रवाल भी अपने अनुभवों से कहते हैं, ''आमतौर पर ऐसे मामलों में गंभीर रूप से पीड़ित इंसान का चेहरा गलकर गोलाकार रूप धारण कर लेता है। चेहरे के सारे उभार गोल बन जाते हैं। गाल गरदन से चिपक जाता है, जिससे गरदन को हिला पाना मुश्किल होता है। होंठ और गले के प्रभावित होने से मरीज को बोलने और खाने में बहुत तकलीफ होती है। एसिड से जलने के कारण घावों को भरने में तीन से 12 महीने का वक्त लग जाता है, इस दौरान घावों में संक्रमण फैलने का डर रहता है। संक्रमण पीड़ित के शरीर के उन भागों में भी फैल सकता है, जिन पर एसिड का असर नहीं था। घाव सूखने के दौरान खुजली के कारण उन्हें भरने में वक्त लग सकता है।''

मनोवैज्ञानिक असर

एसिड हमले से न केवल किसी इंसान को शारीरिक क्षति पहुँचती है, बल्कि जीवनभर उसे मानसिक यंत्रणा भी झेलनी पड़ती है। हमले का शिकार होनेवाले लोगों को अक्सर रह-रहकर उस घटना की याद आती है। पीड़ित को ग्लानि, शर्म और पश्चाताप और अकेलापन महसूस होता है। इनमें तनाव, अवसाद और चिंता का स्तर बहुत अधिक पाया जाता है।

भारी तनाव और अपने चेहरा खोने का दर्द मरीज को बेचैन कर देता है। सिरदर्द, नींद नहीं आने, नींद से जग जाने, नींद में डर जाने, ध्यान भंग होने, कमजोरी होने, शरीर में खुजली महसूस होने जैसी कई समस्याएँ उसे घेर लेती हैं।

देश के जाने-माने मनोवैज्ञानिक समीर पारिख के शब्दों में ''एसिड हमला झेलनेवालों को इतना गहरा मानसिक आघात पहुँचता है कि वह ताउम्र इससे बाहर नहीं निकल पाते।''

वे कहते हैं, ''पुराना चेहरा खो जाने से व बदली हुई पहचान और परिस्थिति के साथ सामंजस्य बिठाने में पीड़ित को जद्दोजहद करनी पड़ती है।'' उनके मुताबिक, एसिड हमले को शारीरिक और यौन दुर्व्यवहार की तरह देखा जाना चाहिए और इस तरह के मरीजों की देखभाल भी उसी तरह ध्यान से करनी चाहिए।

मनोचिकित्सक राजेश सागर बताते हैं, ''एसिड से हमले के बाद पीड़ित में हीन भावना, अवसाद, व्यग्रता और बेचैनी बढ़ जाती है। शुरुआती दौर में नींद नहीं आने, सिरदर्द होने, भूख नहीं लगने की समस्या रहती है। नींद आए तो भी सपने में भी वही घटनाक्रम उसके सामने से गुजरने लगता है।''

पीड़ित का बार-बार यह मन करता है कि वह वक्त को पीछे ले जाए। उसे लगता है कि काश, वो घटना के वक्त भाग सकती या उस समय वहाँ होती ही नहीं! परिवारवालों के हौसला बढ़ाने और साहस देने के बाद भी कई बार पीड़ित को अपना जीवन बेकार लगता है, और यही बात आत्महत्या के लिए भी उकसाती है। ऐसे मरीज के साथ प्यार और ममता भरा व्यवहार रखने की जरूरत होती है।

दर्द से बड़ा उपचार

हमारे देश में एसिड पीड़ितों के साथ सबसे बड़ी समस्या यह है कि एक तो उन्हें समय पर सही इलाज नहीं मिलता है और दूसरा यह इलाज इतना लंबा और खर्चीला होता है कि यह पीड़ित और उसके परिवारवालों को हर मोर्चे पर पूरी तरह झकझोरकर रख देता है।

डॉ. अग्रवाल कहते हैं कि ऐसे पीड़ितों के उपचार का खर्च भी उतना ही बड़ा होता है, जितना बड़ा उनका दर्द। दुर्भाग्य से पीड़ित को ऐसे एक-दो नहीं बल्कि 15-20 ऑपरेशनों से गुजरना पड़ता है। यह ऑपरेशन बहुत महँगे होते हैं और इसमें 10 लाख से लेकर 50 लाख तक खर्च हो सकता है। पीड़ित चाहे तो इसमें जिंदगी भर सर्जरी की गुंजाइश बनी रहती है।

2005 में दिल्ली के 'निफ्ट' में फैशन डिजाइनिंग का कोर्स करनेवाली मोनिका सिंह को एसिड हमले के बाद 40 बार से ज्यादा सर्जरी करानी पड़ी। कर्नाटक की हसीना, दिल्ली की अनु मुखर्जी और सोनाली मुखर्जी भी 30 से ज्यादा सर्जरी करा चुकी हैं।

डॉ. अग्रवाल कहते हैं, ''एसिड से हमला मानव अंगों को इतना प्रभावित कर देता है कि उसका इलाज चूनौतीपूर्ण हो जाता है। इलाज में थोड़ी सी भी देरी मरीज को गंभीर स्थिति में पहुँचा देती है। वहीं सभी सरकारी अस्पतालों में प्लास्टिक सर्जरी की सुविधा भी उपलब्ध नहीं होती। ऐसे में ग्रामीण इलाकों या छोटे शहरों में होनेवाले ऐसे हमले के बाद परिवारवालों के लिए बड़े शहरों में आने की मजबूरी हो जाती है। तब तक एसिड अपना असर छोड़ रहा होता है।''

सच पूछिए एसिड की जद में आने का मतलब है—जिंदगी भर के लिए एक चक्रव्यूह में फँस जाना। इसका हमला इतना घातक होता है कि देरी की कोई गुंजाइश नहीं रहती। लेकिन इस तरह के मामले में पीड़ितों का इलाज न हो पाना तो एक बड़ा मुद्दा है ही, उससे भी बड़ी समस्या अस्पतालों के रवैए की है।

कई बार अस्पताल ऐसी संवेदनहीनता का परिचय देते हैं जिसके बारे में सुनकर मानवता से भरोसा उठ जाता है। दुर्भाग्य से एसिड की जलन और उसकी पीड़ा से तड़प रही पीड़ितों को अक्सर अस्पताल, डॉक्टर और स्टाफ के खराब व्यवहार को झेलना पड़ता है और कुशल डॉक्टरों से इलाज कराने का इंतजार करना पड़ता है।

1999 में बैंगलोर की हसीना पर उसके पूर्व बॉस ने एसिड फेंक दिया था। हसीना का आधा शरीर जल गया और उसकी दोनों आँखें चली गईं। प्राथमिक उपचार के लिए उन्हें चार दिन का इंतजार करना पड़ा। उन्हें जिस अस्पताल में पहुँचाया गया, वहाँ के स्टाफ को पता ही नहीं था कि इसका इलाज किस तरह करना है?

चेन्नई की 23 वर्षीया विनोधिनी की एसिड हमले के बाद बेहतर इलाज के अभाव में तीन महीनों के अंदर ही मौत हो गई। विनोधिनी एक वॉचमैन की बेटी थी। बी-टेक. कर एक प्राइवेट फर्म में काम करती थी। कम पढ़े-लिखे सुरेश के विवाह प्रस्ताव को ठुकराने पर सुरेश ने उसे एसिड से जला दिया।

10 अक्तूबर, 2001 को मैसूर में शांति के चेहरे पर उसके पति ने एसिड फेंक दिया। बुरी तरह घायल शांति को पहले पास के निजी अस्पताल ले जाया गया, जिसने पुलिस केस कहते हुए उनका इलाज करने से मना कर दिया। अगले दिन उन्हें दूसरे अस्पताल ले जाया गया, जहाँ 19 दिनों तक रहने के बाद भी उनके घावों पर केवल मरहम लगाया गया।

कर्नाटक के तुमकुर जिले की जयलक्ष्मी को 2003 में उनके पति ने एसिड फेंककर बुरी तरह घायल कर दिया। मीडिया रिपोर्ट के मुताबिक, उन्हें इलाज के लिए लंबा इंतजार करना पड़ा, क्योंकि डॉक्टर को बैंगलोर से बुलाया गया। जिस

अस्पताल में उन्हें भर्ती कराया गया, वहाँ के डॉक्टरों को पता नहीं था कि एसिड से जले हुए मरीज का इलाज कैसे करना है ?

शादी का प्रस्ताव ठुकराने पर चेन्नई की विद्या पर विजय भास्कर ने 30 जनवरी, 2013 को एसिड फेंककर बुरी तरह जला दिया। वह एक नौकरानी की बेटी थी और पिता की बचपन में ही मौत हो गई थी। विद्या वहाँ एक आई.टी. कंपनी में काम करती थी। बेहतर इलाज के अभाव में 13 फरवरी, 2013 को विद्या की मौत हो गई।

सरकारी हो या निजी, एसिड पीड़ितों का इलाज करने के मामले में, अस्पतालों पर लापरवाही करने के आरोप लगते रहे हैं। बिहार की चंचल पासवान के पिता का आरोप था कि वह घटना के बाद जब चंचल को पटना मेडिकल कॉलेज में लेकर गए तो अस्पताल ने चंचल को दाखिल करने से मना किया, फिर दवाइयाँ बाहर से मँगाने के लिए विवश किया।

'ह्यूमन राइट्स लॉयर्स नेटवर्क' (एच.आर.एल.एन.) की वकील मंगला वर्मा कहती हैं, "चंचल के मामले में पी.एम.सी.एच. ने सही इलाज नहीं किया। उसकी जो सर्जरी की गई, वो ठीक नहीं थी। अस्पताल का रवैया पीड़ित के लिए संवेदनशील नहीं था।"

मुंबई की रहनेवाली रेशम पर मई 2014 में इलाहाबाद में एसिड से हमला किया गया। वह अपनी परीक्षा देने के लिए इलाहाबाद आई थी। रेशम की माँ खुशनोमा को याद है कि हमले के बाद उसे इलाहाबाद के जिस अस्पताल में रखा गया, वह नरक के समान था। रेशमा की कई घंटों बाद ड्रेसिंग की गई। जब अस्पताल ने उसका ठीक से इलाज नहीं किया तो उसका परिवार उसे मुंबई वापस ले आया।

एसिड पीड़ितों के लिए काम करनेवाली कई सामाजिक कार्यकर्ताओं का कहना है कि अस्पतालों में एसिड पीड़ितों को लेकर संवेदनशीलता नहीं बरती जाती। स्टाफ ऐसे मामलों को निबंटने के लिए प्रशिक्षित नहीं किए जाते, वे हाइजीन का ध्यान नहीं रखते और पीड़ित और उसके परिवारवालों के साथ निष्ठुरता से पेश आते हैं।

'कैंपेन एंड स्ट्रगल अगेंस्ट एसिड अटैक ऑन वूमेन' (सी.एस.ए.ए.ए.डब्ल्यू.) की वकील शीला रामनाथन ने 2006 में 'द हिंदू' अखबार को दिए इंटरव्यू में इस बात की ओर ध्यान दिलाया, जिसके बारे में अक्सर सोचा ही नहीं जाता। उन्होंने कहा कि ऐसे पीड़ितों को किस तरह के इलाज की जरूरत है, इसे लेकर जागरूकता नहीं है। कई केस ऐसे देखने को मिले, जहाँ पीड़ित के घाव पर नारियल तेल लगा

दिया गया और उन्हें कंबल में लपेटकर रखा गया। इससे पीड़ित को और ऐसी क्षति पहुँचती है, जिसकी भरपाई नहीं हो पाती।

सी.एस.ए.ए.डब्ल्यू. की सुषमा वर्मा एक-दूसरे अहम मुद्दे की तरफ हमारा ध्यान खींचती हैं—अभी अस्पतालों में केवल आग से जलनेवाले मरीजों के लिए अलग विभाग हैं, जबकि एसिड हमले का शिकार पीड़ित के लिए कोई अलग व्यवस्था नहीं है। देश के कई सरकारी अस्पताल एसिड हमलों के इलाज में सक्षम नहीं हैं। कभी उनके पास अत्याधुनिक उपकरण नहीं होते, तो कभी विशेषज्ञ डॉक्टर नहीं होते, तो कभी बेड ही खाली नहीं होता। ऐसे में पीड़ित जब अस्पताल पहुँचते हैं तो डॉक्टर और स्टाफ समझ नहीं पाते कि इलाज कैसे करना है?

उनका कहना है कि एसिड पीड़ितों के उपचार के लिए विशेषज्ञ डॉक्टरों की भी देश में भारी कमी है, इसका खामियाजा लोगों को उठाना पड़ता है। जो भी डॉक्टर हैं, उनके बारे में जानकारी नहीं होने या अधिक फीस के कारण पीड़ित उन तक समय पर नहीं पहुँच पाते।

वहीं राज्य सरकारों के ढीले रवैए और अस्पतालों के मनमानेपन के कारण अस्पतालों पर यह लांछन भी लगते रहे हैं कि वह एसिड पीड़ितों को केवल प्राथमिक चिकित्सा देकर उन्हें वापस भेज देते हैं। एसिड हमले पर किए गए राष्ट्रीय महिला आयोग और दिल्ली विश्वविद्यालय के शोध में 25 पीड़ितों को अस्पताल में मिले रिस्पॉन्स का जब जायजा लिया गया तो देखा गया कि रुपा, अर्चना, पार्वती, गायत्री, तब्बुस्सम और माधुरी को केवल प्रारंभिक चिकित्सा निशुल्क दी गई। हजीदा, सलोनी, जरीना को अस्पतालों ने उनको प्रारंभिक चिकित्सा देकर उन्हें घर भेज दिया।

इन सभी पीड़ितों के केस को देखने पर पता चला कि बड़े ऑपरेशनों में होनेवाले लाखों रुपए का खर्च उन्हें खुद वहन करना पड़ा। यहाँ तक कि प्रारंभिक चिकित्सा के दौरान दवाइयों और अन्य चीजें बाहर से लाने को कहा गया।

'परिवर्तन केंद्र' की वर्षा जावलगेकर बिहार के नवादा जिले के सोनी परवीन का उदाहरण देते हुए बताती हैं कि निशुल्क चिकित्सा देने के सुप्रीम कोर्ट के फैसले के बाद भी पटना मेडिकल कॉलेज हॉस्पिटल (पी.एम.सी.एच.) ने सोनी का इलाज करने से मना कर दिया। 13 सितंबर, 2015 को उस पर हमला हुआ था। नवादा के सदर अस्पताल ने सोनी को पी.एम.सी.एच. रेफर कर दिया, हम लड़ते रहे पर अस्पताल वालों ने हमारी बात नहीं सुनी। बाद में पटना के ही एक

प्राइवेट अस्पताल में उसे रखा गया। एक-दो दिन बाद मीडिया में मामला आने के बाद पी.एम.सी.एच. में सोनी को दोबारा लाया गया।

निजी अस्पतालों में इलाज, बड़ा सवाल

जब सरकारी पैसों से चलनेवाले सरकारी अस्पतालों का एसिड पीड़ितों के प्रति इतना दुराग्रहपूर्ण और अमानवीय व्यवहार है तो समझा जा सकता है कि निजी अस्पतालों की सोच क्या रहती है!

सीनियर एडवोकेट रेबेका मेमन जॉन कई पीड़ितों से सुन चुकी हैं कि अक्सर निजी अस्पताल प्राथमिक चिकित्सा तक देने से मना कर देते हैं और एडमिट करने में आना-कानी करते हैं। वे कहती हैं, ''इलाज लंबा और बेहद खर्चीला होने के कारण निजी अस्पताल पीड़ितों को भर्ती करने से कतराते हैं। वे उन पर सरकारी हॉस्पिटल में जाने का दबाव बनाते हैं। कोई भी प्राइवेट हॉस्पिटल आसानी से इस बात के लिए तैयार नहीं होता कि वे मुफ्त में किसी का इलाज करें।''

एच.आर.एल.एन. में एसिड हमले के मामलों की नेशनल इंचार्ज शाहीन कहती हैं, ''एसिड हमले की शिकार किसी पीड़ित को दिल्ली के प्राइवेट अस्पतालों में एडमिट कराना जब हमारे लिए मुश्किल होता है तो सोचिए अन्य शहरों के क्या हालात होंगे?'' शाहीन खुद एसिड हमले का शिकार हुई हैं।

शाहीन अपने अनुभव से बताती हैं, ''हमें अक्सर यह कहकर अस्पतालों से लौट जाने को कहा जाता है कि हमारे यहाँ एसिड हमले के इलाज के लिए सुविधाएँ नहीं हैं, आई.सी.यू. में बेड खाली नहीं है। हम दबाव डालते हैं तो गार्ड हमें अंदर नहीं जाने देते, तब हमें मजबूरन पुलिस और मीडिया को बुलाना पड़ता है।''

पीड़ितों की इसी परेशानी को देखते हुए सुप्रीम कोर्ट ने लक्ष्मी की याचिका के निपटारे पर सुनवाई के दौरान 10 अप्रैल, 2015 को देशभर के निजी अस्पतालों को एसिड पीड़ितों के इलाज और ऑपरेशन का खर्च उठाने को कहा। कोर्ट ने सभी राज्यों और केंद्रशासित प्रदेशों से कहा कि वे इस मामले पर निजी अस्पतालों से यह बात करके सुनिश्चित करें कि एसिड पीड़ितों की तत्काल और पूरी देखभाल हो सके। कोर्ट ने यह भी कहा कि एसिड हमले के शिकार पीड़ित को जिस अस्पताल में ले जाया जाएगा, उसे यह सर्टिफिकेट देना होगा कि वह एसिड हमले से पीड़ित है। इसी आधार पर उसका निशुल्क इलाज होगा।

निजी अस्पतालों को दिए गए सुप्रीम कोर्ट के इस निर्देश के पहले केंद्रीय स्वास्थ्य मंत्रालय ने 02 मई, 2013 को सभी राज्य और केंद्र शासित प्रदेशों को इस

बात के लिए पत्र लिखा कि सभी सरकारी और निजी अस्पतालों को क्रिमिनल लॉ अमेंडमेंट एक्ट 2013 के अनुसार सभी एसिड पीड़ितों का मुफ्त में इलाज करने के लिए आवश्यक निर्देश जारी करें। सभी सरकारी अस्पताल एसिड पीड़ितों का मुफ्त में इलाज करें। स्वास्थ्य मंत्रालय ने सभी सरकारी अस्पतालों से कहा कि एसिड पीड़ितों को कई तरह की सर्जरी करानी पड़ती है, इसलिए उनके लिए एक या दो बेड निश्चित तौर पर रखा जाए, जिससे कि उनका ऑपरेशन शीघ्रता से किया जा सके। जिन निजी अस्पतालों ने सरकार से सस्ते दामों पर जमीन हासिल की है उन्हें भी एसिड पीड़ितों के लिए एक या दो बेड निश्चित रखने को कहा गया।

पीड़ितों के इलाज के लिए अस्पतालों को दिए गए सुप्रीम कोर्ट के निर्देश के बाद सत्तातंत्र में भी हलचल हुई। गृह मंत्रालय और स्वास्थ्य मंत्रालय के सचिवों की 1 मार्च, 2015 को हुई बैठक में यह फैसला किया गया कि सभी राज्य सरकार और केंद्रशासित प्रदेश यह सुनिश्चित करें कि कोई भी सरकारी या प्राइवेट अस्पताल एसिड पीड़ित का इलाज करने से मना नहीं करे। पीड़ितों को प्राथमिक उपचार निशुल्क दिए जाने की भी बात कही गई।

वहीं क्रिमिनल लॉ (अमेंडमेट) एक्ट 2013 में सी.आई.पी.सी. की धारा 357C में साफ तौर पर प्रावधान किया गया है कि चाहे सरकारी हों या निजी अस्पताल उन्हें एसिड पीड़ित को प्राथमिक चिकित्सा या पूरा इलाज निशुल्क करना है।

यूँ तो कानून की किताब में एसिड पीड़ितों के इलाज के लिए कई अधिकार दिए गए, पर जमीनी स्तर पर यह लड़ाई बहुत लंबी है। राष्ट्रीय महिला आयोग की अध्यक्षा ललिता कुमाम मंगलम मुफ्त में इलाज के सवाल को जीवन रक्षा के सवाल से जोड़कर देखती हैं, पीड़ितों को निजी अस्पतालों के रहमोकरम पर क्यों रहना पड़े, वे बेहतर इलाज और अपने जीवन की रक्षा के लिए अधिकार के साथ वहाँ क्यों नहीं जाएँ? सरकार को यह सुनिश्चित करना चाहिए कि कोई भी अस्पताल इस बात से इंकार नहीं कर सके। इसके लिए सरकार निजी अस्पतालों के साथ बातचीत करके कोई रास्ता निकाले।

वे बताती हैं, ''एक बार चेन्नई में एसिड हमले के एक पीड़ित को एक निजी अस्पताल ने एडमिट करने से मना करने पर उन्होंने खुद इस मसले पर अस्पताल के मालिक से बात की थी। अस्पताल मालिक ने कहा, 'वह पीड़ित के बेड और बाकी के खर्चे नहीं लेंगे, लेकिन डॉक्टर अपनी फीस लिये बिना मरीज का इलाज करने को तैयार नहीं हैं।' ''

उनका मानना है, ऐसी ही हालत में अक्सर निजी अस्पतालों में पीड़ितों को जूनियर डॉक्टरों के भरोसे छोड़ दिया जाता है। यदि कोई अस्पताल या डॉक्टर एसिड पीड़ित का इलाज करने से मना करे तो उस पर तुरंत केस होना चाहिए।

शाहीन कहती हैं, ''सुप्रीम कोर्ट ने तो कह दिया है कि निजी अस्पताल मुफ्त इलाज करें, लेकिन निजी अस्पतालों को लगता है कि वे अपनी जेब से पैसे क्यों खर्च करें? फिर भी कुछ अस्पतालों ने अपनी सामाजिक भूमिका का निर्वाह किया है।'' वे बताती हैं, ''दिल्ली के फोर्टिस अस्पताल ने दो, अपोलो ने तीन और बी.एल. कपूर हॉस्पिटल ने भी तीन मरीजों का इलाज किया है।'' वे मानती हैं, अस्पतालों में बर्न विभाग की तरह एसिड हमले के लिए भी एक विभाग होना चाहिए, जहाँ किसी भी हमले की खबर मिलते ही तुरंत उसे अस्पताल में एडमिट कराया जा सके।

'स्टॉप एसिड अटैक कैंपेन' के आलोक दीक्षित भी कुछ हद तक इस बात से सहमत नजर आते हैं कि निजी अस्पतालों पर सरकार यह बोझ क्यों डालें? सरकार क्यों नहीं एसिड पीड़ितों के लिए अस्पतालों को फंड देती है? यदि सरकार इसका इंतजाम कर दे तो कोई भी अस्पताल इस बात के लिए मना नहीं कर पाएगा।

इस मामले में उत्तर प्रदेश सरकार ने देर से ही सही, पर एक शुरुआत की है। अखिलेश सरकार ने सरकारी अस्पतालों को एसिड पीड़ितों के इलाज के लिए फंड देना शुरू कर दिया है। 'संजय गांधी पोस्ट ग्रेजुएट इंस्टीट्यूट ऑफ मेडिकल साइंस' (एस.जी.पी.जी.आई.) को 2015-2016 के लिए 70 लाख रुपए दिए गए हैं।

डॉ. राजीव अग्रवाल बताते हैं, ''इस फंड को मिलने के बाद मैं अब तक दस मरीजों का ऑपरेशन कर चुका हूँ। पहले एसिड पीड़ितों को पता नहीं था कि उन्हें इलाज के लिए कहाँ जाना है। अब प्रदेश में इसकी जानकारी धीरे-धीरे पहुँच रही है और इलाज के लिए पीड़ितों की भीड़ लग गई है।'' उन्होंने कहा कि यहाँ एसिड पीड़ितों के इलाज के लिए बहुत सी सुविधाएँ दी गई हैं, इसलिए जल्दी ही यह अस्पताल देश के श्रेष्ठ अस्पतालों में गिना जाएगा।

उत्तर प्रदेश के महिला और बाल विकास विभाग की पूर्व प्रमुख सचिव रेणुका कुमार ने बताया कि प्रदेश सरकार ने यह पहल 'लक्ष्मीबाई महिला सम्मान कोष' के तहत की है। उन्होंने बताया कि इलाज के साथ-साथ सरकार ऐसे पीड़ितो को प्राथमिकता देते हुए उनकी शैक्षणिक योग्यता के आधार पर 'रानी लक्ष्मीबाई आशा ज्योति सेंटर' में सरकारी नौकरियाँ भी देने पर विचार कर रही है।

मई 2015 में हरियाणा सरकार ने भी यह घोषणा की कि सभी सरकारी और

निजी अस्पताल एसिड हमले की शिकार पीड़ितों को तुरंत प्राथमिक चिकित्सा देंगे और उसका इलाज करेंगे। सरकार की ओर से बयान जारी कर कहा गया कि यदि कोई अस्पताल इलाज देने से मना करता है तो पीड़ित उसके खिलाफ शिकायत दर्ज करा सकता है। 2010 में एसिड हमले की शिकार हुई अंजू का हिसार के सोनी बर्न अस्पताल में इलाज का खर्च हरियाणा सरकार उठा रही है। अगस्त 2015 में दिल्ली सरकार ने भी दिल्ली के निजी अस्पतालों में एसिड पीड़ितों के निशुल्क इलाज की घोषणा की।

प्लास्टिक सर्जरी का सहारा

प्लास्टिक सर्जरी का मतलब है, शरीर के किसी हिस्से को ठीक करना। इस प्रक्रिया में डॉक्टर शरीर के दूसरे हिस्से से उत्तक लेकर दूसरे समस्याग्रस्त हिस्से में जोड़ते हैं। एसिड पीड़ितों के लिए विज्ञान की यह खोज किसी वरदान से कम नहीं है, मगर यह प्रक्रिया लंबी है और बहुत खर्चीली भी। इसके बावजूद भी वह परिणाम नहीं मिलता, जिसकी अपेक्षा मरीज को होती है। कई बार सीरीज ऑफ सर्जरी करनी पड़ती है।

सफदरजंग हॉस्पिटल के सीनियर प्लास्टिक सर्जन डॉ. समेंद्र कहते हैं, ''एसिड पीड़ितों के इलाज में प्लास्टकि सर्जरी की अहम भूमिका है। इसमे पहले डॉक्टरों की कोशिश होती है कि पीड़ित की फंक्शनल सर्जरी करें, यानी जैसे आँखों की पुतली नहीं बंद हो रही हो तो उसे सामान्य किया जाए, होंठ चिपक गए हो तो उन्हें अलग किया जाए, नाक चिपक गई हो या गल गई हो तो उसे ठीक किया जाए। ऐसा करने पर पीड़ित सबसे पहले अपना सामान्य काम कर सकते हैं, जैसे खाना खाना, साँस लेना। इसके बाद कॉस्मेटिक सर्जरी की प्रक्रिया होती है।'' वे कहते हैं कि पीड़ित के चेहरे की सर्जरी करना, किसी भी डॉक्टर के लिए बहुत चुनौतीपूर्ण काम है।

आज से 20-25 साल पहले प्लास्टिक सर्जरी करना और भी कठिन था। पहले केवल पतली खाल लगाई जाती थी, जो सिकुड़ जाया करती थी, लेकिन अब इस क्षेत्र में तरक्की हुई है। अब टिशू एक्पेंडर की मदद से शरीर के एक हिस्से से खाल को काटकर दूसरी जगह लगाते हैं। डॉ. समेंद्र मानते हैं, ''इस दिशा में प्रगति तो हुई है, लेकिन फिर भी विज्ञान पीड़ितों को वह चेहरा वापस नहीं दे सकता, जो ईश्वर ने बनाया है।''

डॉ. अग्रवाल बताते हैं, ''सरकारी अस्पतालों में ऐसे मरीजों की एक सर्जरी

में कम-से-कम 50-60 हजार रुपए खर्च होते हैं और सरकार यह खर्च जनता के टैक्स के पैसों से करती है। यही सर्जरी यदि निजी अस्पतालों में होती है तो जाहिर है उसका खर्च बहुत ज्यादा होता है।''

कानूनी उलझन

इलाज की राह में कानूनी उलझनें भी कम नहीं होतीं। राष्ट्रीय महिला आयोग और दिल्ली विश्वविद्यालय के संयुक्त शोध में एक पीड़ित के साथ हुए वाकये का हवाला देते हुए कहा गया है कि 15 फरवरी, 2006 को दिल्ली के शाहदरा में यशपाल नामक युवक ने रेणु शर्मा पर एसिड फेंका। घटना के तुरंत बाद बुरी तरह घायल रेणु को गुरुतेग बहादुर अस्पताल पहुँचाया गया। पर रेणु को अस्पताल ने तब तक दाखिल नहीं किया, जब तक पुलिस नहीं पहुँची। पुलिस के अस्पताल पहुँचने में 2-3 घंटे की देरी हुई और रेणु हमेशा के लिए दृष्टिहीन हो गई।

यह हाल तब है, जब आज से करीब 27 साल पहले पंडित परमानंद शर्मा के मामले में भी सुप्रीम कोर्ट ने सभी अस्पतालों को निर्देश दिया था कि वे पुलिस केस या पुलिस का इंतजार किए बिना पीड़ितों का इलाज करें। उन्हें किसी कानूनी कार्रवाई का डर नहीं होना चाहिए। फिर यही बात सुप्रीम कोर्ट ने 30 मार्च, 2016 को 'सेव लाइफ' के फैसले में भी कही।

राष्ट्रीय महिला आयोग की अध्यक्षा ललिता कुमार मंगलम का इस बात पर जोर है कि पुलिस का इंतजार किए बिना अस्पताल को ऐसे पीड़ित का इलाज करना चाहिए। बेशक यह आपराधिक मामला होता है इसलिए अस्पताल पुलिस के आने का इंतजार करती है, लेकिन जिस तरह सुप्रीम कोर्ट ने कहा है कि सड़क हादसे में घायल लोगों को अस्पताल पहुँचानेवालों को पुलिस परेशान नहीं करे, उसी तरह ऐसे मामलों में भी अस्पताल को भी कानूनी कार्रवाई हो जाने का इंतजार नहीं करना चाहिए।

आमतौर पर देश के बड़े अस्पतालों में बर्न विभाग हैं और एसिड से जलनेवालों का इलाज भी यहीं किया जाता है। दिल्ली का सफदरजंग अस्पताल का बर्न विभाग देश के श्रेष्ठ विभागों में से एक माना जाता है। इसलिए यहाँ बड़ी तादाद में आग, एसिड या किसी और ज्वलनशील पदार्थों से जलनेवाले मरीज आते हैं। देश के तमाम राज्यों और केंद्रशासित प्रदेशों के बड़े अस्पतालों के बर्न विभाग में ही एसिड पीड़ितों का इलाज होता है। अपोलो, फोर्टिस, बी.एल. कपूर, बॉम्बे अस्पताल और सोनी बर्न अस्पताल में भी एसिड पीड़ितों के इलाज की पूरी सुविधाएँ हैं। फिर भी

एसिड पीड़ितों के इलाज के लिए कई अस्पतालों और डॉक्टरों की भारी दरकार है।

इसी तरह आँखों के इलाज के लिए चेन्नई का मशहूर 'शंकर नेत्रालय' और 'एल.वी. प्रसाद इंस्टीच्यूट' एसिड पीड़ितों की आँखों की रोशनी लौटाने में एक अहम भूमिका निभा रहा है। अब तक दर्जनों एसिड पीड़ितों का इलाज इन अस्पताल में हो चुका है। आँखों के अच्छे अस्पतालों की कमी होने के कारण एसिड हमले में आँखों की रोशनी जाने के बाद किसी भी पीड़ित और उसके परिवारवालों के लिए यही अस्पताल पहली पसंद होते हैं। एसिड पीड़ितों की यह विडंबना होती है कि एक ही अस्पताल में सारी सुविधाएँ नहीं होने के कारण उन्हें अलग-अलग अस्पतालों के चक्कर काटने पड़ते हैं।

पहल

जितना स्याह पक्ष इस अपराध का है, उतनी ही उम्मीद की रोशनी तब दिखाई देती है, जब एसिड पीड़ितों के मर्म को समझनेवाली संस्थाओं और व्यक्तियों के प्रयासों पर गौर करते हैं। कई स्तर पर उनके लिए चिकित्सा और कानूनी सहायता मुहैया कराने की पहल हो रही है।

ब्रिटेन की स्वास्थ्य सेवा एन.एच.एस. के रिटायर्ड प्लास्टिक सर्जन चार्ल्स वाइवा ऐसे पीड़ितों के लिए फरिश्ता माने जाते हैं। वे कई दशकों से भी अधिक वक्त से कई देशों में घूमकर एसिड अटैक के पीड़ितों का इलाज कर रहे हैं। इनकी टीम जहाँ भी जाती है वे आने-जाने और सर्जरी के लिए पीड़ितों से एक भी पैसा नहीं लेते हैं।

वाइवा कहते हैं कि इस पीड़ा से गुजरनेवाले मरीजों का इलाज करना चुनौतीपूर्ण होता है, लेकिन मैं जब उन्हें देखता हूँ तो लगता है उनके लिए कुछ भी कर सकता हूँ, तो करना चाहिए। वे कहते हैं, ''यदि आप थोड़ा जल जाते हैं तो कैसा महसूस करते हैं ? उनका सोचिए, जिनका चेहरा और शरीर एसिड से जला दिया जाता है।''

चार्ल्स के साथ अब श्रीलंका के एक रिटायर्ड डॉक्टर भी जुड़ गए हैं। यह दल ब्रिटेन की चैरिटी संस्था 'इंटरप्लास्ट यू.के.' का हिस्सा है। इस टीम में सर्जन, डॉक्टर, नर्स और फिजियोथेरेपिस्ट और फोर्मसिस्ट भी शामिल हैं।

फरवरी 2016 में वाइवा के नेतृत्व में दिल्ली में लंदन के डॉक्टरों और उनके सहयोगियों ने 30 बर्न और एसिड पीड़ितों की सर्जरी की। यह सारी सर्जरी गुड़गाँव स्थित 'प्रतीक्षा हॉस्पिटल' में हुई है। इस 'प्रोजेक्ट रिवाइव' को 'एसिड सर्वाइवर

फाउंडेशन ऑफ इंडिया' और 'रितिंजलि' एन.जी.ओ. का सहयोग मिला।

बिहार की अनुपमा को यहाँ हुई सर्जरी के बाद नया चेहरा मिल गया है। एसिड हमले के बाद अनुपमा के चेहरे का निचला हिस्सा इस हमले में बुरी तरह से झुलस गया था।

2009 में पद्मश्री से सम्मानित और कई अंतरराष्ट्रीय पुरस्कारों से सम्मानित मुंबई के सीनियर प्लास्टिक सर्जन डॉ. अशोक गुप्ता अपने 40 साल के मेडिकल प्रोफेशन में 400 से अधिक एसिड पीड़ितों को नया चेहरा और नया जीवन दे चुके हैं। वे 'रिकंस्ट्रक्टिव सर्जरी फाउंडेशन' भी चलाते हैं, जिसके जरिए आर्थिक रूप से पिछड़े एसिड पीड़ितों की मदद की जाती है। लखनऊ के डॉ. विवेक एसिड पीड़ितों का निशुल्क इलाज करते हैं।

कई संस्थाएँ एसिड पीड़ितों की मदद के लिए काम कर रही हैं। एसिड सर्वाइवर्स फाउंडेशन ऑफ इंडिया, स्टॉप एसिड अटैक, मेक लव नॉट स्केयर, ह्यूमन राइट्स लॉ नेटवर्क (एच.आर.एल.एन.) परिवर्तन केंद्र और अमर उजाला फाउंडेशन और 'बेटी' संस्था के सहयोग से एसिड पीड़ितों को चिकित्सा और कानूनी सहायता मिलती है। फिल्म अभिनेत्री शर्मिला टैगोर का 'पटौदी ट्रस्ट' शाहीन की चिकित्सा कराने में मदद कर रहा है।

एच.आर.एल.एन. की अलग-अलग राज्यों में वकील और डॉक्टरों की टीम है, जो एसिड हमले की शिकार पीड़ितों की चिकित्सा और कानूनी लड़ाई में उनका साथ देती है। ये संस्थाएँ पीड़ितों को मानसिक रूप से मजबूती देने के साथ-साथ उन्हें आत्मनिर्भर बनाने की कोशिश भी करती हैं।

'अमर उजाला फाउंडेशन' एसिड पीड़ितों के इलाज की मुहिम को आगे बढ़ा रही है। कई पीड़ितों का लखनऊ के एस.जी.पी.जी.आई. अस्पताल में इलाज चल रहा है। पीड़ितों का इलाज उत्तर प्रदेश सरकार के 'लक्ष्मी बाई महिला कोष' के जरिए कराया जा रहा है। फाउंडेशन पीड़ितों के आने, रहने, खाने-पीने, दस्तावेज बनवाने में उनकी मदद करती है।

कुछ लोग निजी स्तर पर भी एसिड पीड़ितों की मदद के लिए आगे आए हैं। अनुरंजन सिंह ने अपनी संस्था 'बेटी' के जरिए सोनाली मुखर्जी समेत कई लड़कियों के इलाज में मदद की है। अभिनेता जॉन इब्राहिम ने चंचल पासवान, तराना समेत कई पीड़ितों का गुड़गाँव के फोर्टिस में इलाज कराया है। इब्राहिम फीवर 104 एफएम के मिशन 'तेजाब' से जुड़े रहे। एफएम ने इस मुद्दे को गंभीरता से

उठाया और पीड़ितों को अपनी बात समाज के सामने रखने का एक मौका दिया।

एसिड से जलने पर क्या करें?

इस बात को लेकर लोगों में जागरूकता की भारी कमी है, यदि उनके सामने किसी पर एसिड से हमला हो और डॉक्टर के पास पहुँचने में देरी हो रही हो तो किस तरह पीड़ित की मदद की जा सकती है?

—एसिड हमले का शिकार हुए व्यक्ति को तुरंत नल के नीचे रखें, लगातार पानी का बहाव रखना चाहिए। पानी का बहाव तेज होना चाहिए।

—ध्यान रखें, पानी बहुत ठंडा नहीं हो।

—पानी के नीचे करीब 20-25 मिनट तक रखा जाना चाहिए।

—पीड़ित को आँखें बंद रखने को कहा जाए। इन पर भी 15-20 मिनट तक पानी डालना चाहिए।

—ध्यान देना चाहिए कि चेहरे से जब एसिड निकल रहा हो तो वह शरीर के दूसरे हिस्से में नहीं जाए।

—एसिड लगे कपड़े, ज्वैलरी और जूते को फौरन निकाल देना चाहिए।

—पीड़ित को साँस लेने में परेशानी हो रही हो तो तुरंत खुली हवा में ले जाएँ।

—बेहोश व्यक्ति को जबरदस्ती पानी पिलाने की कोशिश नहीं करनी चाहिए।

❑

11

मुआवजे का मरहम

दर्द क्या होता है, जलन क्या होती है, तड़प क्या होती है ?—यह जानना है तो किसी ऐसे इंसान से मिलिए, जिस पर एसिड फेंका गया हो। उनसे पूछिए कैसे दर्द से मुकाबला किया जाता है, कैसे जीवन से उनका रोज संघर्ष होता है ? यह तकलीफ ऐसी है, जिसमें जिंदगी मौत के समान है और हर मोड़ पर इम्तिहान है।

एसिड हमले का शिकार होने के बाद किसी इंसान को न केवल शारीरिक क्षति पहुँचती है, बल्कि मानसिक तौर पर भी उसे गहरा आघात पहुँचता है। सामाजिक स्तर पर उसकी उपेक्षा होती है, नाते-रिश्तेदार, दोस्त, सहयोगी, पड़ोसी सब रिश्ता तोड़ लेते हैं। स्कूल, कॉलेज और दफ्तर छूट जाता है।

उनका आत्मविश्वास इस कदर डगमगा जाता है कि पीड़ितों को घर से बाहर निकलने में भय, ग्लानि महसूस होती है। उन्हें अक्सर एकाकी जीवन जीना होता है। यदि शरीर में विकृति अधिक हो जाए और आँखों की रोशनी चली जाए तो वे अपने दैनिक कार्यों के लिए भी परिवार के किसी सदस्य या बाहरी व्यक्ति पर निर्भर रहते हैं।

सरकार चाहे तो मुआवजे और सरकारी नौकरी का मरहम लगाकर ऐसे लोगों को जीने का हौसला दे सकती है, उन्हें खुद के पैरों पर खड़े होने का मौका दे सकती है। दुर्भाग्य से कुछ पीड़ितों को तो इसकी जानकारी ही नहीं होती कि मुआवजा कैसे मिलेगा ? यदि उन्हें सही जानकारी मिल भी जाए और वे सही जगह पहुँच भी जाएँ तो उसे पाना उनके लिए आसान नहीं होता। काफी भाग-दौड़ और चक्कर

काटने के बाद यदि मुआवजा मिल भी जाए तो वह रकम इतनी कम होती है कि पीड़ित के इलाज और पुनर्वास की जरूरतें भी पूरी नहीं हो पातीं।

सुप्रीम कोर्ट की सीनियर वकील कमलेश जैन कहती हैं, "पीड़ितों को मुआवजा 'जिला विधिक प्राधिकरण' से प्राप्त होता है, लेकिन दुर्भाग्य से ज्यादा प्रचार-प्रसार नहीं होने के कारण अधिकांश लोगों को इसके बारे में पता ही नहीं होता। यदि कोई पीड़ित वहाँ तक पहुँच भी जाए, तो प्राधिकरण उन्हें कागजी काररवाइयों में उलझाकर कई चक्कर कटवाता है। काफी जद्दोजहद के बाद किसी-किसी पीड़ित को सुप्रीम कोर्ट के निर्देश के हिसाब से कम-से-कम तीन लाख रुपए मिल पाते हैं। कभी-कभार यह रकम भी अधिकारियों की कानूनी जानकारी न होने के कारण भी नहीं मिल पाता।" वे कहती हैं, "वैसे तो यह रकम पीड़ितों के दीर्घकालिक इलाज को देखते हुए बेहद कम है, फिर भी कुछ राहत तो मिल ही जाती है।"

वह यह भी बताती हैं कि कानून के मुताबिक यदि हमलावर गिरफ्तार हुआ हो या नहीं या एफ.आई.आर. दर्ज नहीं भी हुई हो, फिर भी पीड़ितों को घटना के 15 दिन के अंदर मुआवजा देना प्राधिकरण की जिम्मेदारी है।[1] एसिड पीड़ितों को ज्यादा आरामदायक जीवन चाहिए। उन्हें हर वक्त ए.सी. की जरूरत होती है, गरमी में उनके लिए रहना मुश्किल है। इसलिए मुआवजा देते समय इन सब बातों का ध्यान रखा जाना चाहिए कि उनकी रोजमर्रा की तकलीफों को भी दूर किया जा सके।

दिल्ली में पहली बार नसरीन को तीन लाख रुपए का मुआवजा मिला। इसके लिए कमलेश जैन ने सारी कागजी कार्रवाई स्वयं की और यह मुआवजा दिलाने में नसरीन की मदद की। इसी तरह अनु, चंचल, सोनम, तबा तब्बुसम को भी मुआवजा उनके प्रयासों से मिला। वे बताती हैं कि अनु के मामले में भी उन्होंने सारी जरूरी कागजी कार्रवाई खुद की थी, इसलिए केवल 20-25 दिनों के अंदर उसे मुआवजा मिल पाया, लेकिन बाकी पीड़ित, जिन्हें सही मार्गदर्शन नहीं मिलता या जिन्हें सही मदद पहुँचानेवाला कोई नहीं होता, प्राधिकरण उन्हें कई चक्कर कटवाता है।

मई 2014 में इलाहाबाद में एसिड हमले का शिकार हुई मुंबई की रहनेवाली 18 वर्षीय रेशमा को मुआवजा पाने के लिए खूब धक्के खाने पड़े। एसिड पीड़ितों को कम-से-कम तीन लाख का मुआवजा देने और जिसमें एक लाख की राशि घटना के 15 दिन के अंदर देने का निर्देश सुप्रीम कोर्ट ने जुलाई 2013 में ही दे

1. 357A(4) CrPC amendment on 31.12.2009.

दिया था, लेकिन घटना के सात महीने बीत जाने के बाद भी रेशमा के परिवार के हाथ केवल वह स्लीप आई थी, जिस पर केस नंबर लिखा था।

31 जनवरी 2012 में मुंबई के गोरेगाँव रेलवे स्टेशन पर एसिड हमले की शिकार हुई आरती ठाकुर मुआवजा पाने के लिए दर-दर भटकती रही। थककर उन्हें मुंबई हाईकोर्ट का दरवाजा खटखटाना पड़ा। दार्जिलिंग की मीरा एसिड हमले के बाद मुआवजा और न्याय पाने के लिए दर-दर की ठोकरें खाती रही है।

दिल्ली की आशिया पर 1993 में एसिड फेंका गया था। उनका चेहरा और शरीर के कई अंग इस हमले में बुरी तरह झुलस गए, पर न तो कोई केस बना और न ही कोई मुआवजा मिला। हाल तक आज आशिया दो हजार रुपए प्रतिमाह पर घरों में बरतन धोकर अपना गुजारा कर रही थी। वह रोजाना शास्त्री नगर से गीता कॉलोनी में काम के लिए जाती थीं। उन पर अपनी एक विकलांग बहन की जिम्मेदारी का बोझ भी है। अभी आसिया का दिल्ली महिला आयोग में एमटीएस पद पर नियुक्त किया गया है। जबकि कानूनन आशिया को भी मुआवजा मिलने का अधिकार है। कानून के मुताबिक भले ही ट्रायल नहीं चला हो, अभियुक्त न पकड़ा गया हो, सिर्फ पीड़ित सामने हो तो उसे या उसके आश्रितों को मुआवजा मिलेगा।[2]

कैसा हो मुआवजा?

लॉ कमीशन ने अपनी रिपोर्ट में मुआवजा दिए जाने के कोर्ट के कई फैसलों की आलोचना की। दिल्ली सरकार बनाम मेवा सिंह के मामले में पीड़ित को केवल 300 रुपए मुआवजा दिए जाने के मामले पर कोर्ट ने फैसले को मजाक बताया है। रिपोर्ट में कुछ उदाहरणों से समझाया गया कि हमारी न्यायिक व्यवस्था और सरकार ऐसे पीड़ितों को किस तरह के मुआवजे का हकदार मानती है।

2006 के एक मामले में मद्रास हाईकोर्ट ने पत्नी पर एसिड फेंकने के मामले में दोषी को आई.पी.सी. की धारा 302 और 313 के तहत उम्रकैद की सजा तो सुनाई, लेकिन उस पर महज दो हजार रुपए का जुर्माना लगाया। जबकि एसिड पड़ने के कारण महिला बुरी तरह घायल हो गई और बाद में उसकी मौत हो गई थी।

15 मामलों की समीक्षा करने के बाद लॉ कमिशन इस नतीजे पर पहुँचा कि अधिकांश मामलों में एसिड पीड़ितों को उचित मुआवजा नहीं दिया गया। जो मिला, वह इतना कम था कि उससे पीड़ितों को बेहद मामूली राहत मिली। कमीशन ने

2. 357A(4) of CrPC-31/12/2009.

सिफारिश करते हुए कहा कि इस बात की जरूरत है कि पीड़ित को मुआवजा देने के लिए तुरंत 'आपराधिक क्षति मुआवजा बोर्ड' बनाना चाहिए, जिससे कि प्रभावी ढंग से एसिड हमले के साथ-साथ बलात्कार और यौन उत्पीड़न के पीड़ितों को भी मुआवजा दिया जा सके।

उत्तर प्रदेश के प्रथम श्रेणी के ज्यूडिशियल मजिस्ट्रेट राजर्षि शुक्ला भी इस बात से इत्तेफाक रखते हैं कि आपराधिक क्षति मुआवजा बोर्ड पीड़ितों को एक सम्मानजनक मुआवजा दिलाने में अपनी भूमिका निभा सकता है। उनका कहना है कि बोर्ड अपराध की गंभीरता को देखते हुए पीड़ितों को ऐसा मुआवजा दे जो न केवल उन्हें आत्मनिर्भर बनाए बल्कि समाज में गरिमा के साथ जीने का रास्ता भी दिखाए।

वरिष्ठ वकील रेबेका मेमन जॉन का कहना है, " 'आपराधिक क्षति मुआवजा बोर्ड' बनाना केंद्र सरकार की प्राथमिकता होनी चाहिए, इससे पीड़ितों को तत्काल राहत पहुँचाई जा सकती है। उन्हें दर-दर भटकने की जरूरत नहीं पड़ेगी।"

'परिवर्तन केंद्र' की वर्षा जावलांगेकर इस मुद्दे को इस तरह समझाती हैं, " 'परिवर्तन' संस्था की याचिका में हमने मुद्दा उठाया था कि पीड़ित को किस बात का मुआवजा दिया जाए, केवल कुछ सर्जरी कराने के लिए, या कुछ दवाइयाँ खरीदने के लिए ही नहीं बल्कि। मुआवजा या पुनर्वास तो इस तरह का होना चाहिए कि वह पीड़ित को आत्मनिर्भर बना सकें। इसका फायदा यह होगा कि पीड़ित को लेकर उसका परिवार जिन आर्थिक और सामाजिक कठिवाइयों से गुजर रहा है, वह दूर होंगी। यदि पीड़ित कोई रोजगार शुरू कर सके या उसे कोई सरकारी नौकरी मिल जाए तो परिवारवालों पर उसकी आर्थिक निर्भरता कम हो जाएगी।

'अतिजीवन' संस्था की प्रज्ञा भी कुछ ऐसी ही राय रखती हैं, "अक्सर देखने में आया है कि लड़कियों पर एसिड हमले उस उम्र में हुए हैं, जब या तो वह पढ़ाई कर रही थी या नौकरी। हमले के बाद उसकी पढ़ाई छूट जाती है या नौकरी चली जाती है। पीड़ितों को अपने खाने-पीने से लेकर तमाम बातों के लिए दूसरों पर आश्रित रहना पड़ता है।"

ऐसे में सवाल है कि एसिड पीड़ितों को किस तरह का मुआवजा दिया जा सकता है और उनका पुनर्वास कैसे किया जाए? क्या केवल तीन लाख रुपए दे देना पर्याप्त है? सरकार क्यों नहीं यह सुनिश्चित करती कि ऐसे पीड़ितों को तत्काल सरकारी नौकरी दी जाए या जो पढ़ाई पूरी करना चाहती हैं, उन्हें फिर से पढ़ने का मौका मिले?

एसिड पीड़ितों को मुआवजा देने के मुद्दे पर राज्य सरकार की संवेदनहीनता और ढिलाई पिछले साल तक दिखाई दी थी। दिसंबर 2015 को सुप्रीम कोर्ट ने

चंचल पासवान के मामले में बिहार की गैर सरकारी संस्था 'परिवर्तन' केंद्र बनाम केंद्र सरकार की याचिका पर राज्य सरकार को पीड़ित को दस लाख रुपए का मुआवजा देने और उसकी सर्जरी सहित निशुल्क पूरा इलाज की व्यवस्था करने का निर्देश दिया। कोर्ट ने कहा कि भारत में एसिड हमलों को लेकर स्थिति बहुत दयनीय है और सरकार की ओर से सुस्ती और लापरवाही बरती जाती है।[3]

सुप्रीम कोर्ट के सीनियर वकील और 'ह्यूमन राइट्स लॉयर्स नेटवर्क' के संस्थापक कोलिन गोंस्लेविस की राय में तीन लाख रुपए मुआवजा देने का फैसला ही गलत है। जब आप कहेंगे कि कम-से-कम तीन लाख दिया जाना चाहिए तो तीन लाख ही मिलेगा। मुआवजे की राशि तय नहीं की जानी चाहिए थी। वे कहते हैं, 'परिवर्तन केंद्र' बनाम भारत सरकार के केस में याचिका का असर यह हुआ कि सुप्रीम कोर्ट ने बिहार सरकार को पीड़ित को दस लाख रुपए देने का फैसला सुनाया। यह मामला दूसरे राज्य सरकारों के लिए भी एक नजीर बना।

जस्टिस एम.वाई. इकबाल और जस्टिस सी. नगप्पन की एक पीठ ने सभी राज्य और केंद्रशासित प्रदेशों को पूर्व में जारी किए गए दिशा-निर्देशों के अनुसार एसिड हमले के पीड़ितों के लिए मुआवजा, पुनर्वास और निशुल्क चिकित्सा कराने की व्यवस्था करने को कहा था।

वर्षा जावलांगेकर कहती हैं, "चंचल के मामले में राज्य सरकार उचित मुआवजा देने और उसके पुनर्वास करने के सुप्रीम कोर्ट के फैसले का सम्मान नहीं कर रही थी। इसलिए हम यह मामला लेकर दिल्ली के एच.आर.एल.एन. के पास आए और सुप्रीम कोर्ट में याचिका दायर की।

एच.आर.एल.एन. से जुड़ी वकील मंगला वर्मा बताती हैं, "राज्य सरकार के उदासीन रवैए के कारण लक्ष्मी के मामले पर सुप्रीम कोर्ट ने सभी राज्य सरकारों को मुआवजा राशि तीन लाख रुपए देने का निर्देश दिया था। बावजूद इसके चंचल को राज्य सरकार से पर्याप्त मुआवजा नहीं मिला था।"

इसी तरह हसीना के मामले में कर्नाटक की संस्था एंड स्ट्रगल अगेंस्ट एसिड अटैक वूमेन (सी.एस.ए.ए.ए.डब्ल्यू.) ने एच.आर.एल.एन. की मदद से एक याचिका 2006 में कर्नाटक हाईकोर्ट में लगाई।[4] हाईकोर्ट ने हसीना को दो लाख रुपए अतिरिक्त मुआवजा देने का फैसला दिया और आरोपी को आजीवन कारावास

---

3. Supreme Court-Parivartan Kendra vs UoI-17/12/2015- Justice (Yusuf Iqbal & C. Nagappan J.J. manu)/SC/1399/2015.
4. CSAAAW vs, the Principal Secretary, Department of Women and Child & Ors., (Wp) (C)11523/2006 (High Court of Karnataka).

की सजा सुनाई। इससे पहले ट्रायल कोर्ट ने अभियुक्त पर तीन लाख रुपए का जुर्माना लगाया था, जो हसीना के घरवालों को दिया गया।

सी.एस.ए.ए.ए.डब्ल्यू. की संस्थापक सदस्य और सामाजिक कार्यकर्ता सुषमा वर्मा बताती हैं, "इस याचिका के बाद सरकार और प्रशासन का ध्यान कर्नाटक में बढ़ रहे एसिड हमलों और पीड़ितों को दिए जानेवाले मुआवजे की ओर गया। वरना हमारे लगातार संघर्ष के बाद भी किसी का ध्यान इस तरफ नहीं जा रहा था।" वे कहती हैं, "एसिड पीड़ितों के साथ किसी का व्यवहार संतोषजनक नहीं होता, चाहे वह पुलिस हो या अस्पताल या फिर न्यायपालिका। हालाँकि न्यायपालिका से लोगों को बहुत उम्मीदें होती हैं, लेकिन वह अक्सर निराश ही करती है।"

सुप्रीम कोर्ट ने लक्ष्मी की याचिका पर 18 जुलाई, 2013 को कहा कि सी.आर. पी.सी. धारा 357A के तहत बनी मुआवजा योजना, जिसके तहत पीड़ित को 50 हजार रुपए से दो लाख तक की राशि दिए जाने का प्रावधान है, वह नाकाफी है। कोर्ट ने कहा कि कम-से-कम योजना में तीन लाख रुपए तक का मुआवजा दिए जाने का प्रावधान होना चाहिए। जिसमें से एक लाख रुपए घटना की जानकारी मिलने के 15 दिन के अंदर पीड़ित को दिए जाएँ।

लक्ष्मी कहती हैं कि पीड़ितों को तत्काल राहत देने के लिए कोर्ट के इस फैसले से स्थिति में थोड़ा सुधार हुआ है। उत्तर प्रदेश सरकार ने पीड़ितों को अच्छा मुआवजा दिया है। दूसरे राज्यों के लिए भी यह मिसाल है। वह कहती हैं कि सुप्रीम कोर्ट का यह निर्देश कि हमले के 15 दिन के अंदर एक लाख रुपए दिया जाए और बाद में दो लाख रुपए दिए जाने से पीड़ितों के परिवारवालों को तत्काल बहुत बड़ी राहत मिल जाती है।

लक्ष्मी की वकील अपर्णा भट्ट कहती हैं कि लक्ष्मी की वजह से दूसरे अपराधों का शिकार हुए पीड़ितों के लिए भी तीन लाख रुपए का मुआवजा पाने का रास्ता खुला। हर पीड़ित को कम-से-कम तीन लाख रुपए दिए जाने की बात से कम-से-कम उन्हें राहत मिली, जिन्हें तुरंत इलाज की जरूरत है।

धारा 357 ए

इससे पहले एसिड के हमलों की गंभीरता देखते हुए पीड़ितों के पुनर्वास या उसके आश्रितों को मुआवजा दिलाने के लिए उचित कोष तैयार करने के इरादे से केंद्र सरकार ने 31 दिसंबर, 2009 को आपराधिक प्रक्रिया संहिता में संशोधन करके इसमें धारा 357A जोड़ा। इस धारा के तहत केंद्र सरकार से तालमेल करके राज्य

सरकारों को ऐसी योजना तैयार करनी है, जिसके तहत किसी भी तरह के अपराध की शिकार पीड़ितों के पुनर्वास या उसके आश्रितों को मुआवजा दिलाने के लिए उचित कोष तैयार किया जा सके। पर जनवरी 2011 तक भी राज्य सरकारों और केंद्रशासित प्रदेशों ने कोई मुआवजा योजना बनाई।

02 फरवरी, 2011 को लक्ष्मी की याचिका पर सुनवाई के दौरान सुप्रीम कोर्ट ने एक बार फिर राज्य और केंद्रशासित प्रदेश की सरकार को इस बात के लिए फटकार लगाई और गृह मंत्रालय को उनके साथ तालमेल करके मुआवजा योजना बनाने का निर्देश दिया।

16 अप्रैल, 2013 को लगातार हो रहे एसिड हमले को लेकर सुप्रीम कोर्ट ने केंद्र सरकार से नाराजगी जाहिर की और कहा कि सरकार की लापरवाही के कारण ही लोगों तक एसिड आसानी से पहुँच रहा है और उसका इस्तेमाल महिलाओं पर हिंसा के लिए हो रहा है। कोर्ट ने सख्ती से कहा कि सरकार तीन पहलुओं की तरफ ध्यान दे—

1. एसिड की बिक्री और उसके भंडारण को लेकर कानून बने।
2. पीड़ितों की चिकित्सा और उसका पुनर्वास किया जाए।
3. धारा 357A के तहत पीड़ितों को मुआवजा देने की योजना बनाए।

एसिड पीड़ित महिला या तो अस्पताल में दम तोड़ देती है या आजीवन विकृत शरीर या विकलांग होकर गुमनामी की जिंदगी जीती है। एक तरफ जहाँ सरकार को ऐसे अपराध पर प्रतिबंध लगाना होता है, वहीं पीड़ितों को सहारा देने के लिए उन्हें उचित मुआवजा देना भी सरकार की जिम्मेदारी होती है।

इसी उद्देश्य से केंद्रीय गृह मंत्रालय ने 14 अक्तूबर, 2015 को 200 करोड़ रुपए की प्रारंभिक राशि के साथ 'केंद्रीय पीड़ित मुआवजा कोष' नामक योजना की शुरुआत की। इस योजना से एसिड हमलों, मानव तस्करी, बलात्कार, सीमा पर गोलीबारी से पीड़ित लोगों को सहायता प्रदान की जाती है। इस योजना का मकसद विभिन्न राज्यों के बीच मुआवजा राशि की असमानता को कम करना है और पीड़ित को अपराध से हुई क्षतिपूर्ति के आधार पर मुआवजा देने का निर्देश दिया गया है। इसमें एसिड पीड़ित के लिए तीन लाख की राशि का निर्धारण किया गया है।

उत्तर प्रदेश सरकार ने पीड़ित क्षतिपूर्ति योजना शुरू की है इस योजना में पाँच लाख रुपये तक भी दिए जा रहे हैं। इस योजना के जरिए राज्य विधिक सेवा प्राधिकरण और जिला विधिक सेवा प्राधिकरण मुआवजे का निर्धारण करते हैं। 03 फरवरी, 2013 से

05 फरवरी, 2015 तक के बीच राज्य के विभिन्न जिला में पंजीकृत मामले के हिसाब से 60 एसिड पीड़ितों की पहचान की।

एच.आर.एल.एन. की नियम पुस्तिका 'बर्निंग इनजस्टिस' में विभिन्न राज्यों में चलाई जा रही मुआवजा योजना और इसके तहत दी जानेवाली राशि के बारे में जो ब्योरा दिया गया है, उसके मुताबिक बिहार सरकार जीवन की क्षति पर एक लाख, एसिड हमले में घायल होने पर 25 हजार रुपए देती है। गोवा सरकार मुआवजा योजना 2012 के कमानेवाले सदस्य की मृत्यु होने पर दो लाख रुपए, शरीर के किसी अंग के खराब होने या एसिड हमले के कारण 40 फीसदी या 80 फीसदी से कम विकलांगता होने पर दस हजार रुपए और घायल होने के कारण मानसिक यंत्रणा झेलनेवाले को दस लाख रुपए देती है।

गुजरात में पीड़ित मुआवजा योजना 2013 के तहत जीवन की क्षति होने पर डेढ़ लाख, शरीर के किसी अंग के खराब होने और 80 फीसदी या उससे अधिक विकलांगता है, पर एक लाख रुपए और एसिड से चेहरे या सिर के जलने पर एक लाख रुपए दिए जाते हैं। जम्मू-कश्मीर में एसिड पीड़ित को दो लाख से तीन लाख रुपए, हमले के कारण 80 फीसदी से अधिक विकलांगता होने पर दो लाख रुपए दिए जाने का प्रावधान है।

कर्नाटक में मुआवजा योजना 2011 के तहत जीवन क्षति पर दो लाख, 80 फीसदी से अधिक विकलांगता होने पर एक लाख, पुनर्वास राशि बीस हजार रुपए दिए जाते हैं। वहीं तमिलनाडु सरकार एसिड हमले की वजह से मौत होने पर तीन लाख रुपए का मुआवजा देती है। दिल्ली सरकार एसिड हमले के पीड़ित को तीन लाख रुपए तक की सहायता देती है।

मंगला वर्मा कहती हैं, "अभी भी राज्य सुप्रीम कोर्ट के आदेश का पूरी तरह से पालन नहीं कर रहे हैं। एसिड हमला होने पर कम-से-कम तीन लाख दिए जाने के सुप्रीम कोर्ट के निर्देश के बाद भी राज्य सरकार पीड़ित के जख्म के हिसाब से मुआवजा देती है। यदि जख्म कम हो तो केवल 50 हजार रुपए या इससे भी कम राशि मुआवजे के तौर पर दी जाती है। जबकि हमले की जानकारी मिलने के बाद ही पीड़ित को कम-से-कम तीन लाख दिया जाना चाहिए। जख्म गहरे और गंभीर होने पर तो यह मुआवजा कई गुणा बढ़ा देना चाहिए।

'बर्निंग इनजस्टिस' में कहा गया है कि सुप्रीम कोर्ट के 16 अप्रैल, 2013 के फैसले के बाद हरियाणा सरकार की योजना को इन सबमें सबसे बेहतर माना जा

रहा है। राष्ट्रीय महिला आयोग और दिल्ली विश्वविद्यालय ने भी अपनी शोध में हरियाणा सरकार की योजना को मॉडल बताया है।

हरियाणा सरकार किसी एसिड पीड़ित के विकृत होने और किसी अंग के खराब होने और प्लास्टिक सर्जरी कराने की स्थिति में तीन लाख रुपए देती है। इसमें से एक लाख रुपए घटना की जानकारी होने के 15 दिन के अंदर दिया जाता है। पीड़ित की मौत हो जाने की स्थिति में यह राशि पाँच लाख रुपए तक हो सकती है। कम घायल होने पर पचास हजार रुपए दिए जाते हैं। इसके अलावा हरियाणा सरकार विकलांगों की श्रेणी में आनेवाले सभी एसिड पीड़ितों को आठ हजार रुपए प्रतिमाह आर्थिक सहायता देने का भी फैसला किया है।

हरियाणा सरकार ने मार्च 2014 में सुप्रीम कोर्ट में एक हलफनामा देकर कहा कि राज्य का महिला और बाल विकास विभाग एसिड पीड़ितों के इलाज का पूरा खर्च उठाएगा, जिसमें सर्जरी और मनोवैज्ञानिक चिकित्सा भी शामिल है। हरियाणा सरकार के इस हलफनामे पर सुप्रीम कोर्ट के जस्टिस आर.एम. लोढ़ा, मदन बी. लोकुर और कुरियन जोसेफ की एक पीठ ने मार्च 2014 को अन्य राज्यों से कहा कि वह भी हरियाणा सरकार की तर्ज पर मुआवजा योजना बना सकते हैं।

एसिड पीड़ितों पर हुए राष्ट्रीय महिला आयोग और दिल्ली विश्वविद्यालय के एक शोध में 25 पीड़ितों के केस का जिक्र करते हुए कहा गया है कि जहाँ तक राज्य सरकार से मिलनेवाली सहायता राशि और मुआवजे की बात है, 25 में से केवल सात मामलों में ही पीड़ित को मदद मिली, लेकिन उन्हें जिस तरह के इलाज और सर्जरी की जरूरत थी, उस हिसाब से मुआवजा नाकाफी था।

सुप्रीम कोर्ट ने परिवर्तन केंद्र बनाम केंद्र सरकार और अन्य याचिका पर पीड़ितों के पुनर्वास की दिशा में एक और महत्त्वपूर्ण फैसला दिया। सुप्रीम कोर्ट ने कहा कि पीड़ितों को विकलांगों की श्रेणी में शामिल किया जाए, जिससे कि उन्हें सरकारी नौकरियों में आरक्षण और अन्य सामाजिक योजनाओं का लाभ मिल सके। पीठ ने कहा, ''हमने राज्य और केंद्रशासित प्रदेश की सरकार से कहा कि वह एसिड पीड़ितों की गंभीर हालात को समझे और उनके नाम को विकलांगता श्रेणी में शामिल करने के लिए उचित कदम उठाए।''

जहाँ तक पुनर्वास की बात है, इसके बहुत कम उदाहरण हैं। दिल्ली की अनु मुखर्जी को जस्टिस कूरियर जोसेफ की पहल पर सुप्रीम कोर्ट में नौकरी दी गई है। वहीं सोनाली मुखर्जी और कविता बिष्ट को भी सरकारी कोटे से नौकरी हासिल हुई है।

18 मार्च, 2016 को रेणु के केस में दिल्ली हाईकोर्ट बनाम दिल्ली सरकार व महिला और बाल विकास विभाग के केस में अदालत ने रेणु के इलाज का पूरा खर्च राज्य सरकार को देने और उसे सरकारी नौकरी देने को कहा है।[5]

वैसे हाल के अंजू के मामले में चंडीगढ़ हाईकोर्ट में जाने के बाद पीड़ित को जिस तरह की राहत देने की बात कही गई है, उससे न्यायपालिका से सबकी उम्मीदें बढ़ गई हैं। हरियाणा सरकार अंजू को बीस लाख रुपए मुआवजा देने, हिसार के सोनी बर्न हॉस्पिटल में उसका पूरा इलाज कराने, पहले हुए इलाज का पूरा खर्च वापस करने और आठ हजार रुपए पेंशन देने को तैयार हो गई है। इसके अलावा उसे एक राशन की दुकान भी दी जाएगी। अंजू पर 2010 में एसिड हमला हुआ था।

विश्वास है, मुआवजे की यह मरहम जख्मों को भरने में थोड़ी मदद कर सकेगी।

❑

5. Manu/DE/0782/2016-Renu Sharma vs Govt of NCT of Delhi-18-03-2016 by Justice Manmohan J.

12

दक्षिण एशिया-एसिड से जंग जारी

महिलाओं पर होनेवाली हिंसा खत्म करने के मकसद से संयुक्त राष्ट्र ने 25 नवंबर को 'महिलाओं के विरुद्ध हिंसा खत्म करनेवाला दिन' घोषित किया है।[1] इस दिन पूरी दुनिया में महिलाओं पर होनेवाली हिंसा को खत्म करने के लिए जागरूकता फैलाई जाती है। पर तमाम घोषणाओं, कार्यक्रमों और नीतियों के बाद भी दुनियाभर में औरतों को किसी-न-किसी रूप में हिंसा का सामना करना पड़ता है। एसिड हिंसा भी औरतों के साथ होनेवाले अपराध का एक क्रूर रूप है। वैसे तो पुरुष भी इस हिंसा का सामना कर रहे हैं, पर महिलाओं के खिलाफ इसका सबसे ज्यादा इस्तेमाल होता है।

एसिड सर्वाइवर्स ट्रस्ट इंटरनेशनल के मुताबिक दुनिया के 23 देशों में एसिड हमले बढ़े हैं और हर साल दुनिया भर में ऐसी तकरीबन 1500 घटनाएँ हो रही हैं। एसिड हमला ऐसा अपराध है, जिससे अमरीका, ब्रिटेन और ऑस्ट्रेलिया जैसे विकसित देश भी अछूते नहीं हैं। ब्रिटेन की उभरती हुई मॉडल केटी पर हुए एसिड हमले के बाद दुनियाभर में चर्चा हुई। केटी पर उनके पूर्व प्रेमी ने 2008 में एसिड फेंक दिया था।

हालाँकि इन देशों में भारत, बांग्लादेश, पाकिस्तान, अफगानिस्तान, नेपाल, कंबोडिया और युगांडा के मुकाबले एसिड हिंसा की कम घटनाएँ होती हैं। एक अनुमान है कि दुनियाभर में हो रहे इस अपराध की 80 फीसदी शिकार महिलाएँ हो रही हैं। इसमें छोटी बच्चियाँ तक शामिल हैं।

---

1. The UN Declaration on the Elimination of Violence against Women (1993)

न्यूयॉर्क के कॉरनेल लॉ स्कूल के एवॉन ग्लोबल सेंटर की 2011 में आई एक रिपोर्ट बताती है कि एसिड हमले ज्यादातर ऐसे स्थानों पर देखे गए हैं, जहाँ आसानी से इसकी उपलब्धता है और जहाँ इसका सबसे ज्यादा प्रयोग होता है। जैसे पाकिस्तान में कॉटन और कंबोडिया में रबर उद्योग के आसपास के इलाकों में एसिड हमले की रिपोर्टें ज्यादा होती हैं।

एसिड हमले के मामले में दक्षिण एशियाई देशों की स्थिति चिंताजनक है। भारत, पाकिस्तान, बांग्लादेश और अफगानिस्तान इन सभी देशों में एसिड हमला एक गंभीर विषय है। वैसे बांग्लादेश ने अपनी मजबूत राजनीतिक इच्छाशक्ति की बदौलत इस अपराध पर थोड़ा लगाम कस लिया है, पर पाकिस्तान और भारत को अभी इस पर और कड़ा रुख अख्तियार करने की जरूरत है।

पत्रकार और इस्लामिक मामलों के विशेषज्ञ कमर आगा अफगानिस्तान और पाकिस्तान में होनेवाले इस तरह के हमलों के पीछे इस्लाम की गलत व्याख्या करने और कबीलाई संस्कृति के समाज पर हावी होने को सबसे बड़ी वजह बताते हैं। वे कहते हैं कि दरअसल धर्म की आड़ में महिलाओं को दबाने और उन्हें प्रताड़ित करने के लिए इस तरह के तरीके अपनाए जाते हैं। जबकि इस्लाम में महिलाओं को बराबरी का अधिकार दिया गया है। एसिड हमला भी पुरुषवादी सोच का ही परिणाम है और ऐसा महिलाओं को डरा-धमकाकर रखने के लिए किया जाता है। महिलाएँ यदि किसी भी वजह से न कहें तो उन्हें एसिड से जलाने, उन पर हिंसा करने से लेकर तलाक तक दे देते हैं।

बांग्लादेश : सख्त कानून से बदले हालात

90 के दशक तक हमारे पड़ोसी मुल्क बांग्लादेश में एसिड हमले खूब होते थे। इस देश में एसिड हमलों की वजह लैंगिक भेदभाव, महिलाओं के लिए समाज में फैली असमानता और एसिड की आसान उपलब्धता है, जैसाकि भारत में देखने को मिलती है। यहाँ 2002 में नया कानून अमल में आया है और उसका सकारात्मक असर भी दिखा है, लेकिन कानून का पालन कराने में कभी-कभी पुलिस के ढुलमुल रवैए, एसिड की बिक्री के अब भी जारी रहने, केस की सुनवाई सालों तक चलने और पीड़ितों पर दबाव बनाए जाने जैसे कुछ कारण हैं, जो अब भी इस अपराध को पूरी तरह खत्म नहीं कर पाने की राह में रोड़ा बने हुए हैं।

बांग्लादेश की संस्था नारीपोखो और बांग्लादेश महिला परिषद् की एक बेसलाइन रिपोर्ट 'वायलेंस अगेंस्ट विमेन इन बांग्लादेश' में कहा गया है कि 1983

में एसिड हमले का पहला केस रिकॉर्ड किया गया। एसिड हमले के पीछे जमीन विवाद, घरेलू हिंसा या पैसों का विवाद, शादी या सेक्स से मना करने, दूसरी शादी करने से रोकने, दहेज नहीं लाने जैसे मुख्य कारण रहे। ऐसे हमलों में ज्यादातर परिचितों के हाथ होते और इसी कारण से अधिकांश मामले थाने तक पहुँचते ही नहीं थे। 2002 में नया कानून बनने की अवधि तक कई मामले बिना पुलिस की फाइलों में दर्ज कराए ही शांत कर दिए गए।

यह भले ही 17-18 साल पहले की बात हो चुकी है, लेकिन एसिड हमले का शिकार हुई अस्मा अख्तर अब तक उस खौफनाक वाकए को नहीं भूली हैं, जब सोते समय उन पर एसिड फेंक दिया गया था। दक्षिण बांग्लादेश के झालाखंडी गाँव की अस्मा की उम्र उस समय महज 14 साल थी। अस्मा की तरह यहाँ बड़ी तादाद में लड़कियाँ छोटी उम्र में एसिड हिंसा का शिकार हुईं।

मसूदा अख्तर मोनी को भी एक लड़के के शादी के प्रस्ताव को ठुकराने की बर्बर सजा मिली। 13 अगस्त, 2012 को शादी का प्रस्ताव देनेवाले लड़के ने अपने साथियों के साथ मिलकर मोनी को उसके घर के बाहर पकड़ लिया और उस पर एसिड डाल दिया। उस समय मोनी नौवीं कक्षा की छात्रा थी।

एसिड हमले का शिकार होने के बाद ज्यादातर महिलाएँ समाज के लिए उपेक्षित हो गईं। इलाज पर होनेवाले लंबे खर्च ने उनके परिवार को तोड़ दिया और पीड़ितों को उनके हाल पर छोड़ दिया गया। एसिड हमले का शिकार होनेवाली महिलाओं के सामने दीर्घकालिक चिकित्सा और पुनर्वास जैसी बड़ी चुनौतियाँ जमकर खड़ी हो गईं। अब हुई पीड़ित इन समस्याओं से लगातार जूझ रही हैं।

एसिड सर्वाइवर्स फाउंडेशन (ए.एस.एफ.) की एक रिपोर्ट के मुताबिक बांग्लादेश में 1999 से 2013 के पीछे हुए एसिड हमले के पीछे मुख्य कारणों में जमीन विवाद भी रहा। गौर करनेवाली बात है कि जमीन विवाद के कारण होनेवाले एसिड हमलों में अक्सर बच्चे भी निशाना बन जाते।

बांग्लादेश में 2002 में नया कानून बनने से पहले एसिड हमले की बहुत खौफनाक तसवीर सामने आ रही थी। आए दिन महिलाओं पर होनेवाले एसिड हमले से बांग्लादेश में हालात किस कंदर खराब हो रहे थे कि इस बात का अंदाजा इससे लगता है कि पीड़ितों को कानूनी और चिकित्सा सुविधा मुहैया करानेवाली संस्था ए.एस.एफ. ने 1999 में बांग्लादेश में काम शुरू करने के बाद 3000 पंजीकृत एसिड हमले का शिकार हुई पीड़ितों के बारे में जानकारी जुटाई। यहाँ 1999 में 165, 2000 में 240, 2001 में 351, 2002 में 494, 2003

में 417 मामले रिकॉर्ड किए गए।[2]

ए.एस.एफ. के मुताबिक 1999 से 2015 तक बांग्लादेश में एसिड हमले की 3303 घटनाएँ हुई हैं। बांग्लादेशी मानवाधिकार समूह 'ओधिकार' ने 2003 से 2006 के बीच यहाँ एसिड हमले के 581 मामलों को रिकॉर्ड किया। हालाँकि 2002 में नए कानून के लागू होने के बाद हर साल एसिड हमले में 15 से 20 फीसदी की कमी होती चली गई। सरकार, पुलिस, एन.जी.ओ. और मानवाधिकार संगठनों की मेहनत का नतीजा यह रहा कि 2004 के बाद धीरे-धीरे एसिड हमलों की घटनाओं में कमी देखी गई।

2011 में वहाँ ऐसी 91, 2012 में 71, 2013 में 70 घटनाएँ हुईं, 2014 और 2015 में यह संख्या 59 पर आ गई। 'न्यूयॉर्क के कोरनेल लॉ स्कूल के एवन ग्लोबल सेंटर फॉर वूमेन एंड जस्टिस' के एक शोध में कहा गया है कि बांग्लादेश में एसिड हमले का शिकार हुए 60 फीसदी पीड़ितों की उम्र 10 साल से लेकर 19 साल तक की थी। वहीं 14 फीसदी पीड़ित तीन महीने से लेकर 17 साल तक उम्र की भी थीं। इसी शोध में एक सर्वे का हवाला देते हुए कहा गया है—1999 से 2009 के बीच एसिड हमले की जितनी घटनाएँ हुईं, उनमें 68 फीसदी पीड़ित महिलाएँ थीं।

अपने मजबूत इरादों और कड़े कानून बनाकर बांग्लादेश सरकार ने इस अपराध पर बहुत हद तक अंकुश लगाने की कोशिश की है। एसिड हमला रोकने के लिए बांग्लादेश का कानून एक मॉडल माना जाता है। खास बात यह है कि इस कानून के लिए सुप्रीम कोर्ट को किसी तरह का दखल नहीं देना पड़ा।

बांग्लादेश के 'प्रथम आलो' अखबार की पत्रकार मंसूरा होसैन बताती हैं कि हमारे यहाँ एसिड हमले की संख्या काफी घटी है। यह एक सकारात्मक रुख है। फिर भी इस दिशा में अभी और आगे जाना है, तभी पूरी तरह से इस अपराध को समाज से खत्म किया जा सकता है।

2002 में बांग्लादेश सरकार ने 'एसिड क्राइम कंट्रोल एक्ट'[3] और 'एसिड क्राइम प्रिवेंशन एक्ट 2002'[4] को लागू किया गया। एसिड क्राइम कंट्रोल एक्ट 2002 में ऐसे अपराध के लिए सजा बढ़ाई गई और ऐसे मामलों की सुनवाई के लिए स्पेशल कोर्ट बनाने का प्रावधान किया गया। इस कानून के तहत एसिड फेंकनेवालों के लिए मौत की सजा तय की गई।

---

2. Acid Survivors Foundation, Bangladesh
3. Acid Crime Contro Act, 2002
4. Acid Crime Prevention Act (17 March, 2012)

यदि हमले में पीड़ित की मौत हो जाती है, चेहरा, सीना या निजी अंग खराब हो जाते हैं या आँखों की रोशनी चली जाती है या कानों के सुनने की क्षमता खत्म हो जाती है तो दोषी को उम्रकैद या मौत की सजा दी जाती है। दोषी पर 50 हजार टका यानी 7 हजार अमरीकी डॉलर का जुर्माना भी लगाया जाता है। वहीं एसिड क्राइम प्रिवेंशन एक्ट 2002 के जरिए एसिड की बिक्री, वितरण, भंडारण, आयात, निर्यात और इस्तेमाल पर निगरानी रखने में मदद मिलती है।

एसिड क्राइम कंट्रोल एक्ट की यह खासियत है कि यहाँ पुलिस के लिए एक समय सीमा में जाँच करना अनिवार्यता है। पुलिस को 30 दिनों के भीतर मामले की जाँच करनी होती है, लेकिन जरूरत पड़ने पर 30 दिनों का समय अतिरिक्त दिया जा सकता है।

यदि यह जाँच समय सीमा के भीतर पूरी नहीं होती है तो कोर्ट पुलिस विभाग को जाँच का जिम्मा किसी दूसरे पुलिस अधिकारी को देने की बात कह सकता है और उस पुलिस अधिकारी के खिलाफ कार्रवाई भी हो सकती है। इसी तरह हर जिले में बने एसिड क्राइम ट्रिब्यूनल्स को केस आने के 90 दिनों के भीतर मामले की सुनवाई पूरी करनी होती है।

एसिड सर्वाइवर्स फाउंडेशन, बांग्लादेश की कार्यकारी निदेशक सेलिना अहमद इना की मानें तो बांग्लादेश में नया कानून बनने के बाद एसिड हमले को रोकने की दिशा में बहुत प्रगति हुई है। कुछ अच्छे फैसले आए, 13 साल में 14 दोषियों को मौत की सजा सुनाई गई, 117 दोषियों को उम्रकैद की सजा दी गई, लेकिन अभी तक एक भी मौत की सजा पर कार्रवाई नहीं हुई है।

एसिड क्राइम मॉनिटरिंग सेल की रिपोर्ट का हवाला देते हुए इना बताती हैं, 2015 तक एसिड हमले के 2019 केस रिपोर्ट किए गए हैं। वहीं 5417 लोगों ने इस सेल में एसिड हमले की शिकायत की पर अब तक केवल 654 लोगों को ही गिरफ्तार किया गया है। वे मानती हैं अभी भी इन दोनों कानून का सख्ती से पालन करने में कहीं-कहीं ढिलाई होती है, कोर्ट में मामला लंबा खिंचता है और एसिड की खरीद-बिक्री भी चलती रहती है। क्रियान्वयन के स्तर पर हो रही लापरवाही की वजह से भी एसिड फेंके जाने की घटनाएँ होती रहती हैं। उनका कहना है कि यदि सरकार और न्यायपालिका थोड़ी और गंभीरता दिखाए तो देश से एसिड हमले की होनेवाली घटनाओं को पूरी तरह रोका जा सकता है।

एसिड सर्वाइवर्स फाउंडेशन, भारत के कार्यकारी अधिकारी राहुल वर्मा कहते हैं, नए कानून बनने के बाद एसिड हमले को रोकने के लिए बांग्लादेश सरकार ने मजबूत इच्छाशक्ति दिखाकर हिंसा के लिए इस्तेमाल होनेवाले एसिड की बिक्री

को बहुत नियंत्रित किया। एसिड की बिक्री को नियंत्रित करने भर से हमलों की घटनाओं में भारी कमी आ गई। भारत में राजनीतिक दलों में इसी इच्छाशक्ति की कमी है और इसकी वजह यह है कि एसिड पीड़ित किसी के वोट बैंक नहीं हैं।

वहीं दूसरी ओर वर्मा भारत में बने नए कानून के बारे में लोगों में ज्यादा जागरूकता नहीं होने की ओर भी ध्यान खींचते हैं। वे कहते हैं कि शुरुआत में तो पुलिस वालों को भी एसिड हमले पर बने नए कानूनी प्रावधान के बारे में जानकारी नहीं थी।

एसिड पीड़ितों को कानूनी और चिकित्सा सुविधा मुहैया कराने में ए.एस.एफ. का बांग्लादेश में काफी योगदान माना जाता है। ए.एस.एफ. ने 1999 से यहाँ काम करना शुरू किया। महिलाओं के बीच जागरूकता फैलाने, एसिड की बिक्री रोकने के लिए सरकार पर दबाव बनाने और एसिड पीड़ितों को मेडिकल और कानूनी सहायता दिलाने में यह संस्था लगातार काम कर रही है।

ए.एस.एफ. ढाका में बर्न और एसिड पीड़ितों के लिए एक अस्पताल भी चला रहा है। जहाँ पीड़ितों का हर तरह का इलाज किया जाता है। हालाँकि एसिड पीड़ितों की संख्या को देखते हुए बांग्लादेश में इस तरह के अस्पतालों और प्रशिक्षित डॉक्टरों की कमी महसूस की जाती है। ए.एस.एफ. के अलावा नारीपोखो, एक्शन एड और बांग्लादेश रूरल एडवांसमेंट कमिटी भी एसिड पीड़ितों के लिए काम करती है।

जानी-मानी महिलावादी कमला भसीन बताती हैं कि बांग्लादेश के एन.जी.ओ. ने एसिड हमलों को रोकने में बहुत महत्त्वपूर्ण भूमिका निभाई और वे हर तरह से केवल पीड़ितों की मदद के लिए संघर्ष करते रहे। भसीन मानती हैं कि बांग्लादेश एसिड हमले से अपनी लड़ाई जीतने में इसलिए कामयाब हुआ, क्योंकि उसके बेहतरीन एन.जी.ओ. ने बड़ी ईमानदारी से इस मुद्दे को उठाया और सरकार के पीछे पड़े रहे।

ए.एस.एफ. की मोनिरा रहमान जैसे सामाजिक कार्यकर्ताओं ने एसिड हमले रोकने को लेकर और पीड़ितों की सहायता के लिए अपनी भूमिका का निर्वाह बहुत जिम्मेदारी से किया है। एसिड हमले को प्रमुखता से उठाने और सरकार पर दबाव बनाने में मोनिरा और ए.एस.एफ. की भूमिका बेहद उल्लेखनीय है।

बांग्लादेश की मीडिया ने भी एक अहम रोल अदा किया। कोई भी ऐसी घटना होने पर न केवल उस खबर को पूरी प्रमुखता से उठाया, बल्कि समाज में जागरूकता फैलाने के अपने कर्तव्य को निभाया। प्रोथोम आलो अखबार का प्रयास इस मामले में बहुत सराहनीय माना जाता है। एसिड हमले की समस्या को समाज के सामने लगातार गंभीरता से उठाने के अलावा अखबार ने 19 अप्रैल, 2000 को

'प्रोथोम आलो एड फंड' भी बनाया। इस फंड से एसिड पीड़ितों की चिकित्सा और कानूनी सहायता दी जाती है और उनका पुनर्वास किया जाता है।

एसिड हिंसा को प्रमुखता से उठाने के लिए बांग्लादेश की वरिष्ठ पत्रकार और टी.वी. चैनल एटीएन टाइम्स की ब्यूरो प्रमुख मुन्नी शाह को वर्ष 2004-2005 में ए.एस.एफ. मीडिया अवॉर्ड से सम्मानित किया गया।

मुन्नी शाह बताती हैं कि सरकार और समाज को झकझोरने के लिए एसिड हमले की हर खबर को मीडिया ने प्रमुखता और प्राथमिकता दी। हम तब तक उस खबर का पीछा नहीं छोड़ते थे, जब तक कि पीड़ित को चिकित्सा और कानूनी सहायता नहीं मिल जाती।

1993-1994 में जब बांग्लादेश में एसिड हमला चरम पर था और एसिड आसानी से कहीं भी मिल जाता था, उस दौरान मीडिया एसिड पीड़ितों की समस्या को लगातार सरकार के सामने लाती रही। पर 1995, 1996 और 1997 में मीडिया की कोशिश के बाद भी सरकार और प्रशासन पर कोई दवाब नहीं पड़ा और ऐसे हमले रुकने के बजाय बढ़ते गए, तब यह महसूस किया कि मीडिया को 'स्टाइल ऑफ रिपोर्टिंग' बदलनी चाहिए।

अब मीडिया ने एसिड की बिक्री रोकने और इसके लिए मजबूत कानून बनाने के लिए जोरदार पैरवी शुरू कर दी। मीडिया का यह प्रयास रंग लाया और नए कानून बनने पर सरकार, एन.जी.ओ. के साथ-साथ मीडिया ने भी इस अपराध पर अंकुश लगाने के लिए अपना पूरा जोर लगाया।

पाकिस्तान : कब बदलेंगी तसवीरें ?

एसिड हमले के मामले में पाकिस्तान की हालत भी भारत से बेहतर नहीं। कानून इतने सख्त नहीं कि हमले रोकने में कारगर हो, न्यायिक व्यवस्था भी इतनी दुरूह कि इनसाफ बेमानी होकर रह जाए। पाकिस्तान में हर साल एसिड हमले की शिकार 65 फीसदी औरतें 15 फीसदी बच्चियाँ होती हैं और कम-से-कम 100 घटनाएँ होती हैं। लेकिन अक्सर सामाजिक दबाव, आरोपियों के भय और पुलिस की लापरवाही के कारण सारे मामलों की रिपोर्ट नहीं होती।

एसिड हमले के पीछे औरतों को विकृत बनाकर उन्हें सबक सिखाने की मंशा होती है। पाकिस्तान के मानवाधिकार संगठनों का कहना है कि बेशक पाकिस्तान में एसिड हमले के लिए कानून बनाया गया हो, पर एसिड हमले की समस्या बरकरार

है और पीड़ितों को न्याय नहीं मिल रहा है।

पाकिस्तान के मानवाधिकार आयोग ने वर्ष 2014 की अपनी वार्षिक रिपोर्ट में एसिड हिंसा के आँकड़ों को चिंताजनक बताया। रिपोर्ट में कहा गया कि इस साल एसिड हमले के 114 मामले देखे गए। एसिड सर्वाइवर्स फाउंडेशन जो यहाँ 2006 से काम कर रहा है, उसने 2007 से मार्च 2016 के बीच पाकिस्तान में एसिड हमलों के 1500 मामलों को रिकॉर्ड किया है।

एसिड हिंसा पर ए.एस.एफ. के इन आँकड़ों पर एक नजर डालते हैं।

2009–43

2010–55

2011–150

2012–93

2013–109

2014–153

2015 में ऐसी घटनाओं में कमी देखी गई और इस साल केवल 69 मामले रिपोर्ट किए गए। 69 हमलों में 68 महिलाएँ और 33 पुरुष सहित 101 लोग घायल हुए। 69 में से 52 मामले दक्षिण पंजाब के उन इलाकों में हुए, जहाँ कॉटन उद्योग हैं। पंजाब प्रांत में सबसे ज्यादा इस तरह की घटनाएँ होती हैं, खासकर दक्षिण पंजाब के मुल्तान और मुजफ्फरगढ़, बहावलपुर और रहीम यार खान इलाकों से। औरत फाउंडेशन की एक रिपोर्ट बताती है कि जनवरी से सितंबर 2014 तक एसिड फेंकने की 42 घटनाएँ केवल पंजाब से हुईं।

2015 में एसिड हमले के 69 मामलों में से 52 मामले भी पंजाब से ही रिकॉर्ड किए गए। पंजाब में एसिड हमले के पीछे कॉटन उद्योग को एक बड़ी वजह माना जाता है, क्योंकि इस उद्योग में एसिड का इस्तेमाल होता है और लोगों को यह आसानी से मिल जाता है।

पंजाब के अलावा बलूचिस्तान, खैबर पख्तूनख्वा, सिंध और इस्लामाबाद में भी इस तरह की घटनाएँ होती रहती हैं। जुलाई 2014 में बलूचिस्तान में एसिड हमले की दो घटनाएँ 24 घंटे के अंदर हुईं। 2015 में 40 फीसदी एसिड हमले के शिकार तो पुरुष भी हुए।

तीन फरवरी 2008 को सईदा को उसके पति वाहिद ने एसिड से जला दिया। तब सईदा की उम्र 14 साल थी। सईदा शादी के बाद से ही लगातार घरेलू हिंसा का शिकार रही। कई साल बीत जाने के बाद ही सईदा अब भी अपने साथ हुए

उस खौफनाक घटना को भूली नहीं है।

पंजाब के लोढ़ा प्रांत की रहनेवाली बुशरा पर 2003 में तब एसिड फेंका गया, जब वह मात्र 13 साल की थी। बुशरा पर यह हमला उसके पड़ोसी जावेद ने किया था, जो लगातार उस पर शादी करने के लिए दबाव बना रहा था। बुशरा और उसके परिवार वालों ने जब यह रिश्ता ठुकरा दिया तो जावेद ने अपना गुस्सा इस तरह निकाला। चेहरे पर एसिड पड़ने से बुशरा का दाहिना हिस्सा बुरी तरह जल गया और उसकी दाहिनी आँख चली गई।

इसी तरह पंजाब के ही मुजफ्फरगढ़ की रहनेवाली नाईमा पर 2008 में एसिड फेंककर उसके पति की पहली पत्नी के एक रिश्तेदार ने उसे बुरी तरह जला दिया। इस घटना में नाईमा का चेहरा पूरी तरह खराब हो गया और आँखें भी प्रभावित हो गईं।

इस्लामाबाद में बीबीसी के पत्रकार जीशान हैदर कहते हैं—इन उदाहरणों से समझा जा सकता है कि पाकिस्तान में एसिड हमले के पीछे ज्यादातर कारण शादी के प्रस्तावों को ठुकराना और घरेलू हिंसा है। तलाक देने से मना करने या दहेज लाने जैसी बातों पर शुरू हुए झगड़े के बाद पति अक्सर पत्नियों पर एसिड फेंक देते हैं। महिलाओं पर एसिड फेंकने के पीछे पितृसत्तात्मक सोच भी हावी रहती है। मर्दों को लगता है कि औरतों को जवाब नहीं देना चाहिए या किसी बात के लिए मना नहीं करना चाहिए।

हैदर बताते हैं हालाँकि 2015 में एसिड फेंके जाने की घटनाएँ कम हुई हैं और कहीं-कहीं पुरुषों को भी इसका शिकार बनाया गया, पर एसिड का इस्तेमाल ज्यादातर महिलाओं पर हिंसा करने के लिए ही होता है। एन.जी.ओ. और महिलावादी संगठन इसके खिलाफ लंबी लड़ाई लड़ रहे हैं, कई संस्थाएँ इस क्षेत्र में काम कर रही हैं, पर बढ़ती समस्या के बाद भी एसिड की बिक्री पर सख्ती से निगरानी नहीं हो रही।

पाकिस्तान में होनेवाले एसिड हमले की ओर दुनियाभर का ध्यान तब गया, जब 2012 में पाकिस्तानी पत्रकार और फिल्म निर्देशक शरमीन ओबेद चिनॉय की फिल्म 'सेविंग फेस' को ऑस्कर अवॉर्ड से सम्मानित किया गया। फिल्म में एसिड पीड़ित जाकिया यह कहती हैं 'मेरी जिंदगी तबाह करने में उसे एक मिनट का समय लगा।' इस फिल्म में पाकिस्तान में महिलाओं पर हो रहे एसिड हमले के विषय को गंभीरता से उठाया गया है और साथ ही जाकिया और रुखसाना दो पीड़ित औरतों के संघर्ष को दिखाया गया है।

फिल्म में पाकिस्तानी मूल के ब्रिटिश सर्जन मोहम्मद जावेद को जाकिया और रुखसाना के चेहरे और शरीर के अन्य हिस्से की सर्जरी करते दिखाया गया है। डॉक्टर जावेद हर साल पाकिस्तान में कुछ समय बिताते हैं और एसिड पीड़ितों की

सर्जरी करते हैं। इस फिल्म की दुनियाभर में तारीफ हुई और पाकिस्तान में एसिड हमले की गंभीरता को देखते हुए विभिन्न संगठनों ने इस पर चिंता भी जताई।

पाकिस्तानी पत्रकार शुमाइला जाफरी एसिड हमले के सही सरकारी आँकड़ों के सामने नहीं आने का मुद्दा उठाती हैं। उनके मुताबिक एसिड हमले की कितनी घटनाएँ हर साल हो रही हैं, इसका कोई आधिकारिक आँकड़ा सामने नहीं आता। दूसरी तरफ जितनी घटनाएँ होती हैं उन सबकी रिपोर्ट भी नहीं दर्ज की जाती। वे बताती हैं, पंजाब प्रोविंस में एसिड हमले की सबसे ज्यादा घटनाएँ होती हैं, लेकिन वे दबा दिए जाते हैं और कई मामलों की जानकारी पुलिस तक पहुँचकर भी नहीं पहुँचती।

शुमाइला कहती हैं कि ऐसी घटना होने के बाद अक्सर औरतों पर केस नहीं करने या पुलिस स्टेशन नहीं जाने का दबाव उनके परिवार वाले ही बनाते हैं और यदि केस हो जाता है, उसे वापस लेने के लिए आरोपी पीड़ित को तरह-तरह से परेशान करता है।

ए.एस.एफ. पाकिस्तान की अध्यक्ष वैलेरी खान यूसुफजाई बताती हैं 2007 में जब हमने अपना अभियान शुरू किया था, लोगों को यकीन ही नहीं हो रहा था कि पाकिस्तान में यह अपराध किस कदर बढ़ रहा था, लोग हैरान थे। हम जब पीड़ितों को सामने लेकर आए और उन्होंने लोगों से संवाद किया, अपनी बात बताई तब जाकर इस अभियान को समर्थन मिलने लगा।

राज्यसभा टी.वी. की सीनियर एंकर और अंतरारष्ट्रीय मामलों की समझ रखने वाली पत्रकार आरफा खानम शेरवानी 2009 में अपने पाकिस्तान दौरे को याद करती हैं। उन्होंने बताया कि जब वे पाकिस्तान गई थीं, तब भी इस समस्या की गंभीरता को महसूस किया था कि औरतों की पवित्रता के नाम पर तो कभी घरेलू हिंसा के नाम पर कई औरतों को एसिड से जलाए जाने की अक्सर घटनाएँ होती रहती हैं। वे कहती हैं पितृसत्तात्मक समाज जिसमें औरतों को दोयम दर्जे का समझा जाता है, उसकी हकीकत जैसी भारत में है वैसे ही पाकिस्तान में। यह लैंगिक भेदभाव का मसला है, जिसमें औरतों को एक नागरिक या इनसान के तौर पर नहीं देखा जाता।

पाकिस्तान में 2011 से पहले एसिड से होनेवाले हमलों को अपराध की श्रेणी में नहीं रखा गया था। एसिड हमले को लेकर पुलिस और न्यायपालिका की सख्ती तब बढ़ी, जब 2011 में कानून में संशोधन करते हुए 'एसिड कंट्रोल एंड एसिड क्राइम प्रिवेंशन बिल' पारित किया और एसिड हमलावरों के लिए अधिकतम सजा उम्रकैद तय की गई।

भारत की तरह पाकिस्तान की सरकार और न्यायपालिका ने भी एसिड पीड़ितों के दर्द को तब तक महसूस नहीं किया, जब तक भारत की लक्ष्मी की तरह

पाकिस्तान में नायला फरहत इस मामले को देश की सर्वोच्च अदालत तक नहीं ले कर गईं। लक्ष्मी की तरह पाकिस्तान की एसिड पीड़ित नायला ने भी 2009 में याचिका लगाकर देश की सबसे बड़ी अदालत से न्याय माँगा।

फरहत उस समय महज 13 साल की थीं, जब एक बूढ़े आदमी ने शादी से मना करने पर 2003 में उस पर एसिड फेंक दिया। निचली अदालत ने अभियुक्त को 12 साल की सजा सुनाई, 1.2 मिलियन जुर्माने की राशि अदा करने को कहा गया। पर हाईकोर्ट ने यह कहकर उसकी सजा माफ कर दी कि यदि उसने जुर्माने की राशि दे दी है तो उसे जेल जाने की जरुरत नहीं पड़ेगी।

इतनी आसानी से दोषी के छूट जाने के बाद नायला इस मामले को ए.एस.एफ. की मदद से सुप्रीम कोर्ट लेकर गईं। पाकिस्तान में एसिड हमले का यह पहला मामला था, जो देश की सर्वोच्च अदालत के स्तर तक पहुँचा। सुप्रीम कोर्ट के मुख्य न्यायाधीश इफ्तिखार चौधरी ने एसिड हमलों पर संज्ञान लेते हुए कहा कि पाकिस्तानी संसद् भी बांग्लादेश की तर्ज पर एसिड हमले को रोकने और दोषियों को सख्त सजा देने के लिए कोई कानून बनाए।

ए.एस.एफ. का कहना है कि यह नायला की अपनी हिम्मत थी, जिसकी बदौलत एसिड हिंसा का मामला सुप्रीम कोर्ट तक पहुँचा। अपने स्कूल में हमेशा टॉप करनेवाली नायला अब दूसरों को न्याय पाने के लिए लड़ने का हौसला देती हैं।

पाकिस्तान ने 2011 में लागू करके एसिड हमला करनेवालों के लिए कम-से-कम 14 साल से लेकर आजीवन कारावास की सजा का प्रावधान किया है। इस कानून के लागू होने के बाद पाकिस्तान में अब 'एसिड थ्रोइंग एंड बर्न क्राइम बिल 2012' को पारित कराने की पुरजोर कोशिश हो रही है।

बकौल वैलेरी खान 'यह सही है कि एसिड हमलों को रोकने के लिए पाकिस्तान सही दिशा में आगे बढ़ रहा है, पर वे मानती हैं कि अभी भी बहुत कुछ किए जाने की जरूरत है। उनका कहना है नए कानून के लागू होने से इस दिशा में कुछ हद तक सुधार हुआ है। यह कानून विशेष रूप से एसिड हमलों को एक अपराध मानता है और इसे गैर-जमानती बनाया गया है, फिर भी यह कानून इस तरह की हिंसा को पूरी तरह से खत्म करने के काबिल नहीं है। इसके लिए 'एसिड थ्रोइंग एंड बर्न क्राइम बिल 2012' को पारित कराए बिना बात नहीं बनेगी।' खासतौर पर पंजाब प्रांत को तो इस बारे में ज्यादा गौर करना होगा।

वे बताती हैं—2011 में बना नया कानून एसिड की बिक्री को नियंत्रित नहीं

करता है। इस कानून के तहत पीड़ितों की चिकित्सा और पुनर्वास का भी प्रावधान नहीं है। वहीं एसिड की बिक्री को महिलाओं पर हथियार की तरह इस्तेमाल करने से रोके बिना इस अपराध पर लगाम नहीं कसा जा सकता।

पाकिस्तान में एसिड बिक्री पर रोक लगाने के लिए लंबे समय से यह माँग की जा रही है कि बिना लाइसेंस किसी को एसिड बेचने की छूट न दी जाए, इसे खरीदने वालों का नाम रिकॉर्ड में रखा जाए और इसकी बिक्री की प्रणाली की सही समय पर जाँच हो।

नए कानून के बाद पाकिस्तान में कुछ बेहतर नतीजे भी देखने को मिले हैं। एफ.आई.आर. कराने की संख्या में काफी सुधार हुआ है। 2012 तक जहाँ केवल एक फीसदी मामले ही ए.एस.एफ. में दर्ज किए जाते थे, 2013 में वह एकदम से बढ़कर 71 फीसदी पर पहुँच गया। लेकिन पुलिस का रवैया अब भी काफी लचर और ढीला है। ए.एस.एफ. में पहुँचे केवल एक-तिहाई से भी कम मामले में ही पुलिस ने जाँच की। 2007 से 2015 के बीच 486 पीड़ितों के परिवारवालों ने एफ.आई.आर. दर्ज कराया, जिसमें केवल 271 पर मुकदमा चलाया गया।

नए कानून के अमल में आने के बाद कोर्ट ने सख्ती दिखाते हुए कुछ मामले में अभियुक्तों को कड़ी सजा दी है। 2011 से पहले जहाँ अभियुक्तों को छह से दस साल की सजा दी जाती थी, वहीं अब जज ऐसे मामलों में अभियुक्तों को 20-20 साल का कारावास दे रहे हैं। 2011 तक जहाँ छह फीसदी मामले में ही दोषियों को सजा मिल पाती थी, ए.एस.एफ. के मुताबिक 2012 में यह दर 18 फीसदी तक पहुँच गई। कोर्ट की तरफ से यह कोशिश हो रही है कि ऐसे मामलों में जल्द-से-जल्द काररवाई पूरी कर ली जाए, लेकिन न्यायिक व्यवस्था की कई खामियाँ इस राह का रोड़ा बन जाती हैं। यही वजह है कि 2013 तक 65 फीसदी पीड़ित न्याय पाने के इंतजार में टकटकी लगाए बैठे थे।

शुमाइला जाफरी न्याय मिलने में देरी की तरफ ध्यान खींचती हैं। वह कहती हैं कि नए कानून से थोड़ी तब्दीली जरूर आई है, लेकिन यह संतोषजनक नहीं है। कोर्ट ऐसे मामलों में फैसला देने में इतनी देरी कर देती है कि उस न्याय का मतलब नहीं रह जाता। एसिड हमले का ज्यादातर शिकार बच्चियों को भी बनाया जाता है, फिर भी दोषियों को जल्दी सजा नहीं मिल पाती है। नए कानून का जो प्रभाव होना चाहिए, वह नहीं हो रहा।

हालाँकि वे मानती हैं कि सामाजिक और राजनीतिक स्तर पर बदलाव देखने

को मिला। समाज में एसिड हिंसा को अस्वीकार किया जाने लगा है और कहीं भी ऐसी घटना होने पर उस पर तीखी प्रतिक्रिया होती है।

वैलेरी खान भी इस बात से सहमत हैं कि कई पीड़ितों को अभी भी न्याय के लिए लंबा इंतजार करना पड़ता है और यह देरी पीड़ितों को बहुत मायूस करती है। खासकर ग्रामीण इलाकों में दोषी अक्सर जल्दी छूट जाया करते हैं। यदि हमलावर एक से अधिक हों तो ज्यादातर मामले में एक को पुलिस पकड़ लेती है, बाकी कभी गिरफ्त में नहीं आते। पीड़ितों को किसी तरह का मुआवजा नहीं मिल रहा, दीर्घकालिक चिकित्सा की कमी और पुनर्वास जैसी समस्याओं से जूझना पड़ रहा है।

ए.एस.एफ. का कहना है कुछ अस्पतालों ने भी एसिड पीड़ितों का इलाज करने में सकारात्मक रुख दिखाया है, जैसे ज्यादातर एसिड पीड़ित मुल्तान बर्न अस्पताल जाना चाहते हैं, क्योंकि वहीं पीड़ितों को ठीक इलाज मिल जाता है। उम्मीद जताई जा रही है कि जल्दी ही मुल्तान के इस अस्पताल को पाकिस्तान का पहला एसिड और बर्न के लिए स्पेशलाइज्ड अस्पताल के तौर पर विकसित किया जाएगा।

ए.एस.एफ. स्वयं भी एसिड पीड़ितों की चिकित्सा और उनके पुनर्वास के लिए काम कर रहा है। नर्सिंग केयर एंड रिहैबिलिटेशन यूनिट चलाकर ए.एस.एफ. बड़ी संख्या में पीड़ितों का इलाज कराने में यह संस्था अपनी भागीदारी दे रहा है तो कई को अपने पैरों पर खड़ा करने के लिए उनका कौशल विकास किया गया है। वहीं औरत फाउंडेशन और मानवाधिकार आयोग भी पीड़ितों के पुनर्वास और उन्हें सहायता पहुँचाने की दिशा में काम करता है।

पाकिस्तान की महिला उद्योगपति और जानी-मानी सौंदर्य विशेषज्ञ मुस्सारत मिसबाह लोगों की खूबसूरती निखारने के लिए खूब मशहूर हैं। उनके नाम के कई सौंदर्य उत्पाद पाकिस्तान में लोगों के बीच लोकप्रिय हैं। अपने इस काम से अलग मिसबाह जैसे लोगों की जिंदगी में भी रंग भर रही हैं, जो एसिड हमले का शिकार हुई हैं।

उनकी संस्था 'डेपिलेक्स स्माइल अगेन फाउंडेशन' पीड़ितों को रोजगार और शिक्षा देने में सहायता करती है। इस फाउंडेशन का मकसद महिलाओं को मेडिकल और मनोवैज्ञानिक मदद पहुँचाना देना है।

मुस्सारत कहती हैं कि एसिड पीड़ित लड़कियों को समाज जल्दी स्वीकार नहीं करता, लेकिन जब यही लड़कियाँ कमाना शुरू कर देती हैं तो परिवार और समाज फिर उसे अपना लेता है। इसलिए एसिड हमलों को रोकना जितना जरूरी है, उतना ही आवश्यक है समाज में पीड़िताें की स्वीकार्यता बढ़ाना। इसी मकसद से हमारा फाउंडेशन ऐसी लड़कियों को आत्मनिर्भर बनाने की कोशिश करता है।

डी.एस.एफ. के साथ 700 एसिड पीड़ित लड़कियाँ जुड़ी हैं। यहाँ आनेवाली हर पीड़ित का पहले इलाज कराया जाता है और बाद में उनके ठीक होने के बाद पेशेवर ट्रेनिंग भी दी जाती है। कई लड़कियाँ ट्रेनिंग लेकर इस्लामाबाद, कराची और लाहौर जैसे शहरों में मुस्सारत के ब्यूटी सैलून में काम कर रही हैं तो कुछ दूसरे रोजगार के जरिए आत्मनिर्भर बन रही हैं। इसी फाउंडेशन से जुड़ी एक लड़की वकील बन गई तो चार नर्स के पेशे में आ गई। आठ-दस लड़कियों ने फिर से अपनी पढ़ाई शुरू करने की हिम्मत दिखाई है।

ममूना 2012 में डी.एस.एफ. के साथ जुड़ीं। पहले उनके कई ऑपरेशन हुए और बाद में ठीक होने पर उन्होंने दसवीं की परीक्षा दी। ममूना नर्स बनना चाहती थीं। उन्होंने डी.एस.एफ. की मदद से कराची के एक हॉस्पिटल में नर्सिंग की ट्रेनिंग ली।

इसी तरह झेलम की रहनेवाली 27 वर्षीय सबरा सुल्ताना 2005 में डी.एस.एफ. से जुड़ीं। सुल्ताना एसिड हमले में इस तरह झुलस गई थीं कि उनकी 32 सर्जरी कराई गईं। सुल्ताना 2006 से रावलपिंडी के एक अस्पताल में पेशेंट कॉर्डिनेटर के तौर पर काम कर रही हैं।

बहरहाल पाकिस्तान में अब एसिड हमले के खिलाफ महिला संगठनों ने अपनी आवाज बुलंद कर दी है। उम्मीद है कि यह एसिड हिंसा को रोकने की दिशा में एक कारगर कोशिश होगी।

अफगानिस्तान : तालिबानी सोच से मुक्ति कब

अफगानिस्तान में आमतौर पर स्कूली लड़कियों को स्कूल जाने से रोकने और उनमें खौफ पैदा करने के लिए उनके साथ एसिड फेंकने की घटनाएँ होती रहीं। तालिबानियों ने अपने शासन के दौरान 1996 से 2001 तक लड़कियों के स्कूल जाने पर रोक लगा दी थी। जिसने भी उनके आदेश को नहीं माना, उन्हें डराने-धमकाने की कोशिश की गई। यूनीसेफ के मुताबिक अफगानिस्तान में 2007 में स्कूली बच्चों को आतंकित करने की 236 घटनाएँ हुईं।

'चाइना डेली' की एक रिपोर्ट बताती है—24 नवंबर, 2008 को अफगान पुलिस ने दक्षिण अफगान में स्कूल जानेवाली 15 लड़कियों और शिक्षकों के ऊपर एसिड फेंकने के लिए 10 तालिबानियों को गिरफ्तार किया गया। इन लड़कियों पर 12 नवंबर 2008 को एसिड से हमला किया गया था। जनवरी 2009 में भी इसी तरह कांधार में स्कूली लड़कियों पर एसिड फेंका गया।

अफगानिस्तान की एक प्रमुख न्यूज एजेंसी पाजवॉक की एक रिपोर्ट भी यही

कहती है कि 2015 में हिरात में तीन स्कूली लड़कियों के चेहरे पर एसिड फेंककर उन्हें गंभीर रूप से घायल कर दिया गया। इन लड़कियों का कसूर इतना था कि वे तालिबानियों की धमकी के बाद भी शिक्षा हासिल करना चाहती थीं।

अफगानिस्तान में बीबीसी के पत्रकार सईद अनवर बताते हैं अफगानिस्तान में तालिबान का प्रभाव रहने और उसके बाद तक स्कूली लड़कियों पर एसिड हमले की कई घटनाएँ हुईं। माना जाता था कि लड़कियों पर एसिड इसलिए फेंका गया, क्योंकि उन्हें स्कूल जाने की सजा मिले और अभिभावकों और शिक्षकों में भी डर पैदा हो।

वे कहते हैं लगातार स्कूली बच्चों पर होनेवाले इस तरह के हमलों ने वाकई बच्चों, अभिभावकों और शिक्षकों में खौफ पैदा किया, कुछ लड़कियों का स्कूल जाना छूट गया। लेकिन फिर भी तालिबानी सभी बच्चों और अभिभावकों की हिम्मत नहीं तोड़ पाए, स्कूल कुछ दिनों तक बंद रखे जाते, लेकिन फिर खोल दिए जाते।

कमर आगा कहते हैं कि तालिबानी इसलिए लड़कियों पर एसिड फेंकते थे, क्योंकि वे आधुनिक शिक्षा को इस्लाम के खिलाफ मानते हैं और उन्हें लगता है कि आधुनिक शिक्षा हासिल करने से लोग उनके विचारों का समर्थन नहीं करेंगे और खुले दिमाग वाले हो जाएँगे। इसलिए औरतों और बच्चियों पर एसिड फेंककर वे समाज पर दबाव बनाने की रणनीति अपनाते थे।

हिजाब पहनने से मना करने पर भी कुछ महिलाओं पर एसिड हमले के कुछ मामले यहाँ पाए गए। अफगानिस्तान में होनेवाले एसिड हमले के पीछे सबसे बड़ी वजह यह देखी गई कि कट्टरपंथी महिलाओं और बच्चियों के बीच इस बात का आतंक फैलाना चाहते थे कि वे स्कूल नहीं जाएँ और पश्चिम सभ्यता को न अपनाएँ। वैसे जातिगत दुश्मनी और शादी के प्रस्ताव ठुकराना भी अफगानिस्तान में एसिड हमले की एक वजह है।

अफगानिस्तान की पत्रकार साजिया सोजई बताती हैं तालिबानियों ने अफगानिस्तान के समाज में औरतों की स्थिति को बदतर कर दिया। उनसे खुली हवा में साँस लेने के हक छीने जाने लगे। औरतें तालीम न हासिल करें या खुले विचारों वाली न हो जाएँ, इसलिए उन्हें डराने के लिए एसिड का इस्तेमाल हथियार की तरह किया। वे बताती हैं कि महिलाओं पर एसिड फेंकने या किसी और तरह की बर्बरता करने के बाद भी उन्हें डराने और धमकाने का सिलसिला रुकता नहीं है।

2011 में एसिड हमले का शिकार हुई मुमताज को अफगानिस्तान के कुंडूंज इलाके में छुपकर रहने को मजबूर होना पड़ा। नासिर नामक जिस आदमी ने उस पर एसिड फेंका था, उसके परिवारवालों ने मुमताज के परिवारवालों को जान से मारने

की धमकी देना शुरू कर दिया। इन धमकियों से उसका परिवार भय के साए में जीता रहा। नासिर ने उसके शादी का प्रस्ताव ठुकराने पर मुमताज पर एसिड फेंक दिया था।

महिलाओं पर होनेवाले हिंसा खासकर एसिड हमले को रोकने के लिए सरकार जब हरकत में आई, तब 2009 में अफगानिस्तान में 'इलिमनेशन ऑफ वायलेंस अगेंस्ट वूमेन लॉ'5 बना। यह पहली बार था, जब अफगानिस्तान सरकार ने महिलाओं पर होनेवाली हिंसा को रोकने के लिए गंभीरता से सोचा था।

नए कानून में एसिड हमले को एक अपराध माना गया और इसमें दोषी सिद्ध होने पर हमलावर को कम-से-कम 10 साल और अधिक-से-अधिक आजीवन कारावास की सजा का भी प्रावधान किया गया है।

हालाँकि इस कानून को नाकाफी बताते हुए 2013 में यूनाइटेड नेशन (यूएन) ने माना कि महिलाओं पर होनेवाली हिंसा को रोकने के लिए अफगानिस्तान का यह कानून प्रभावी नहीं है। यू.एन. ने सरकार को इस कानून को सख्ती से लागू करने का सुझाव दिया।

सईद अनवर के मुताबिक वैसे स्कूली लड़कियों को जहर दिए जाने और घरेलू हिंसा की घटनाएँ अफगानिस्तान प्रशासन और सरकार के लिए चिंता की बात बनी रहती है। अफगानिस्तान बदलना चाहता है, सरकार की भी कोशिश है कि लड़कियों की शिक्षा को बढ़ावा दिया जाए, पर कभी एसिड से हमले तो कभी जहर देने की घटनाएँ लड़कियों के कदम रोकने लगती हैं।

साजिया सोजई कहती हैं, वहाँ औरतें तालिबानियों के खौफ के साए में जी रही थीं। इसी डर से उन्हें भी अफगानिस्तान छोड़कर भारत आना पड़ा, क्योंकि वे हर वक्त आतंक में नहीं जीना चाहती थीं। वे कहती हैं कि वे जिस पेशे में हैं, उसमें औरतों का होना ही, अपने आप में मुसीबतों को न्योता देना है।

हालाँकि स्कूली बच्चियों पर मँडरा रहे एसिड हमले के खतरे के बीच भी शिक्षिका राजिया जान 'राजियाज रे ऑफ होप फाउंडेशन' के तहत एजुकेशन सेंटर चलाकर लड़कियों की शिक्षा को बढ़ावा दे रही हैं। शुरू में उन्हें धमकाने के कई प्रयास किए गए, उन्हें समझाया गया कि वह केवल लड़कों के लिए स्कूल चलाए, पर राजिया नहीं मानीं और अपने फैसले पर अड़ी रहीं। उनके इस प्रयास के लिए सीएनएन ने 2012 में उन्हें शीर्ष दस हीरो की सूची में शामिल किया।

❑

---

5. Law on the Elimination of Violence Against Women, Islamic Republic of Afghanistan, 1 August, 2009 (Article 5)

13

सोच बदलो, सूरत बदलेगी

जस्टिस कुरियन जोसेफ

सवाल—एसिड हमले को लेकर कोर्ट ने कई बार कड़ा रुख अपनाया, क्या वजह है जमीन पर खास असर नहीं दिखता?

जवाब—देखिए, कोर्ट हर घर में ताँक-झाँक नहीं कर सकती। लोगों के दिमाग में क्या चल रहा है, ये कोर्ट कैसे समझ सकती है? सरकार को सूली पर नहीं चढ़ाया जा सकता। कोर्ट के फैसले या उसकी टिप्पणियाँ सरकार और उन एजेंसियों के लिए होती हैं, जो देश और सिस्टम चला रहे हैं। कोर्ट ने कई बार कहा कि एसिड हमले को रोकने के लिए मजबूत और कारगर कदम उठें, एसिड की बिक्री रूके, पीड़ितों को मुआवजा मिले और उनके पुनर्वास की व्यवस्था की जाए, लेकिन सरकार की तरफ से क्रियान्वयन में देरी होती है।

एसिड हमले के बाद पीड़ितों की हालत दयनीय हो जाती है। मेरा मानना है कि इस दिशा में राज्य और केंद्र सरकार धीरे-धीरे आगे बढ़ रही है, पर जितना फर्क आना चाहिए, वो नहीं आया है। कोर्ट को जब भी लगेगा, सरकार से एसिड हमले रोकने के लिए कारगार कदम उठाने को कहती रहेगी।

सवाल—सरकार इंसान पर हमले के लिए इस्तेमाल होनेवाले एसिड की बिक्री पर रोक क्यों नहीं लगाती?

जवाब—सरकार कोर्ट के साथ सहयोग कर रही है। हमने जब-जब उनसे इस बारे में कुछ भी कहा, उन्होंने उस पर गंभीरता से अमल किया। पर जहाँ फौरन एक्शन लेने की बात है, वहाँ ढिलाई होती है। इस मामले से जुड़ी एजेंसियाँ भी कई बार कोर्ट के निर्देशों का पालन नहीं करतीं। यह गंभीर विषय है। कोर्ट की कड़ाई के साथ क्रियान्वयन महत्त्वपूर्ण है।

सवाल—एसिड बिक्री रोकने की पहली जिम्मेदारी किसकी है?

जवाब—यह सबकी जिम्मेदारी है। यह नहीं कह सकते कि यह काम सिर्फ सरकार का है, एन.जी.ओ. का है या कोर्ट का है। सब मिलकर इस समस्या का समाधान निकाल सकते हैं। हाँ, एन.जी.ओ. की भूमिका जरूर ज्यादा है। कोर्ट एन.जी.ओ. नहीं बन सकता, न सरकार बना सकती है। एसिड की बिक्री क्यों और कहाँ हो रही है, उद्योगों को छोड़कर एसिड का इस्तेमाल और कहाँ-कहाँ हो रहा है, सरकारी एजेंसियाँ अपनी जिम्मेदारी का निर्वाह गंभीरता से कर रही हैं। एन.जी.ओ. को ये सारी बातें कोर्ट के सामने लानी चाहिए, बल्कि बार-बार लानी चाहिए, जिससे कि कोर्ट इस पर सख्ती कर सके।

सवाल—आप कह रहे हैं कि इस मामले में एन.जी.ओ. की भूमिका सरकार से बड़ी है?

जवाब—निश्चित रूप से, एन.जी.ओ. ज्यादा-से-ज्यादा ऐसे मामले कोर्ट के सामने

लेकर आए, कोर्ट निश्चित रूप से इस पर ध्यान देगी। एसिड हमले के मामले में सुप्रीम कोर्ट बहुत संवेदनशील है, सिर्फ इसी मामले में नहीं, बल्कि हर सामाजिक मुद्दे पर उसकी नजर रहती है। इसलिए एन.जी.ओ. को कोर्ट और सरकार के सामने ऐसे मुद्दों को लेकर आना चाहिए।

सवाल—क्या सरकार के स्तर पर देरी नहीं हो रही है?

जवाब—सरकार में नौकरशाही है। काम करने का उनका तरीका अलग है। कोई चीज आसानी से वहाँ आगे नहीं बढ़ती। अफसर उसी तरह से प्रशिक्षित किए गए हैं। विशाखा केस में भी यही हुआ। सुप्रीम कोर्ट के निर्देश को कानूनी जामा पहनाने में 16 साल लग गए। इस मामले में भी यही हो रहा है। एसिड की बिक्री रोकने के लिए हमने कई निर्देश दिए हैं। मुझे लगता है, जिस तरह से नौकरशाही काम करती है, उसमें भी बदलाव किए जाने की जरूरत है। एसिड हमले जैसे अपराधों को रोकने के लिए सरकार को तत्परता दिखानी होगी। जरूरत पड़ी तो सुप्रीम कोर्ट इस मुद्दे पर सरकार को और भी कड़े निर्देश जारी कर सकती है। एसिड पीड़ितों के पुनर्वास, उनकी आर्थिक आत्मनिर्भरता, ये सब ऐसे पहलू हैं, जिन पर सरकार को कुछ ठोस नीतियाँ बनाने की जरूरत है।

सवाल—एसिड अटैक के मामले में सजा दिए जाने की रफ्तार बहुत धीमी है, क्या फास्ट ट्रैक कोर्ट में इसकी सुनवाई होनी चाहिए?

जवाब—आप चाहे ऐसे मामले को फास्ट ट्रैक कोर्ट में चलाएँ या सामान्य कोर्ट में, एसिड से हमला करने का मामला व्यक्ति के मानसिक व्यवहार से जुड़ा है। सिर्फ यही नहीं, आमतौर पर अपराध करने का मामला ही मानसिक व्यवहार से संबंध रखता है। देश का कौन नागरिक यह नहीं जानता कि किसी की हत्या करने पर या किसी के घर चोरी करने पर उसे जेल हो सकती है? लेकिन लोग जानते-बूझते अपराध करते हैं। हो सकता है, बाद में उन्हें पछतावा हो और ताउम्र वह और उनके परिवारवाले इसमें पिसते रहें, लेकिन अपराध तो हो चुका होता है।

निर्भया केस को लीजिए। उस मामले की सुनवाई फास्ट ट्रैक कोर्ट में हुई। क्या हुआ उसके बाद? रेप के मामले नहीं रूके। समाज कहाँ जा रहा है, नवजात और छोटी बच्चियों को भी इसका निशाना बनाया जा

रहा है?

कड़े कानून और सजा के बाद भी अपराध नहीं रूकते। देश में एक से एक कड़ा कानून है, चाहे भ्रष्टाचार का मामला हो या दूसरे मामले, रसूखदार लोगों को भी सजाएँ मिलती हैं, लेकिन फिर भी अपराध का ग्राफ बढ़ता ही जाता है तो इसका साफ मतलब है कि यह एक मनोवैज्ञानिक समस्या है। अपराधी सामान्य लोग नहीं होते। सामान्य लोगों का व्यवहार ऐसा नहीं होता है। वे अमानवीय नहीं हो सकते। स्कूली स्तर से ही मनोवैज्ञानिक और नैतिक शिक्षा दिए जाने की जरूरत है। हाँ कोर्ट को भी समय पर न्याय देने की कोशिश करनी चाहिए।

सवाल—ऐसे अपराधों को रोकने के लिए क्या किया जाए?

जवाब—समाज युवाओं को संस्कारी बनाने में अपनी भूमिका का निर्वाह ठीक से नहीं निभा रहा है। निर्भया मामले को लेकर जब दिल्ली में आंदोलन चल रहा था तो मैंने एक पोस्टर देखा, जिसमें लिखा था 'वी आर रिस्पॉन्सिबल!' यह बात बिल्कुल ठीक है। परिवार और समाज को देखना चाहिए कि युवाओं को संस्कारी बनाने में अपनी भूमिका का निर्वाह वे किस तरह कर रहे हैं।

(जस्टिस कुरियन जोसेफ सुप्रीम कोर्ट के उन जजों में एक है जो एसिड हमले के शिकार हुए पीड़ितों का दर्द समझते हैं। एसिड हमले पर कड़ा रूप दिखाने, एसिड बिक्री को नियंत्रित करने, पीड़ित का मुआवजा बढ़ाने जैसे कई अहम फैसलों में इनकी भूमिका रही।)

□

14

एसिड पर रोक तो हिंसा पर रोक

किरेन रीजीजू

(केंद्रीय गृह राज्य मंत्री)

सवाल—एसिड हमले रोकने के लिए सरकार क्या उपाय कर रही है?

जवाब—ऐसे अपराधों को रोकने के लिए केंद्र सरकार कटिबद्ध है। क्रिमिनल लॉ अमेंडमेंट एक्ट 2013 में बदलाव करके दोषियों के खिलाफ कड़ी कार्रवाई का प्रावधान किया गया है। सरकार इस मामले में किसी तरह की ढील नहीं होने देगी।

सवाल—नए कानून में भी एसिड हमले की जाँच के लिए कोई निश्चित समय-सीमा तय नहीं है, जैसा कि बांग्लादेश में है। क्या जाँच के लिए कोई समय-सीमा तय करने का विचार है?

जवाब—एसिड हमले को रोकना सरकार के लिए एक मिशन की तरह है। पुलिस को अपनी ड्यूटी ईमानदारी से निभानी ही होगी और उन्हें समय पर जाँच पूरा करना होगा। सरकार ऐसी बातों को प्राथमिकता से ले रही है।

सवाल—एसिड हमले के पीछे की सबसे बड़ी वजह खुले में एसिड की बिक्री होना है, इस पर प्रतिबंध क्यों नहीं लगाया जाता?

जवाब—देखिए, फैक्ट्रियों में, उद्योगों में एसिड की जरूरत होती है, इसलिए पूरी तरह इस पर प्रतिबंध लगाना मुमकिन तो नहीं। पर हाँ, हिंसा के लिए इसके इस्तेमाल पर रोक लगना अनिवार्य है। विष कानून 1919 में कुछ

मॉडल रूल्स बनाए गए हैं, जिसका पालन राज्य सरकार को करना है। हम राज्य सरकार के सहयोग के बिना कुछ नहीं कर सकते।

एसिड की बिक्री खुले बाजार में होती है। यह राज्यों की जिम्मेदारी है कि वह देखें कि एसिड का इस्तेमाल किस तरह से किया जा रहा है! मार्केटिंग एसोसिएशन और सिविल सोसाइटी भी इसे लेकर जागरूकता फैलाएँ। हम जल्दी ही मार्केटिंग एसोसिएशन से मिलकर एसिड की बिक्री रोकने के लिए कुछ उपाय तलाशेंगे।

सवाल—एसिड पीड़ितों को लेकर अस्पताल के रवैए पर अक्सर सवाल उठते हैं। जबकि ऐसे पीड़ितों का इलाज करने के लिए सुप्रीम कोर्ट का निर्देश है।

जवाब—अक्सर पीड़ितों से यह सुना गया है कि घायल अवस्था में भी उन्होंने अस्पतालों के चक्कर लगाए। सुप्रीम कोर्ट के निर्देश के मुताबिक ऐसे पीड़ितों का इलाज करना अस्पतालों के लिए अनिवार्य है। जो अस्पताल इसका पालन नहीं करते उन्हें कानूनी कार्रवाई के लिए तैयार रहना चाहिए। पीड़ितों की इसी परेशानी को देखते हुए हम स्वास्थ्य मंत्रालय, राज्य सरकार और इंश्योरेंस कंपनियों के साथ इस बात पर विचार कर रहे हैं कि इनके लिए cashless व्यवस्था की जाए, जिससे कि बिना किसी पैसे के तत्काल इलाज शुरू किया जा सके।

सवाल—मुआवजे को लेकर आप क्या कहेंगे? क्या मुआवजा महज तीन-चार लाख रुपयों का होना चाहिए?

जवाब—मैं मानता हूँ कि एसिड हमले के शिकार लोगों को जिस तरह की पीड़ा और तकलीफ होती है, उस हिसाब से मुआवजे की कोई कीमत हो ही नहीं सकती और न ही कोई सरकार इसकी भरपाई कर सकती है। फिर भी मुआवजा इस तरह का होना चाहिए, जो पीड़ित को राहत पहुँचा सके। मसलन उसके बेहतर इलाज में पैसा रुकावट नहीं बने और समाज में ऐसे पीड़ितों की स्वीकार्यता बनाए रखने के लिए उन्हें आत्मनिर्भर बनाया जाए। मुआवजा पीड़ितों की जीवन-रक्षा और आत्मसम्मान को बनाए रखने के लिए दिया जाए तभी यह सार्थक होगा।

□

वकील का पन्ना

15

कानून का कवच जरूरी है

उज्ज्वल निकम

किसी भी इंसान पर एसिड फेंकना उसे जिंदगी भर आग के शोलों पर जलाने जैसा है। यह एक ऐसा जघन्य अपराध है जिसमें पीड़ित को जिंदगी भर का दर्द मिलता है और यदि इस हमले के बाद पीड़ित की मौत हो जाए तो उसके परिवारवालों के लिए उस त्रासदी को झेलना बहुत पीड़ादायक है।

मैंने प्रीति राठी का केस लड़ा है। जिस पर एक लड़के ने ट्रेन से उतरने के बाद मुंबई में एसिड फेंककर बुरी तरह जला दिया। जब मुंबई क्राइम ब्रांच ने यह केस मुझे सौंपा, उस समय समाज में इस घटना को लेकर बहुत हलचल थी। दिल्ली से लेकर मुंबई तक लोग इस घटना को लेकर गुस्से में थे।

प्रीति का कोई कसूर नहीं था, वह एक सुनहरे भविष्य की आशा में मुंबई आई थी। वह अपने परिवार का सहारा बनना चाहती थी, लेकिन उसे एसिड हमले का शिकार बनाकर मौत के मुँह में धकेल दिया गया। पुलिस, प्रशासन और न्यायिक व्यवस्था अब ऐसे मामलों को बहुत गंभीरता से लेने लगी है, यही वजह है कि प्रीति का केस मुझे सौंपा गया। 2013 में कानून में बदलाव आने के बाद पुलिस, प्रशासन और न्यायपालिका के नजरिए में भी एसिड हमले को लेकर बहुत परिवर्तन देखने को मिल रहा है, इस पर और संवेदनशीलता दिखाने की जरूरत है।

एसिड हमले के हर मामले की जाँच पुलिस को वैज्ञानिक तरीके से करनी चाहिए, जिससे कि आरोपी को कड़ी सजा दिलाई जा सके। अक्सर देखा जाता है कि ऐसी घटनाओं के बाद पुलिस आरोपी को पकड़ने और सबूत जुटाने में तत्परता नहीं दिखाती। जिस बरतन से एसिड फेंका गया है, उसे तुरंत जब्त किया जा सकता है। ऐसी घटनाओं में ज्यादातर एसिड फेंकनेवाला पीड़ित का परिचित ही होता है और हमला करने के दौरान उस पर एसिड के कुछ-न-कुछ छींटे पड़ सकते हैं। इसलिए पुलिस यदि तत्काल पड़ताल में जुट जाए तो आरोपी को तुरंत पकड़ा जा सकता है। किसी पर एसिड डालकर उसे जलाना एक जघन्य अपराध है, इसलिए इस तरह के मामले में दोषियों के लिए कड़ी सजा का प्रावधान होना चाहिए।

उम्मीद है, प्रतिभाजी की यह किताब एसिड हमले को रोकने को लेकर समाज में जागरूकता फैलाएगी। उन्हें बहुत शुभकामनाएँ।

(पद्म श्री पुरस्कार से सम्मानित उज्ज्वल निकम देश के बेहतरीन क्रिमिनल लॉयर्स में से एक हैं। वे 1993 का मुंबई बम ब्लास्ट, गुलशन कुमार और प्रमोद महाजन की हत्या और 2008 में मुंबई बम ब्लास्ट के दोषी पाकिस्तानी आतंकवादी अजमल कसाब के केस में विशेष सरकारी वकील के तौर पर केस लड़ चुके हैं। कसाब को फाँसी के फंदे तक पहुँचाने में इनकी अहम भूमिका रही।)

□

बातचीत

16

पैरों पर खड़े होने की बुनियाद दो

ललिता कुमारमंगलम

(राष्ट्रीय महिला आयोग की अध्यक्ष)

सवाल—क्रिमिनल लॉ अमेंडमेंट एक्ट में एसिड हमले के लिए अलग से धाराएँ जोड़ी गई हैं, उसे कितना प्रभावी मानती हैं आप?

जवाब—मैं इससे संतुष्ट नहीं हूँ। क्रिमिनल लॉ अमेंडमेंट एक्ट 2013 में इसके लिए अलग से धाराएँ जरूर शामिल की गई हैं लेकिन इसका जितना असर होना चाहिए वह नहीं दिखता। नए संशोधन में भी पुलिस के लिए एसिड हमले की जाँच की कोई समय-सीमा तय नहीं है। पुलिस पीड़ितों को भटकाती है, कोर्ट में उन्हें जल्दी न्याय नहीं मिलता। कुल मिलाकर इस अपराध को रोकने के लिए सभी एजेंसियों को जिस तरह संगठित होकर काम करना चाहिए था, महिलाओं की सुरक्षा को लेकर कानून का जिस तरह सख्ती से पालन करवाना चाहिए था, वह नहीं हो रहा।

सवाल—कुछ साल पहले आयोग ने एसिड हमले के लिए अलग से कानून बनाने की बात की थी। क्या आपको भी लगता है इसके लिए अलग कानून की जरूरत है?

जवाब—अलग कानून बने, यह जरूरी नहीं है। मौजूदा प्रावधान का ही सख्ती से पालन हो, दोषियों को सख्त सजा मिले। राज्य सरकार देखें कि ऐसे मामलों में कोई लापरवाही नहीं होनी चाहिए। राज्य का शीर्ष पुलिस नेतृत्व महिलाओं पर होनेवाली हिंसा को रोकने के लिए पुलिस को संवेदनशील

बनाए। पुलिस और प्रशासन यह सुनिश्चित करे कि अस्पताल पीड़ितों के साथ किसी किस्म की मनमानी ना करे। पुलिस का इंतजार किए बिना अस्पताल में तत्काल पीड़ितों का इलाज शुरू हो, उन्हें लौटाया ना जाए। इन सब बातों पर ध्यान दिया जाए तो एसिड हमले जैसे जघन्य अपराध को रोका जा सकता है।

सवाल—हिंसा के लिए एसिड की बिक्री पर कैसे रोक लगे?

जवाब—एसिड हमले के पीछे की सबसे बड़ी वजह यही है, आसानी से एसिड का बाजारों में मिलना। जो लोग एसिड बेचते हैं, हमले की जिम्मेदारी उन पर भी तय होनी चाहिए। आखिर उन्हें क्यों छोड़ दिया जाना चाहिए? एसिड बेचनेवालों को यह देखना चाहिए कि खरीददार उसका इस्तेमाल क्यों कर रहा है? यह तभी होगा, जब दुकानदार सुप्रीम कोर्ट के निर्देश का पालन करके हर खरीदार के बारे में रजिस्टर में जानकारियाँ लिखेंगे। यदि दुकानदार को खरीददार की नीयत पर शक है या उसे लगता है कि खरीददार झूठी जानकारी देकर एसिड खरीद रहा है तो वह पुलिस को इसकी सूचना दे सकता है। दूसरी तरफ एस.डी.एम. भी अपनी जिम्मेदारी का ठीक से निर्वाह नहीं करते।

सवाल—एसिड पीड़ितों को समाज की उपेक्षा और अवहेलना झेलनी पड़ती है, इसके लिए क्या बदलाव किए जा सकते हैं?

जवाब—एसिड हमले का शिकार होनेवाले ग्लानि, शर्म और भय के माहौल में जीते हैं, इसलिए वह खुद को बहुत कमजोर मानते हैं, ऐसे लोगों का आत्मसंबल बढ़ाने की जरूरत है। आत्मसंबल बढ़ाने का सबसे बढ़िया तरीका है, उन्हें आत्मनिर्भर बनाया जाए। यह कई तरह से हो सकता है। यदि कोई फिर से अपनी पढ़ाई शुरू करना चाहे, रोजगार शुरू करना चाहे, तो राज्य सरकार को इसके लिए अवसर उपलब्ध कराने चाहिए। सबसे बेहतर हो, यदि इन्हें सरकारी नौकरी मिल जाए। परिवार और सिविल सोसाइटी को भी इस काम में आगे आना चाहिए।

सवाल—सुप्रीम कोर्ट का निर्देश है कि एसिड पीड़ितों को विकलांगों की श्रेणी में शामिल किया जाए, जिससे कि उन्हें नौकरियों में आरक्षण की सुविधा मिल सके। इस निर्देश का कितना असर देखती हैं आप?

जवाब—सुप्रीम कोर्ट के इस निर्देश का बेहद मामूली असर हुआ है। बहुत कम एसिड पीड़ितों को सरकारी नौकरियों का लाभ मिला है। आयोग ने गृह मंत्रालय से सिफारिश की है कि एसिड पीड़ितों को विकलांगता कानून के दायरे में लाया जाए, जिससे उन्हें नौकरियों और शिक्षा की सुविधा मिल सके। मैं तो कहूँगी कि एसिड पीड़ितों के साथ सहानुभूति मत दिखाइए, उन्हें आत्मनिर्भर बनाइए। आर्थिक आत्मनिर्भरता न केवल उनके अंदर का आत्मविश्वास बढ़ाएगी, बल्कि समाज में उनकी स्वीकार्यता भी बनेगी।

□

डॉक्टर का पन्ना

17

वीभत्स अपराध की गहरी पीड़ा

डॉ. अशोक गुप्ता

अपने चालीस साल के मेडिकल प्रोफेशन में मैंने 400 से अधिक एसिड पीड़ितों का इलाज किया है। मैंने एसिड हमले के कई घृणित रूप देखे हैं। जितना वीभत्स यह अपराध है, उतनी ही गहरी इसकी पीड़ा होती है। हमलावर जान-बूझकर चेहरे को निशाना बनाते हैं, जिससे कि उसे खराब किया जा सके। चेहरे पर हुए हमले से आँखें, कान, नाक और होंठ सब गल जाते हैं।

एसिड पीड़ितों का दर्द असहनीय होता है। सर्जरी बेहद जटिल होती है। पीड़ितों के दर्द को समझना किसी डॉक्टर के वश में नहीं। डॉक्टर तो बस उस दर्द को कम करने की कोशिश कर सकता है। किसी के ऊपर एसिड फेंकने से शरीर इस कदर खराब हो जाता है कि मरीज को विभिन्न चरणों में कम-से-कम दस और अधिक से अधिक 20-25 सर्जरी से गुजरना पड़ सकता है। इन सर्जरी का खर्च लाखों में आता है और यह इलाज कई सालों तक चलता रहता है। मैं ऐसे कई पीड़ितों का इलाज कर रहा हूँ, जो कई सालों से मेरे पास आ रही हैं।

एसिड हमले के केस में प्लास्टिक सर्जरी ही एकमात्र विकल्प है, जिससे पीड़ित को कुछ हद तक सामान्य बनाया जा सकता है। इनकी प्लास्टिक सर्जरी करना डॉक्टर के लिए चुनौतीपूर्ण काम है। चूँकि इसका इलाज बहुत लंबा चलता है और परिणाम भी जल्दी नहीं मिलता, इसलिए मरीज और डॉक्टर दोनों को बहुत धैर्य रखना पड़ता है।

हर मरीज को अलग तरीके के इलाज की जरूरत पड़ती है। किसी के नाक का छेद बंद हो जाता है तो उसे खोलना पहले आवश्यक होता है, जिससे कि उसे साँस लेने में तकलीफ नहीं हो। नाक का छेद बंद होने से पीड़ित को मुँह से साँस लेना पड़ता है और इससे उसका गला बार-बार सूखता है। मुँह से साँस लेना

खतरनाक भी साबित हो सकता है। इसी तरह किसी के होंठ यदि चिपक गए हों तो मरीज कुछ भी खा-पी नहीं सकता। ऐसे केस में पहले होंठ को खोलना पड़ता है।

मेरे पास अब तक जितने भी पीड़ित आए, उनमें से केवल तीन-चार ही जीवन के संघर्ष से हार गईं। जिन पीड़ितों को हम बचा नहीं पाए, उसकी पहली वजह यह थी कि हमले के दौरान मुँह और गले में एसिड जाने से शरीर के अंदरूनी हिस्से प्रभावित हो गए। दूसरी वजह यह थी कि उन्हें सही इलाज मिलने में बहुत देर हो गई। प्रीति राठी को भी हमने बचाने की बहुत कोशिश की थी, लेकिन उसके मुँह और गले के जरिए एसिड उसके पेट में भी चला गया था और उसके जहरीले असर के कारण शरीर के कई अंगों ने काम करना बंद कर दिया था।

जब भी कोई एसिड पीड़ित हमारे पास इलाज के लिए आती हैं तो वह भावनात्मक और मानसिक रूप से पूरी तरह टूटी होती है। उन्हें सबसे ज्यादा मानसिक संबल की जरूरत होती है। परिवार और समाज की जिम्मेदारी है कि वे उनके साथ स्नेह और आत्मीयता से जुड़ें, क्योंकि ऐसे लोगों का आत्मविश्वास बुरी तरह टूट चुका होता है।

मैंने कल्पना, रेशमा समेत कई लड़कियों के इलाज के दौरान महसूस किया कि ज्यादतर महिलाएँ निम्न मध्यमवर्गीय परिवार की होती है। जिनके लिए सर्जरी पर होनेवाले लाखों रुपए का खर्च वहन करना बेहद कठिन है। उनके परिवारवालों को भी कई तरह के संघर्ष से गुजरना पड़ता है।

एसिड हमलों के बढ़ते मामले देखकर गरीब परिवारों के पीड़ितों की इसी समस्या को देखने के बाद उनकी सहायता के लिए मैंने अपने एक सहयोगी और परिवारवालों के साथ मिलकर 'रिकंस्ट्रक्टिव सर्जरी फाउंडेशन' नामक गैर सरकारी

संस्था की स्थापना 2000 में की है। यह संस्था एसिड पीड़ितों के अलावा उन लोगों की भी प्लास्टिक सर्जरी करती है, जो आर्थिक रूप से पिछड़े हैं और प्लास्टिक सर्जरी का खर्च उठाने में सक्षम नहीं हैं।

प्रीति राठी पर एसिड हमले के बाद हमने 'सेव द फेस' अभियान चलाया। चेहरा हर इंसान की पहचान है और उसके व्यक्तित्व का एक अहम हिस्सा है। इसे बिगाड़कर किसी के आत्मसम्मान और आत्मविश्वास को ठेस पहुँचाई जाती है। कई बार सर्जरी के बाद भी एसिड पीड़ित को उसका पुराना चेहरा नहीं लौटाया जा सकता। 'सेव द फेस' अभियान उनके आत्मविश्वास को लौटाने की कोशिश है।

एसिड पीड़ितों के लिए त्वचा प्रत्यारोपण (क्लचर्ड स्किन) एक अच्छा विकल्प है। ऐसे मरीज जिनकी त्वचा 60 से 70 फीसदी जल गई है, उन्हें त्वचा प्रत्यारोपण की जरूरत होती है। लेकिन यह बेहद खर्चीला होता है, क्योंकि भारत में नकली त्वचा (कल्चर्ड स्किन या स्किन स्बस्टीट्यूट) अमेरिका से मँगाया जाता है। यदि इसकी सुविधा भारत में हो जाए तो एसिड पीड़ितों के लिए यह वरदान साबित होगा। अभी भारतीय कानून एसिड पीडितों को पूरी तरह त्वचा प्रत्यारोपण की इजाजत नहीं देता है। हम आँखें, हृदय, गुर्दे सब दान कर सकते हैं, लेकिन त्वचा प्रत्यारोपण पर अभी तस्वीर साफ नहीं है। उम्मीद है, जल्दी ही भारत में भी त्वचा प्रत्यारोपण की राह आसान होगी, जिससे ऐसे पीड़ितों में फिर से आत्मविश्वास जगाया जा सके।

भारत में एसिड हमले बढ़ ही रहे हैं, बावजूद इसके पीड़ितों की चिकित्सा सुविधा, पुनर्वास, उनकी आत्मनिर्भरता और सामाजिक सुरक्षा को लेकर कोई नीति नहीं बनी है। मैं यह भी मानता हूँ कि एसिड पीड़ितों को गरीबी रेखा से नीचे बी.पी.एल. की श्रेणी में रखा जाए, जिससे कि देश के किसी भी हिस्से में इलाज कराने के लिए उन्हें रियायत मिल सके। इसके लिए हमने केंद्रीय गृह मंत्री, स्वास्थ्य मंत्री, सामाजिक न्याय अधिकारिता मंत्रालय और महाराष्ट्र के मुख्यमंत्री देवेंद्र फडणवीस को एक पत्र भी लिखा है।

उम्मीद है, सरकार, पुलिस, न्यायपालिका एसिड हमले को लेकर संवेदनशीलता बरतेगी, जिससे कि इस जघन्य अपराध से गंभीरता से निबटा जा सके। ऐसे विषय को गंभीरता से उठाने के लिए प्रतिभाजी को बधाई।

(पद्मश्री और कई अंतरराष्ट्रीय पुरस्कारों से सम्मानित डॉ. अशोक गुप्ता ने 1993 में मुंबई में हुए बम विस्फोट, कारगिल युद्ध, गुजरात के भूज में आए भूकंप, मुंबई के लोकल ट्रेन में हुए विस्फोट और मुंबई में हुए आतंकवादी हमले में घायलों के इलाज में अहम भूमिका निभाई है।)

□

18

लक्ष्मी की कलम से…

बचपन में मैं एक सिंगर बनना चाहती थी। चाहती थी संगीत सीखूँ और किसी रिएलिटी शो में हिस्सा लेकर संगीत की दुनिया में जाऊँ। जब घरवालों को यह बात बताई तो उन्होंने मना कर दिया। लेकिन संगीत सीखने के जूनून की वजह से मैं घर और स्कूल की दुनिया से बाहर निकलना चाहती थी।

2005 में मैं कक्षा सातवीं में थी। उस समय हम दिल्ली के खान मार्केट के पास गोल्फ लिंक इलाके में रहते थे। मम्मी-पापा को इस बात के लिए मनाया कि वह मुझे पार्ट टाईम काम करने की इजाजत दें, जिससे कि मैं थोड़ा बाहर निकल सकूँ, दुनिया को समझ सकूँ। इजाजत मिल गई और खान मार्केट की एक बुक शॉप में मुझे अपने सपनों को पूरा करने की मंजिल दिखाई दी। मैंने सोचा था, यहाँ काम करके जो पैसे मिलेंगे, उससे संगीत सीखूँगी। ऐसा हुआ भी, मैंने जल्दी ही एक संगीत स्कूल में दाखिला ले लिया। 01 मई, 2005 को मुझे संगीत की कक्षा में पहुँचना था, मगर वो दिन कभी नहीं आया।

वह 22 अप्रैल, 2005 का दिन था। वक्त था सुबह 10.45 मिनट। आज जहाँ खान मार्केट का मेट्रो स्टेशन है, उस समय वहाँ एक बस स्टॉप था, जहाँ खूब भीड़ रहा करती थी। बुक शॉप पर जाने के लिए मैं वहीं से गुजर रही थी कि तभी मेरे साथ जो कुछ हुआ, वह मैंने सपने में भी नहीं सोचा था। एक 32 साल के आदमी ने मेरे चेहरे पर एसिड फेंककर मुझे बुरी तरह घायल कर दिया। यह उसका मुझसे प्रतिशोध था, क्योंकि मैंने उस व्यक्ति से शादी का प्रस्ताव ठुकरा दिया था।

अचानक एसिड से हुए इस हमले से मैं सड़क पर गिर पड़ी, जलन और दर्द से तड़प रही थी, लेकिन तब कोई मेरी मदद को नहीं आया। जबकि वह भीड़-भाड़वाली जगह थी। मेरे चेहरे पर एसिड पड़ा था, चेहरा गल रहा था, मुझे कुछ दिखाई नहीं दे रहा था। मैं लोगों से मदद माँगने के लिए उठ रही थी। इस दौरान मैं तीन बार कार से टकराई। मेरा चेहरा गल रहा था, पर लोगों के दिल नहीं पिघल रहे थे।

तभी अरुण अंकल फरिश्ता बनकर मेरी मदद को आए। वह भी एक राहगीर थे, जब उनकी मुझ पर नजर पड़ी तो उन्होंने फौरन मुझे सहारा दिया। पी.सी.आर. को फोन किया और मेरे मम्मी-पापा को खबर की। बाद में उन्होंने कोर्ट में गवाही भी दी।

यह घटना मेरे चेहरे और जेहन पर अमिट निशान छोड़ गई। मैं तीन महीने राम मनोहर लोहिया हॉस्पिटल में रही। यहाँ मेरी दो सर्जरी हुई, उसके बाद मुझे अपोलो हॉस्पिटल में एडमिट किया गया। यहाँ भी पाँच सर्जरी हुई। मेरी दुनिया घर से हॉस्पिटल और दवाइयों तक सिमटकर रह गई। परिवारवालों को छोड़कर वह बाकी लोगों के लिए हमदर्दी और घृणा का पात्र बन गई थी।

मुझ पर एसिड फेंकनेवाले को एक महीने बाद ही जमानत मिल गई और जानकर हैरानी हुई कि जेल से छूटते ही उसकी शादी भी हो गई। जबकि मेरे साथ समाज ऐसा व्यवहार कर रहा था, मानो मैं एक अपराधी हूँ! बाद में उसे 10 साल की सजा सुनाई गई। जिससे न्यायिक व्यवस्था में मेरा भरोसा बढ़ा।

मैं दिल से बुरी तरह टूट चुकी थी और पूरे तीन साल तक खुद को अँधेरे में कैद कर लिया। मैं अपना चेहरा ढककर रखती थी। पर कहीं-न-कहीं जीने की

इच्छा अभी भी मेरे अंदर बाकी थी। अपने साथ हुए नाइंसाफी को देखने के बाद मैंने घुट-घुटकर जीने के बजाय जिंदगी में मिलनेवाली हर चुनौतियों का सामना करने की ठानी। मैंने अपनी वकील अपर्णा भट्ट की मदद से एसिड की बिक्री रोकने के लिए एक जनहित याचिका दायर की। अपर्णा भट्ट ने मेरा बहुत साथ दिया। 2013 में मेरी याचिका पर कोर्ट का ऐतिहासिक फैसला आया, कोर्ट ने एसिड बिक्री पर रोक लगाने को कहा।

याचिका पर सुनवाई के दौरान मैं धीरे-धीरे अपने चेहरे को बिना ढके घर से निकलने लगी। मैं चाहती थी, जैसी हूँ, वैसी ही दुनिया को दिखूँ। पर लोग खराब नजर से देखने लगे, ताने मारने लगे, लेकिन लोगों के तानों ने मुझे हौसला दिया। मुझमें आत्मविश्वास आने लगा था। मैं नौकरी ढूँढ़ने की कोशिश करती रही, लेकिन मुझे देखकर किसी ने नौकरी नहीं दी। अपनी कोशिश जारी रखी और ब्यूटीशियन और टेलरिंग का कोर्स किया।

इस दौरान पत्रकार उपमिता वाजपेयी ने मेरी मुलाकात आलोक दीक्षित से कराई। आलोकजी उस समय पत्रकारिता की अपनी नौकरी छोड़कर एसिड हमले को रोकने के लिए 'स्टॉप एसिड अटैक कैंपेन' की शुरुआत कर चुके थे। मैं भी इस कैंपेन से जुड़ गई और इसके बाद मेरी जिंदगी बदल गई।

पहले मुझे लगता था कि मेरा गम ही सबसे बड़ा है, लेकिन जब इस कैंपेन से जुड़ी तो लगा कि हमारा दर्द साझा है। हम बड़ी संख्या में एसिड पीड़ित लड़कियों से जुड़े हैं और उनकी सहायता करते हैं। इस बीच 'छाँव फाउंडेशन' की भी शुरुआत हुई, जिसमें एसिड पीड़ितों को हर संभव सहायता दी जाती है।

मई 2013 में मुंबई में प्रीति राठी के साथ हुए एसिड हमले के बाद हमने अपना पहला प्रदर्शन मुंबई में किया था। एसिड हमले के खिलाफ हस्ताक्षर अभियान चलाया और हमें देखकर अच्छा लगा कि 50 हजार लोगों ने इसका समर्थन किया। इसके बाद हम लोगों ने खुले में एसिड की बिक्री की जाँच के लिए एक अभियान चलाया और हम यह देखकर बिल्कुल हैरान नहीं हुए थे कि लोग बड़े आराम से एसिड खरीदकर ला रहे थे।

सुप्रीम कोर्ट ने अपने फैसले में कहा था, 'जिस तरह दुकान खोलने के लिए रजिस्ट्रेशन की जरूरत पड़ती है, उसी तरह एसिड बेचने के लिए भी रजिस्ट्रेशन जरूरी होना चाहिए। जो एसिड खरीद रहा है, उसे भी अपना पहचान-पत्र दिखाना चाहिए और यह बताना चाहिए कि वह एसिड क्यों खरीद रहा है, लेकिन कोर्ट के इस फैसले का ठीक से पालन नहीं हो रहा है।

मैं मानती हूँ कि जितनी जरूरत एसिड की खरीद-बिक्री पर निगरानी रखने, कोर्ट में मामले की तेजी से सुनवाई होने और दोषियों को कड़ी सजा देने की है,

उतनी ही जरूरत है, लोगों की सोच बदलने की। बेटे और बेटियों के बीच लालन-पालन का फर्क इतना ज्यादा है कि पुरुष हमेशा अहं में रहता है। यह कैसा अहं है, जो एक लड़की के इंकार को सहन नहीं कर सकता?

हम अपने अभियान के जरिए समाज में इसी सोच को बदलने की कोशिश करते हैं। एसिड हमलों को रोकने के लिए जागरूकता फैलाने के लिए हमने 'स्टॉप ऑफ शेम' अभियान भी चलाया। इसकी शुरुआत खान मार्केट के उसी स्थान से हुई, जहाँ मेरे साथ वह घटना घटी थी।

'छाँव फाउंडेशन' के बैनर तले ही एसिड पीड़ित लड़कियों को आत्मनिर्भर बनाने के लिए 'शिरोज कैफे' की भी शुरुआत की गई है। अब तक आगरा और लखनऊ में यह कैफे खुल चुका है। जहाँ केवल पीड़ित लड़कियाँ ही काम करती हैं। इस कैफे का मकसद पीड़िताओं की समाज में स्वीकार्यता बढ़ाना तो है ही, उन्हें उनके मन-मुताबिक अपने जिंदगी जीने का रास्ता देना भी है। जैसे 'शीरोज कैफे' में काम करनेवाली रुपा बहुत अच्छे कपड़े डिजाइन करती है, वह आगे जाकर इसमें अपना कॅरियर बना सकती है, उसी तरह डॉली डांस सीख रही है और उन्हें कई रिएलिटी शो से जुड़ने के प्रस्ताव मिले हैं। इन लड़कियों के लिए अब खुला आसमान है। हमारी कोशिश देखकर अब सरकार भी धीरे-धीरे इस मुद्दे को गंभीरता से ले रही है। उत्तर प्रदेश सरकार ने 'शीरोज कैफे' के लिए लखनऊ में एक बहुत अच्छी जगह दी है और हमें लोगों का भी अच्छा रिस्पॉन्स मिल रहा है।

एसिड पीड़ित होकर भी इस दिशा में सक्रियता से काम करने के लिए मुझे 2014 में मिशेल ओबामा ने 'इंटरनेशनल वूमन ऑफ करेज' अवॉर्ड से सम्मानित किया और हमारे अभियान को दो बार 'इंडियन ऑफ द इयर' चुना गया है। इसके अलावा भी मुझे कई पुरस्कार मिल चुके हैं। अभी मैं 'वीवा एंड दीवा' की ब्रांड एंबेस्डर हूँ और मैं दुनिया को दिखाना चाहती हूँ कि आपके व्यक्तित्व की असली पहचान आपके काम से होती है, न कि रंग-रूप से। इस कंपनी के एंबेस्डर चुने जाने के बाद मुझे महसूस हुआ कि चेहरे की खूबसूरती सबकुछ नहीं है।

बेटी पीहू के जन्म के बाद मेरी अंदरूनी ताकत और बढ़ गई है। अभी एसिड हमले को रोकने की लड़ाई जारी रखनी है। ईश्वर में बहुत यकीन रखती हूँ, हमारी कोशिशें बेकार नहीं जाएँगी।

मुझे पूरा भरोसा है यह किताब एसिड हमले को रोकने की दिशा में एक और कदम आगे बढ़ाएगी। प्रतिभाजी को बहुत शुभकामनाएँ।

□

19

एक पैगाम पीड़ितों के नाम

शाहीन से सीखो जिंदगी के मायने

मैं शाहीन हूँ। दुनिया माने न माने, खुद की नजरों में मेरी बहुत कद्र है। मैं फाइटर हूँ। मैं नहीं चाहती, दुनिया सहानुभूति से मेरी ओर देखे, चाहती हूँ, फख्र से मुझे जाने। अब कोई भी हालात मुझे तोड़ नहीं सकते, न मुझे डरा सकते हैं। मैंने मुश्किलों से लड़ना और उनसे उबरना सीख लिया है।

हो सकता है आपका और मेरा दर्द एक जैसा हो। हम एक ही तरह की पीड़ा से गुजरे हों, जिंदगी बोझिल और मुँह चिढ़ाती जैसी आपको लग रही है, वैसे ही मुझे भी लगती थी। जमाने ने जैसे आपसे मुँह मोड़ लिया है, मैंने भी उसी हकीकत का सामना किया है। डर, खौफ, ग्लानि, बेचैनी में मैंने भी आपकी तरह ही रातें गुजारीं हैं।

19 नवंबर, 2009 को पानीपत में मेरे साथ एसिड हमले की घटना हुई थी। मैं एक साधारण लड़की थी। दिल्ली में मेरा परिवार था। मैं अपने पैरों पर खड़ी होना चाहती थी। जीवन में कुछ करने के मकसद से मैंने 27 मई, 2007 को पानीपत के एक इंस्टीट्यूट में मैनेजमेंट के कोर्स में दाखिला लिया और वहीं काम भी करने लगी। काम के कुछ महीनों बाद ही यह महसूस हुआ कि मेरा शादी-शुदा बॉस मुझ पर आकर्षित है और यह आकर्षण धीरे-धीरे सनक में तब्दील होता रहा।

उस पर मुझे पाने का जूनून सवार था। वह मुझे तरह-तरह से परेशान करता। मेरे लाख मना करने और समझाने के बाद भी उस पर कोई असर नहीं हो रहा था। मैंने दूसरी जगह नौकरी शुरू की तो वहाँ से मेरी नौकरी छुड़वाकर दोबारा उसके ही ऑफिस में आने के लिए मजबूर किया। वो मेरे साथ मारपीट करता, जान से मारने की धमकी देता। इस पागलपन से उसकी शादी-शुदा जिंदगी प्रभावित हो रही थी और यह बात मुझे अंदर तक खाए जा रही थी।

मैं पानीपत छोड़ना चाहती थी, लेकिन उसने मुझे डराया-धमकाया। मुसलिम लड़की होने के कारण मुझे किराए का घर ढूँढ़ने में दिक्कत हो रही थी। कोई मुझे कमरा देने को तैयार नहीं था, इसलिए मैं अपना नाम बदलकर रह रही थी। उसने इसका फायदा उठाया और मैं पानीपत नहीं छोड़ सकूँ, इसलिए मुझे आतंकवादी गतिविधियों में लिप्त होने के आरोप में फँसा दिया गया।

मैं एक साधारण परिवार की आम लड़की थी। मैं अपने ऊपर लगे इस आरोप से इस कदर सहम गई थी कि घर से निकलने में भी डरती थी। अब वो मुझ पर और दबाव बनाने की कोशिश करता रहा। मैं लगातार उसके प्रस्ताव ठुकराती रही और वो मुझ पर गुस्सा उतारता रहा। 19 नवंबर, 2009 की शाम ऑफिस के बाहर ही एक लड़के ने मुझ पर एसिड से हमला किया। मैं बुरी तरह झुलस गई। ऑफिस के कुछ और लोगों के साथ वही मुझे अस्पताल लेकर गया।

बाद में जब इलाज के लिए मैं कुछ दिनों बाद दिल्ली आई तो वह भी पीछे से आया और आई.सी.यू. में आकर मुझे धमकाया कि यदि किसी को कुछ बताया तो वह मेरी इज्जत की धज्जियाँ उड़ा देगा।

अस्पताल में मेरा इलाज चल रहा था। मैं कई तरह के शारीरिक और मानसिक तनाव से गुजर रही थी, उस पर उसकी इस धमकी ने मुझे अंदर तक हिला दिया था। मैं आश्वस्त नहीं थी कि उसने ही मुझ पर हमला करवाया है, पर मुझे शक था कि यह काम उसकी पत्नी या मेरे बॉस का हो सकता है। पर उस समय मेरी हालत इस तरह की नहीं थी कि मैं किसी के खिलाफ कोई सबूत दे सकूँ या एसिड हमले का कारण जान पाऊँ। मेरे परिवारवालों के लिए मेरा इलाज कराना प्राथमिकता थी। मेरी दाहिनी आँख की रोशनी जा चुकी थी। मुझे कुछ दिखाई नहीं दे रहा था। मेरे चेहरे का 80 फीसदी हिस्सा झुलस चुका था।

पानीपत पुलिस ने मामला दर्ज कर लिया था, पर पुलिस ने हाथ-पैर नहीं मारे। उस हालत में अपने केस को देखने की मुझमे हिम्मत नहीं थी, मैं यह भी नहीं जान पा रही थी कि पुलिस अपनी जिम्मेदारी का निर्वाह क्यों नहीं कर रही? मैं दिल्ली

में अपने माँ–बाप के पास थी। जिंदगी और मौत से जूझते हुए अपनी किस्मत को कोस रही थी। न्याय पाने के इंतजार में मैंने चार साल गुजार दिए।

मुझे ऊपरवाले पर पूरा भरोसा है। जब भी नमाज पढ़ती, दुआ करती थी कि वह मुझे इतनी हिम्मत दे कि जिसने मेरे साथ ऐसा किया, उसे सजा जरूर दिला सकूँ! अल्लाह ने मेरी सुन ली थी। उसने मुझे रास्ता दिखाया, मेरे अंदर हिम्मत पैदा की। 2012 में एक दिन मुझे महिलाओं की सुरक्षा के लिए बने हेल्पलाइन नंबर 18 1 के बारे में पता चला। मैंने वहाँ फोन लगाकर उनसे मदद माँगी और अपने साथ हुए एसिड हमले और केस में कोई प्रगति नहीं होने की जानकारी दी।

हेल्पलाइन की प्रमुख खदीजा फारुखी मेरी मददगार बनकर सामने आईं। उन्होंने एक चिट्ठी हरियाणा के संबंधित विभाग को भेज दी। इस बीच हरियाणा की सी.जे.एम. परमिंदर कौर ने मेरी कहानी सुनी और एसिड हमले से पहले की मेरी तसवीरें देखकर वे द्रवित हो गई। उन्होंने मुझे मदद का भरोसा दिलवाया और मेरी हिम्मत बढ़ाई कि मुझे केस दोबारा खुलवाना चाहिए।

अब मेरे लिए न्याय पाने का रास्ता खुल गया था। 24 अक्तूबर, 2013 को मजिस्ट्रेट के सामने मैंने दोबारा बयान दिया। पुलिस को पता लगा कि मुझ पर हमला बॉस की पत्नी ने करवाया था और बॉस भी इस साजिश में शामिल था। इंस्टीट्यूट के एक छात्र की मदद से मुझ पर हमला करवाया था। पुलिस ने तीनों आरोपियों को गिरफ्तार कर लिया। मैंने अपना केस दिल्ली ट्रांसफर करा लिया है। मामला अभी अदालत के विचाराधीन है। बड़े–बुजुर्गों की इस बात पर यकीन होने लगा है कि 'अल्लाह के घर में देर है, अँधेर नहीं'। मुझे उम्मीद है कि इस देश की अदालत अब मुझे न्याय देगी।

अपनी कहानी बताने का मेरा मकसद यह नहीं है कि मैं केवल अपना दर्द बयाँ करूँ। मेरा मकसद है, आपमें उस दर्द से लड़ने और जूझने का जज्बा भर सकूँ। हिम्मत मत हारो, खुद के हीरो बनो, न्याय के लिए लड़ो, अपने पैरों पर खड़े होने का हौसला करो, मुँह मत ताको किसी का। जब तक हिम्मत खुद के अंदर से नहीं आएगी, हालात का मुकाबला नहीं कर सकते। समस्याओं, समाज की उपेक्षा, अपनों की बेरहमी, शारीरिक तकलीफों से उबरने की कोशिश करो। क्या किसी घटना से समाज में इंसान के तौर पर हमारी पहचान खो जाने दें? क्या हम अच्छी पढ़ाई, अच्छी नौकरी और अच्छी जिंदगी जीने के अपने सपनों को मर जाने दें?

भला मैं यह क्यों नहीं समझूँगी कि एसिड हमले के बाद कितना महँगा इलाज कराना होता है और कब तक कराना पड़ता है? लेकिन इनके बीच अपने सपनों को

मरने देना गवारा नहीं होना चाहिए। जिसने हमला किया गुनहगार वो है, हम नहीं, हम क्यों पछताए, हम क्यों घुट-घुटकर जीएँ, हम क्यों ढके अपना चेहरा? चेहरा तो उसे ढकना चाहिए, शर्म तो उसे आनी चाहिए, जिसने देश के एक नागरिक और समाज की एक ऐसी बेटी की जिंदगी तबाह करने की कोशिश की, जिसका देश और समाज के विकास में योगदान हो सकता था।

हममें से कोई डॉक्टर बन सकती थी, कोई इंजीनियर तो कोई सेना में जा सकती थी। किसी-न-किसी रूप में देश-सेवा का मौका तो हमें भी मिलता। लेकिन इसके लिए जिम्मेदार इंसान को इस देश की पुलिस और कोर्ट आसानी से आजाद घूमने की इजाजत दे देते हैं! फिर भी हमें न्याय पाने की उम्मीद छोड़नी नहीं चाहिए। अन्याय मेरे साथ भी हो रहा था, लेकिन मैंने मन में ठान लिया था कि न्याय के लिए अदालत का दरवाजा जरूर खटखटाऊँगी।

एसिड हमले के बाद जिंदगी खत्म नहीं हो जाती; बल्कि अपनी जिंदगी को एक लक्ष्य देना चाहिए। मैं कुछ हद तक इसकी कोशिश कर रही हूँ। 'ह्यूमन राइट्स लायर्स नेटवर्क', 'मेक लव नॉट स्केयर्स' और दिल्ली महिला आयोग के साथ मिलकर एसिड पीड़ितों की सहायता कर रही हूँ। अपने आस-पास देखोगे तो आपको भी किसी-न-किसी की मदद के लिए हाथ बढ़ाने का मौका मिल सकता है। जिंदगी में किसी मकसद को ढूँढ़ो तो वह भी आपको तलाश ही लेगी। ध्यान रहे कोई आपको कल की शाहीन बनाने की कोशिश नहीं करे। आज की शाहीन बनो।

जिंदगी को देखने का नजरिया बदल लो दोस्तों···

(शाहीन एसिड पीड़ित है।)

□

संदर्भ सूची

1. इनक्लूजन ऑफ एसिड अटैक एज स्पेसिफिक ऑफेंस—लॉ कमिशन की 26वीं रिपोर्ट।

2. बर्निंग इनजस्टिस—एच.आर.एल.एन. की रिपोर्ट।

3. न्यूयॉर्क के 'कॉरनेल लॉ स्कूल' के एवन ग्लोबल सेंटर फॉर वूमन एंड जस्टिस की रिपोर्ट।

4. एसिड अटैक—राष्ट्रीय महिला आयोग और दिल्ली विश्वविद्यालय की शोध रिपोर्ट।

5. जस्टिस व्हाट जस्टिस अकंप्रेहिसव स्टडी ऑन एसिड वायलेंस लॉज—थाम्सन रायटर्स फाउंडेशन, एसिड सरवाइवर्स ट्रस्ट इंटरनेशनल और जे सागर इंस्टीट्यूट की रिपोर्ट।

6. एसिड सरवाइवर्स फाउंडेशन।